东帆西扬

『耆英号』之航程（1846—1855）

Stephen Davies

East Sails West

The Voyage of the Keying, 1846—1855

[英] 戴伟思 著

高丹 译

ZHEJIANG UNIVERSITY PRESS
浙江大学出版社

彩图1:《自美莉炮台向西瞭望香港及海港的景色》,默多克·布鲁斯
(Murdoch Bruce),香港,1846年,香港艺术馆收藏

彩图2:《春园街即景》,默多克·布鲁斯,1846年6月24日,香港艺术馆收藏

彩图3:《维多利亚港即景:自香港首席大法官晓吾(John Walter Hulme)阁下的花园西望》,默多克·布鲁斯,香港,1846年8月20日,香港艺术馆收藏

彩图4:《自铜锣湾向西北眺望怡和洋行的景色》,默多克·布鲁斯,1846年9月28日,香港艺术馆收藏

彩图 5:《"耆英号"》,佚名中国外销画画家,约 1847 年,纸本水粉画,香港海事博物馆收藏

彩图6：《"耆英号"》，佚名中国外销画画家，约1847年，纸本水粉画，马丁·葛列格里画廊（Martyn Gregory Gallery）供图

彩图7：《中国帆船"耆英号"》，纳撒尼尔·柯里尔（Nathaniel Currier），纽约，1847年，彩色平版印刷，香港海事博物馆收藏

THE CHINESE JUNK "KEYING."

In anticipation of the actual appearance of the Keying on our shores, we are enabled, through the kindness of the Editor of the "New York Herald," to give our readers a sketch of this interesting vessel, with that gentleman's account of his visit on board:—

On nearing the "Keying," called in Chinese something like "Hobblee," the first points which attract the attention are the peculiar formation of her sides, stern, and bow. The centre of the sides are low, while her poop and forward decks are very much elevated. The sides are ornamented with Chinese painted mats, representing shields, and with curiously wrought colours displayed in white, black, and red. Near the bow on either side is drawn a large eye, as though it was designed for the "Keying" to look a head as well as to sail. It may also be recollected that the "Keying" is nearly square in front and rear, and has a huge stick of timber hanging loose and perpendicular at the stern, which is lowered or raised by rattan cordage properly attached. To this huge piece of timber is attached a perforated rudder, which can be let down twenty-two feet into the water. This curious rudder serves the purpose of a keel, as the vessel itself has scarcely any worthy the name. She has two anchors made of iron wood, and the flukes guarded with iron points. The shape of the anchors is that of a bearded arrow head, the flukes forming acute angles with the main shaft of the anchor. She has four long wooden windlasses on board, placed near midships with one in the front of her bow at top, for easing the anchor when cast off. All her ropes and cables are curiously formed of rattan and other native fibrous materials, and appeared very strong. Her centre and main mast are formed from teak wood trees as they grew in the forest, the outer surface being only polished. The slight natural curves of the trees were preserved in the masts. The sails are composed of a kind of India matting, and when unfurled are kept stretched by the use of bamboo rods. As the Chinese do not like going aloft, they do all their

and four or five feet long, which served for skylights. A c... was a real umbrella, intended for the use of persons of we... staff was about the size of a man's wrist, and five or six fee... was a rude ornamented framework something like a com... this is thrown, when in use, a richly ornamented scarlet sill... brella is said to be carried by a servant, and held over the par... tection. When not in use the silk covering can be taken o... future use. There was not a water barrel, or other keg or l...

彩图 8:《雄伟的中国帆船在前往英国途中》,爱德蒙·埃文斯(Edmund Evans),木版画,《时代画刊》第 10 期(编号 231),1847 年 8 月 14 日(星期六),英国伦敦,英国 Pictorial Gems 供图

彩图 9:《中国帆船"耆英号"》,佚名艺术家,洛克公司(Rock & Co.),伦敦,铜版画,作者自藏

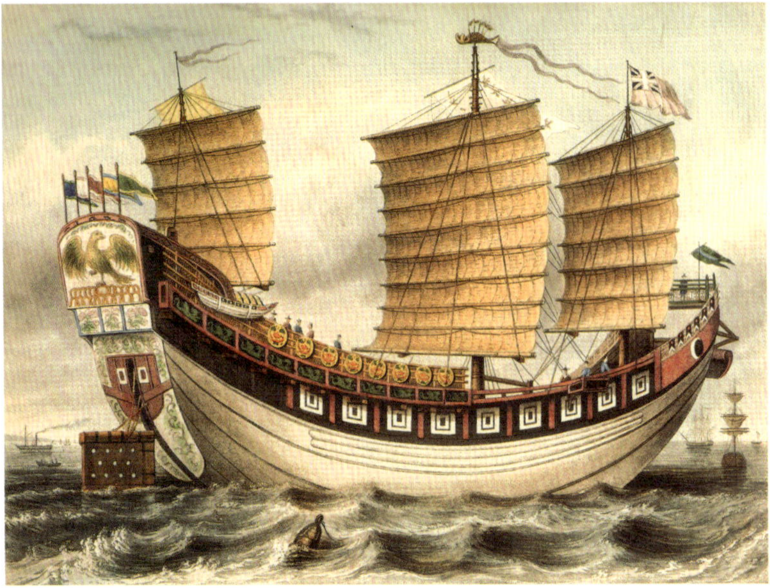

彩图 10:《中国帆船“耆英号”与凯利特船长》,洛克兄弟-佩恩公司(Rock Bros. & Payne),伦敦,1848 年,设色凹版蚀刻版画,香港艺术馆收藏

222 THE ILLUSTRATED LONDON NEWS. [April 1, 1848

(Continued from page 220.)

ng the supply of provisions and water running short, and the crew becoming discontented and almost mutinous at the length of the voyage, her captain (Kellett) deemed it necessary to make for New York. She entered the port amidst a general display of flags and saluting from the large assembly of shipping in the harbour. The anxiety evinced by the inhabitants to visit the vessel was extremely great; and for a succession of days subsequent to her arrival, as many as 7000 to 8000 persons daily went on board.

The *Keying* next visited Boston; whence she sailed direct for London on the 17th of February last, and arrived in St. Aubin's Bay, Jersey, on the 15th March, having performed the voyage, from land to land, in twenty-one days—a short period even for the American packet-ships. She encountered tempestuous weather in crossing the Atlantic, from which she sustained some unimportant damage.

The Junk arrived at Gravesend on Monday: she will, we believe, be re-painted, and will, in a few days, be at Blackwall, for exhibition to the sight-loving Londoners.

LAUNCH OF THE "VLADIMERE," RUSSIAN WOOD STEAM FRIGATE.

The ceremony of launching this beautiful specimen of naval architecture took place on Wednesday, 22nd ult., from the ship-building yard of Messrs. C. J. Mare and Co., Orchard Wharf, Blackwall, in the presence of a numerous and *élite* company of spectators, among whom were many officers of the Russian Navy. The symmetry of form and magnitude combined in this vessel are very striking; and it will well repay the trouble of any lover of the science to inspect her at the East India Docks, where she now lies fitting for sea. She was designed by the same gentleman who constructed the *Express*, *Courier*, and *Dispatch*, and who superintends the constructing department of Messrs. Mare's firm. The last-named boats, belonging to the South-Western Steam Navigation Company, have lately proved of most essential service to the English at the various French ports, in consequence of their well-known speed and sea-worthiness.

The following are the principal dimensions of the *Vladimere*:—

	Ft.	In.
Length between the perpendiculars	200	0
Length of the keel for tonnage	178	8½
Breadth, extreme	35	11
Breadth, moulded	34	11
Breadth for tonnage	35	7
Depth in hold	21	0

Burthen in Tons, 1200.

	Ft.	In.
Draught of water complete for sea	14	6

Engines, 400 horse-power, by Messrs. Rennie.

ARMAMENT.

	Cwt.
2 10-inch Pivot Guns	84
4 8-inch on carriages and slides	65

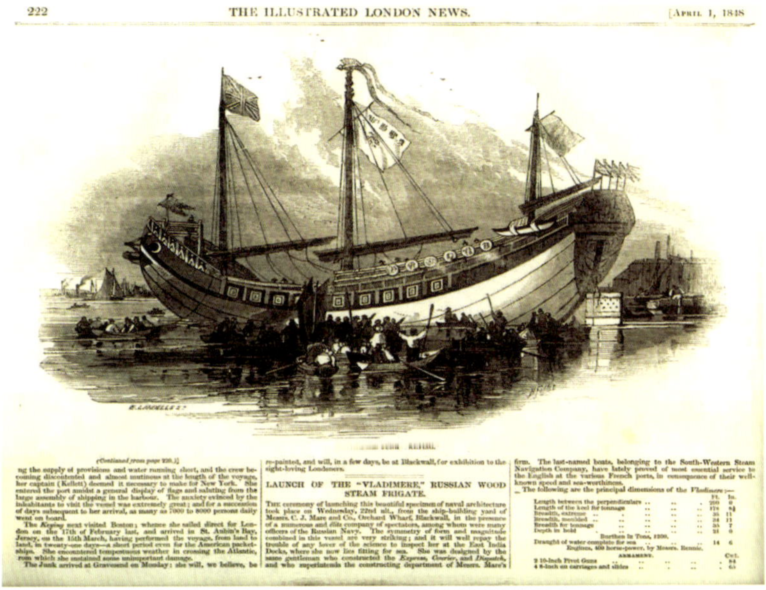

彩图 11:《中国帆船“耆英号”》,伯基特·福斯特(Birket Foster)绘,埃比尼泽·兰德斯(Ebenezer Landells)雕刻,《伦敦新闻画报》第 220 页,1848 年 4 月 1 日,香港海事博物馆收藏

彩图12：《"耆英号"》，佚名画家，《中国皇家帆船"耆英号"详解》第5版（伦敦：J.萨奇，1848年），香港海事博物馆收藏

彩图13：《抵达英国的"耆英号"帆船》，佚名画家，创作地未知（可能作于伦敦），约1848年，英国国家海事博物馆收藏

彩图14:《"耆英号"》,作者姓名难以辨认,维克斯(Vickers)印制,霍利维尔街(原文误作 Holeywell),英国国家海事博物馆收藏

彩图15:《意大利》组画中的《纽约湾与纽约港》,塞缪尔·沃(Samuel Waugh),纽约,约1853年,纽约市立博物馆供图

THE CHINESE JUNK.

彩图 16:《中式帆船》,约翰·格林纳威(John Greenaway),出自沃尔特·桑伯里(Walter Thornbury)和爱德华·沃尔福德(Edward Walford)著《老伦敦与新伦敦:历史、人物和地点》,第 3 卷(伦敦:Cassell Petter & Galpin,出版日期未注明),第 289 页,塔夫斯大学(Tufts University)数字档案馆收藏

PORTRAIT OF HESING.

希生廣東耆爺

彩图 17:《希生肖像》,出自《中国皇家帆船"耆英号"详解》第 5 版(伦敦:J.萨奇,1848 年),香港海事博物馆收藏

AFTER DECK OF THE KEYING.

彩图 18：《"耆英号"的后甲板》，出自《中国皇家帆船"耆英号"详解》第 5 版（伦敦：J. 萨奇，1848 年），香港海事博物馆收藏

彩图 19:《"耆英号"的船尾》,出自《中国皇家帆船"耆英号"详解》第 5 版(伦敦:J. 萨奇,1848 年),香港海事博物馆收藏

SALOON OF THE KEYING.

彩图20：《"耆英号"的交谊厅》，出自《中国皇家帆船"耆英号"详解》第5版（伦敦：J.萨奇，1848年），香港海事博物馆收藏

彩图21:《械斗》,出自《中国皇家帆船"耆英号"详解》第5版(伦敦:J.萨奇,1848年),香港海事博物馆收藏

彩图22:《1851年5月1日维多利亚女王在万国博览会开幕式上》,亨利·考特尼·塞卢斯(Henry Courtney Selous),布面油画,维多利亚和阿尔伯特博物馆(Victoria and Albert Museum)供图

彩图23:《"耆英号"中式帆船》,白合金纪念章,托马斯·哈利迪
(Thomas Halliday),英国伯明翰,香港海事博物馆收藏

彩图24:《"耆英号"中式帆船》,白合金纪念章,J.戴维斯(J.Davis),英国伯明翰,1848年,英国国家海事博物馆收藏

彩图25:《希生大人》,白合金纪念章,托马斯·哈利迪,英国,1848年,英国国家海事博物馆收藏

坐船不如蹲监狱。监狱中尚有更新鲜的空气、更好的伙伴,各种条件更加便利;船上还多出一条劣势,那就是危险。人一旦喜欢在海上谋生,便不再适应岸上生活。

——詹姆斯·鲍斯韦尔(James Boswell)《约翰逊传》

在陆为虫,入海为龙。

——"水上人"①的传统说法

---

① 又称"蛋民""蛋家人"。一般指旧时分布于珠江下游及各支流的水上居民、流动渔民。——译者注

谨以此书纪念
杰弗里·邦索尔(Geoffrey Bonsall)

献给
最佳伴侣伊莲(Elaine)
以及
卡特琳娜(Catalina)
——一艘快乐的跨文化之船上的联合船长

在 1846 年至 1848 年之间，一次非同寻常的航行创造了一项纪录，至今未被改写。一艘名为"耆英号"（Keying）的中国船成为第一艘——也是唯一一艘——自行从中国出发经好望角驶入北大西洋的中式帆船。同时，它也是有史以来首艘既抵达了英国又造访了美国东海岸的中国建造的船。

上述史实并不广为人知，本书旨在阐述这段历史的前因后果。

这次航行由一群香港投资人组织，他们中有些人后来成了香港一些主要机构的创始人。执行航行任务的船员东西方混杂，其中一小部分是英国高级船员和水手，大部分是广东水手及其船长。随同航行的还有少许乘客，包括一些投资人、一名真伪莫辨的五品文官①、一名画师，甚至还有一名裁缝、一名道具商人和一个有名的戏班子②。由于天气和帆船性能的双重原因，这艘船不得不折向美国东海岸，分别在纽约和波士顿停留，经历多起船员闹事分裂事件之后，这艘船最终抵达

---

① 中国官员被称为"mandarins"（源自葡萄牙语词根"mandar"，意思是"统帅"或"命令"，并且受到了一个梵文词语的影响，该词转化为印地语和马来语的"mantri"，意思是"忠告/顾问"），并且等级森严，具体如何排序则因朝代而异。19 世纪中期的清朝有九品文官和九品武官，每一品级都用胸前的补子和官帽上不同颜色的顶珠加以区分。

② 关于戏班子，见《利兹信使报》（*The Leeds Mercury*），1847 年 5 月 8 日。

伦敦。

　　这是唯一经证实驶入过大西洋并抵达美国和欧洲的中式帆船。其目的既非科考也非探险——此二者乃19世纪非商业非战斗航海活动的主要目的——而具有典型的香港特色:它是一项商业策划,意在通过向游客展示船员们在甲板上的生活场景以及甲板下面船舱内收集的古怪的中式物品来赢利。它是一个超前的主题乐园。

xviii

　　这艘帆船完成了它的航行,就此而言算是成功的。不过航行过程非常缓慢,它临时绕道美国,再加上船员间发生纠纷以至于在纽约对簿公堂,这些因素都导致了它的航程的拖延。预期4~6个月的航程实际花费了15个月。而在伦敦,一项我们如今或许认为过于冒险的商业计划让整个项目每况愈下。因此,本书也讲述了该次航行在1848年至1855年的后续发展。到了冗长的结局最后,除仅存的几位船员散佚于历史记录,这艘帆船几乎完全被人们忽视了,在利物浦对面默西河的泥滩上屈辱地走到了生命尽头。

　　"耆英号"的故事有两点值得特别关注,随着时光流逝,这两点几乎都模糊到难以辨认,因为在漫长的19世纪,无论在西方世界还是在中国,人们生存和看待问题的方式都导致这一段历史插曲几近湮没。

　　首先,有一艘中国帆船进行了一场独特的、史无前例的航行,无意之间实施了一次跨文化合作的实验——鉴于当时中国和西方的关系,其结果就像航船驶入了黑夜,除了零星的记录,几乎什么痕迹都没有留下。

　　其次,我们知道有这么一艘帆船完成了这次航行,它是抵达欧洲的唯一一艘尺寸完整且运转正常的中式帆船,代表了中国传统的造船工艺——据我们所知丝毫未受西方影响。它抵达欧洲的时间恰逢维多利亚时代对一切事物的科学兴趣使得建造浪潮达到顶点之际,然而,它的故事不论从科学角度还是民族学角度来讲,都全然被忽视了。

　　本书的前两个部分就是试图去厘清上述两点。关于第一点，为何除了从一些报纸杂志和信件、几本宣传册及一份庭审报告中挖掘出的信息，我们对此次航行的细节知之甚少？关于第二点，为何除了依据一份可疑的绘图记录和一些非正式又语焉不详的描述做出推测，我们几乎完全找不到清晰、确切的结论？

　　在本书的第一部分，我们试图还原在这次无疑具有历史意义和航海意义的非凡远航中发生的一切，对其错失的文化联系、航行中出现的问题，以及其实际达成的成就，都尽可能做出令人信服的分析。

　　在第二部分中，我们试图进一步了解完成这次航行的帆船及其错失的代表性机会，以便让西方更好、更全面地理解中国船舶的建造特色。

　　在这两部分中，我们都会尝试着推测：为什么这次航行没有造成持久的波澜——就我们所知，它在中国甚至没有掀起短暂的涟漪？海洋社会学为什么在随后的一个半世纪里，不论是对这次航行还是对这艘船，东西方几乎都没有产生重要的学术或大众兴趣？

　　作为对海洋社会学和船舶建造史进行对比研究的练习，本书的目的是疏浚一些阻塞的通道，为一条被忽视的航道设立浮标，这条航道连接了驾船出海和远洋经商这两大最重要的人类传统——这两大传统通常被视为两个独立的世界，各自在其特定领域内被加以研究。而"耆英号"的历史意义正在于它是沟通两者的一座桥梁——尽管是无意造就的、从某种意义上说失败的桥梁。

　　如今，大西洋—地中海地区及其周边地区的人们经常激动地按照其祖辈（或者是别人的祖辈）当年探索海洋边界时的路线再次远航，其激动之情亦理所应当，他们驾驶的船舶要么是按照当年的原样复制的,要么与其相仿。①这种做法已经开始突破西方海洋史学者和人类学学者的圈子,最近就有"阔阔真公主号"(Princess Cocachin,2008—2009)、"太平公主号"(Taiping Gongzhu,2008—2009)、"恩甘达希格号"(Ngandahig,2009)和"马斯喀特宝石号"(Jewel of Muscat,2010—2011)的航行为证。不过迄今为止,关注的焦点主要集中在西方或由西方所带动。

这些复制品、修复品以及重走当年路的活动得到了相关机构和政府的慷慨赞助,吸引了电视节目的关注,衍生出了畅销图书。由于这些航海故事意义重大、鼓舞人心、令人振奋,甚至扣人心弦,又总是发人深省,因此它们也广为人知。

然而,即使是在西方,这种普遍的热情也是近些年才发展起来的,并在20世纪70年代才达到鼎盛。那是一个富裕的时代,西方的扩张政策和经济支配地位达到了顶峰,最重要的是,受惠于现代大众传媒,用特定方式审视航海世界的做法得到普及——不论在当时还是在现在,这种方式的特点都是关注西方文化独有的航海史的发展和繁荣。航海活动源自西方文化毋庸置疑,但它是否为西方文化所独有,则尚

---

① "康提基号"(Kon Tiki,1947)、"五月花号"(Mayflower,1956—1957)、"太阳神号"(Ra,1969—1970)、"太极号"(Tai-ki,1974)、"金鹿号"(Golden Hind,1973—1980)、"独木舟号"(Hokulea,1976年至今)、"苏哈尔号"(Sohar,1980—1981)、"阿尔戈号"(Argo,1984)、三列桨船"奥林匹亚斯号"(Olympias,1985—1994)、"巴达维亚号"(Batavia,1985—2000)、"第一舰队"(the First Fleet,1987—1988)、"圣玛丽亚号"(Santa Maria,1990—1991)、"徐福号"(Hsu Fu,1993)、"奋进号"(Endeavour,1994—1997)、"马修号"(Matthew,1997)、"埃尔米奥纳号"(L'Hermione,1997年至今)、"小鸽子号"(Duyfken,2000)、"海洋之星号"(Samudra Raksa,2003—2004)、"维多利亚号"(nao Victoria,2005—2007)、"哥德堡三号"(Götheborg III,2005—2007),以及2007年的"如意号"(Godspeed)、"苏珊·康斯坦特号"(Susan Constant)和"发现号"(Discovery),还有"海上种马号"(Sea Stallion,2007—2008)和西班牙大帆船"安达卢西亚号"(Andalucia,2008—2010),涵盖的年代范围之广泛,足以说明问题。

待讨论。①

20世纪末西方对于海洋探索、海洋发现和散居海外的热情虽然仍以自我为中心，但是愈发包容了，在这之前则完全是另一种情形。大多数人曾认为，西方的航海世界就能代表航海的全部，另外的一些参与者落在了后面，很大程度上是由于其自身文明的愚笨。

如此展现出来的只是一个粗疏的轮廓，也必定是不完整的。但是对于19世纪大多数的西方人——甚至包括那些进行了更多思考的观察者——来说，进行探索、获得发现的只有西方人，只有西方人发明了令探索和发现得以实现的船舶、技术、仪器和制度。其他人已经在愚昧无知中航行了太长时间，陷于一渊洄水而无路可走，他们既不能够，也不愿意寻找出路，以驶出这个航海（通常在更普遍意义上）文化的僵局。

而且，看上去没有哪个地方比中国更符合这种情况。

上述观点令"耆英号"帆船1846—1848年的远航几乎被全然忽视。这艘帆船及其船员于1846年12月6日离开香港维多利亚城的新码头之后便踪迹皆无：没有留下故事；没有人研究它、建造复制品；没有一家机构从这个冒险故事中发现一个可供宣传、为自己的社会责任博取赞扬并通过副产品获取收益的载体；没有一家电视或电影公司从中预见到一部扣人心弦的纪实系列片及利润丰厚的衍生商品，并为此激动不已；没有一个政府从中看到提升本国航海实力、获取远方殖民地的机会。

---

① 对该问题更为全面的探讨见：Stephen Davis, "Maritime Museums: Who Needs Them?", *Nalanda-Sriwajaya Working Papers* No.11（Singapore: Nalanda-Sriwajaya Centre, Institute of South East Asian Studies, 2012），网址 http://nsc.iseas.edu.sg/documents/working_papers/nscwps011.pdf; Stephen Davies, "Re-contextualizing the Prime Meridian: Interpreting Maritime Museum Collections for an Asian Audience"，该论文发表于2011年10月10日在华盛顿特区史密森尼博物馆（Smithsonian Museum）召开的2011年国际海事博物馆大会上。

　　其实,在随后的故事中,上述所有情况都有可能实现。因此,本书的另一个目的是让人们更好地理解,为什么在过去一个半世纪里,本应能够看到如此丰富可能性的眼睛却什么也没有看到,也不愿意去看。诸多勉为其难的妥协构成了西方帝国主义的半个世界,它们有效果但算不上完全成功(因为通常相互都存在种族歧视),西方和中国的绝大多数普通人生活在那个生存艰难的年代,多数人宁愿将其埋葬,而不是从中吸取教训。[1]如今我们能做得更好……或者说,我们自认为能做得更好。

　　我们现在生活的时代可能更加开明,因此,希望中国帆船"耆英号"及其全体船员的故事最终能够获得早应得到的关注。全体船员包括船长查尔斯·凯利特(Charles Kellett)和素尹双喜(Su Yin Sang Hsi),大副G.伯顿(Mr. G. Burton)和爱德华·雷维特(Mr. Edward Revett),头目和下属瓦信(Hia Siang)、沈阿古(Sim Agu)、阮悌(Ung Ti)、林陈四(Ling Chensi)、郭信太(Kho Sing Thiam)、廖来(Lia Lai)、雷南坤(Lei Na Kung)、许佩侣(Khor Per Le)、利哈(Lip Hap)、金登英(Chin Ten Yeng)、丹杉森(Tam Sam Seng)、阮天勇(Ung Tian Yong)、陈阿泰(Chein A Tai)、严阿钦(Yer A Chin)、林阿力(Lim A Lee)、歌邦哈(Go Bun Hap)、车瓦阿萨(Che Va A Sa)、奇瓦阿占(Chi Va A Chan)、林泰宗(Lim Tai Chong)、谭阿来(Tan A Lak)、贾阿锁(Chia A Soey)、王阿雄(Ong A Hiong)、钱阿梯(Chien A Te)、郭体松(Kho Te Sun)、阮阿聪(Ung A Cong)和邵阿丘(Sio A Chiok),还包括清朝官员希生(He Sing)和船上画师

---

[1] 毕可思(Robert Bickers)的《帝国造就了我》(*Empire Made Me: An Englishman Adrift in Shanghai*, New York: Columbia University Press, 2004)一书讲述的精彩故事准确地展现了西方伐木工的世界是如何在历史上寿终正寝的。(中文版由浙江大学出版社2012年出版——译者补注)

三成(Sam Shing),或许还有20多名没有留下姓名的欧洲和中国水手。

据预先试读了本书手稿的几位读者反映,本书的航海专业色彩可能过重。也许,我应该用不谙航海者也熟悉的词汇替换掉专业术语,或者是提供一份词汇对照表。我本人赞同航海时代的巨人理查德·亨利·达纳(Richard Henry Dana)的看法(我们在后文中还会再见到他),那就是,技术术语通常不会成为理解的巨大障碍。正如达纳所说①:

> 文中某些地方或许有不少让普通读者难以理解的内容,但我的经验,以及旁人都告诉我,与我们不曾体验过的风土人情相关的简单事实,以及对于全新生活场景的描述,都会通过想象对未曾经历者产生影响,因此我们几乎不会觉得需要了解技术方面的知识。成千上万人阅读美国护卫舰通过英吉利海峡逃逸的故事,还有"红色漫游者号"(Red Rover)上的布里斯托商人追击和沉船的故事,他们连船上的绳索怎么称呼都不知道,却带着极大的兴趣体验了具体而微的航海调遣——对技术知识的缺乏丝毫没有减弱他们了解专业细节的期盼与热情。

戴伟思

2013年于香港

---

① 见小理查德·亨利·达纳(Richard Henry Dana, Jr.)所著 *Two Years before the Mast: A Personal Narrative of Life at Sea*(Homer Eaton Keyes ed., New York: Macmillan, 1939)一书的"前言";关于 James Fenimore Cooper 的航海故事,见 *The Red Rover: A Tale* (London: Henry Colburn, 1827), e-book at http://www.authorama.com/book/two-years-before-the-mast.html,查询日期2013年2月10日。

致谢

　　三个毫不相干的诱因促成了本书的诞生。这三个诱因都和香港海事博物馆（Hong Kong Maritime Museum）中的"耆英号"展品模型有关，该模型是在谭国利（K. L. Tam）先生的督促下，结合我多年的老相识兼同事、已故的杰弗里·邦索尔（Geoffrey Bonsall）的建议，由博物馆年轻的策划团队建造的。

　　当博物馆的董事会成员陈耀棋（Y. K. Chan）先生让我留意"维基百科"上一条关于博物馆模型的带有批评性的条目时，第一个诱因出现了。该批评条目概括言之，是说这个模型看上去并不是那幅最著名的画上的那样像个漂浮的香蕉。我读过以后不得不思考：它为什么不像？它为什么不应该像？于是我从总体上思考"耆英号"真实的模样到底是怎样的。其实，本书是从第二部分开始的。

　　几个月后，以一个毫不相干的方式，我收到了一份来自新西兰的咨询，有人想了解香港海事博物馆是否知悉"耆英号"及其航行故事。我的回答自然是："知之甚少。"但是，咨询者竟然是"耆英号"西方船长查尔斯·凯利特的玄孙女苏珊·西蒙斯（Susan Simmons），她收集了数量惊人的新闻简报和家谱资料，并将之全部复印，送给了香港海事博物馆，其慷慨之举令人赞叹。通过这些资料，我获得了关于这次航行更为清晰的细节，意识到这不仅是一次航海壮举，还是19世纪令人困扰的跨文化合作的一次实践——抑或是跨文化合作的缺失。因此，我向苏珊致以最深厚的谢意，没有她多年的付出(在查尔斯·凯利特家族诸多后裔的共同关注和支持下)，这本书就不可能问世。

xxiv　为了对前两个诱因做出回应，我开始了阅读，因此遇到了第三个诱因。约翰·罗杰斯·哈达德(John Rogers Haddad)所著的《中国传奇》(The Romance of China)这本书既引人入胜又给人教益。事实上，关于"耆英号"在纽约的停留以及在此发生的庭审案件，书中涉及查尔斯·凯利特的描写非常不客气。我已经从苏珊那里得知了这些严厉的措辞，显然对于查尔斯·凯利特的后人来说，阅读和接受这些文字是非常艰难的。

我曾是一名海员，也是在海员的世界里成长起来的。从那时起，我就认为，查尔斯·凯利特的故事需要放到时代环境中去更好地解读，需要从海洋的角度去观察，需要把它放到再普通不过的19世纪航海的背景之下去解读——无论那在我们这些开明的21世纪初的人眼中是多么令人愤慨——因为太多时候，我们习惯性地对时代差异视而不见。如今7年过去了，我写下了数以万计的文字，我依旧如此认为。

固然，或许在今天的我们看来，任何地方的船员都不可能受到像"耆英"号上的中国船员那样的对待。诚然，需要感谢卫三畏(Samuel Wells Williams)、林景州(Lin King-chew)、W.丹尼尔·洛德(W. Daniel Lord)和纽约地方法官塞缪尔·贝茨(Samuel Betts)，他们帮助了26名需要帮助的异乡人。但是，我们也需要去理解故事的另一面，理解19世纪中叶的船舶是如何航行的；我们不能期望查尔斯·凯利特及其大副、联合船长等人的行为方式违背19世纪中叶的(不论是英国的还是中国的)惯例。我们需要更加全面地看待那二十六名哗变的广东船员，他们是19世纪鸦片战争后中国一个滨海地区的居民。他们都足够精明，对中西融合地区的纷争有着足够的敏感，不是那些没见过世面的土包子或轻易就会被无耻的中西方投机分子欺骗的笨蛋。

为了做到这一点,就有必要切身体会这场始于香港的多灾多难且令人困惑的航程,有必要在适当的情景下去理解这位年轻船长(他显然是称职的)所取得的成就,有必要去理解试图依靠以中国人为主的船员队伍"井然有序"地驾驶一艘中式帆船,自然会产生不可避免的冲突和显而易见的误会。只有这样,我本人以及我的读者才能明白为何一切都会支离破碎(就像后来发生的情况一样),不至于动不动就被诱入歧途,轻易地表现出道德说教式的愤怒。

因此,本书第六章实则由第二部分衍生出来……它也试图将前两部分衔接起来,不至于让后面的内容看起来是草草收场。

我对香港大学出版社两位具有洞见的匿名读者深怀谢意,他们敏锐地发现了本书的缺点,尤其是先写船后写人,即把第二部分放在第一部分前面,让全书显得有些结构失当。对于出版社的责任编辑文基贤(Christopher Munn),我也同样心存感激,感激他提出的意见以及对本书出版价值的认可。我还要向出版社的诸位编辑致以真诚的感谢,尤其是杰西卡·王(Jessica Wang),她的关心和关注发挥了重要作用。好的编辑总能让文章增色,薇琪·卢(Vicki Low)和杰西卡一起对文中过多的赘语进行了修改和删减。

我无疑需要感谢香港海事博物馆,感谢博物馆的董事会及其成员,尤其是容忍我在这个故事上一连几个小时喋喋不休的卡特琳娜·楚(Catalina Chor)。对于董事长安东尼·哈代(Anthony Hardy),我的感激之情更是无以言表,对于我的研究工作,他总是表现出浓厚的兴趣,提出深刻的见解,并给予大力的支持。我还要感谢凯特(Cat)、穆迪·唐(Moody Tang)、菲比·董(Phoebe Tong)和杰米·麦(Jamie Mak)在我笨嘴拙舌地努力学习汉语时给予的耐心帮助。

自然,我还要感谢中国内地和香港地区以及全世界众多从事海事研究的学者,他们的工作为我的研究奠定了基础。对于范岱克(Paul van Dyke),我尤为感激,他声誉卓著且当之无愧,对我一再拖延的海事历史研究总鼓励有加,而且如果不是他告诉我《"耆英号"档案》的存在,这条线索肯定会成为漏网之鱼。我也要好好谢谢我的朋友、从事舶模型制作的老前辈尼古拉斯·伯宁翰(Nicholas Burningham),他的广博的知识和船舶驾驶技术让我收获良多。对于我所引用的主要消息来源以及给予我诸多指教的人,我希望能尽己所能地表达感激之情。不过,很显然,我对海事历史领域的50年阅读史,意味着许多人没有出现在本书的参考文献里,他们几乎潜移默化地塑造了我的思维。因此,我只能笼统地向整个海洋研究领域致谢,一个人穷尽一生的精力去阅读该研究领域的成果,也不敢说自己真正对它了如指掌了。

我必须向法国远东学院(École française de l'Extrême Orient)的柯兰(Paola Calanca)和皮埃尔–伊夫·曼金(Pierre-Yves Manguin)道一声感谢。他们2009年在北京联合主办了一场研讨会,邀请我为会刊合撰了关于此项研究的一篇论文,这篇论文后来成为本书第二章和第六章的主干。我还必须感谢上海中国航海博物馆的馆长和馆员,他们请我为其在2010年7月首次举办的国际学术研讨会提交一篇论文(中国航海博物馆同期开馆,它对上海乃至中国的航海文化做出了引人瞩目的新贡献),这篇论文极大地充实了本书的第十一章和第十二章。承蒙他们的美意,我在2013年5月再度受邀做了一场演讲,由此产生了本书的附录,作为对第二部分的讨论以及结论部分的补充。以上两事,我都得特别感谢赵丽(Zhao Li)女士,若没有她的帮助,我稿件的分量将会轻得多。同样感谢香港海事博物馆的卡特琳娜和菲比,她们竭尽全力将全部英文PPT资料翻译成了流畅的中文。赵丽、凯特和菲比提出的尖锐问题总能帮助我极好地理清思路。

我还要感谢格林威治国家海洋博物馆(Greenwich National

Maritime Museum)的图片管理员艾玛·莱夫利(Emma Lefley)和朱莉·科克伦(Julie Cochrane),以及香港艺术馆(Hong Kong Museum of Art)的助理馆长(注册)辛西娅·CM.伍(Cynthia CM Woo),她们在图片方面为我提供了帮助;感谢伦敦马丁·葛列格里画廊的帕特里克·康纳(Patrick Conner),他向我提供了中国画师绘制的"耆英号"的另一幅图片。

在阅读本书手稿并协助我改进其连贯性与可读性之后,苏珊·沃克(Suzan Walker)自告奋勇制作索引。吾友无出其右矣!

对于我的伴侣伊莲·摩根(Elaine Morgan),我集最大的感激、愧疚和亏欠于一身。在超过15年的时间里,我和她乘一条小小的游艇,航行50000英里①,畅游"耆英号"航行过的众多水域,这些旅程帮助我重建了理解"耆英号"航程至关重要的"海洋视角"。伊莲花在这份手稿上的时间同我一样多。她容忍了我在"耆英号"这个话题上无尽的唠叨。2012年我们在法国的另一个家中度假,我像鼹鼠洞里的鼹鼠一样不停地敲打键盘,修改草稿,总是将她和我的小姨子——像伊莲一样懂得克制的妹妹吉尔·塞拉斯(Jill Sellars)——晾在一边,任由她们欣赏鲁西永(Roussillon)②的美景。这样的日子太多了,可她都毫不介意。

所有的书都是群力所为,这一本也不例外。不过,照例而言,无论其他人做出了什么贡献(数量众多,我也不胜感激),疏漏之责自当由我承担。

戴伟思

---

① 1英里约等于1.61千米。——译者注
② 鲁西永,法国南部的一个著名葡萄产区,因其土壤中富含赭石成分,而被游客们形象地称为"红土城",是法国政府评选的"经典美村"之一。——译者注

目　录

东洋西洋，景象有别

　　鉴于其前所未有且独一无二的航行历程,"耆英号"帆船①就成了考察早期(以及后续)香港的一个既有趣又恰当的代表。我们要理解"耆英号"的成败,理解它错失的机会以及侥幸取得的成就,理解其要么勉力维系,要么一同沉没的极端割裂的小世界,洞悉它朝着一个不自量力的目标前进,洞悉它漂泊不定的航程以及冗长且令人遗憾的结局,明白被零星记录下来的只是极少数幸运儿,大多数人则默默无闻,但是后者的知识和工作是前者取得的小小成就不可或缺的基础。只有理解了上述种种,始能感知香港的特殊身份及其故事所代表的意义。

　　为何19世纪中叶清朝晚期的一艘名不见经传的中国帆船进行的一次在现代人眼中昙花一现的航行,却具有真正的历史价值?为什么对热心研究中国和殖民地航海历史的古文物学者来说,它不仅仅是一个小小的历史注脚?总之,这艘帆船呈现给我们的不仅仅是对一隅之

---

① 我在本书中将采用"帆船"(junk)一词来称呼这种在大海大河中航行的中国船只。它显然是一个不尽如人意的称呼,该词源自爪哇语或闽语,用它称呼汉语中的舰船或小艇并不十分贴切,正如使用在词源学上存在偏差的"单桅三角帆船"(dhow)称呼阿拉伯船同样不尽如人意。仅仅是它在一般英语中已经确立的用法支持我做出了这样的选择。用英语的通称"ship"替换它更好。参见 Pierre‐Yves Manguin, "The Southeast Asian Ship: An Historical Approach", *Journal of Southeast Asian Studies*, 11, no. 2 (1980): pp.266–276。

地的有趣概括,而且该弹丸之地被认为在中国历史、英国历史乃至更广泛的世界历史的大旋律中曾经奏出,并将在今后持续奏出自己特有的乐章。

香港码头一瞥

想要获取上述问题的答案,就有必要对当时的背景稍费笔墨。最好的做法莫过于在脑海中想象1846年最后三个月香港港口的景象。首先让我们把目光集中在新建未久的维多利亚城紧靠岸边的碇泊处,借由西方定居者的眼睛打量这个开埠未久的中国沿海新港(它仍是一枚未经琢磨的钻石)。纵目远望,本想看到的是船只,不期眼前竟是如此戏剧性的反差。

当时摄影技术尚未出现,因此我们的重建工作必须依赖道路监工及苦役犯的主管默多克·布鲁斯(Murdoch Bruce)的作品,他对1846年香港的描画无人不晓。[1]而现存的由时任港务局局长、已故皇家海军上尉威廉·佩德(William Pedder)留下的关于港内交通的书面记

---

[1] William Tarrant, *The Hongkong Almanack and Directory for 1846: With an Appendix* (Hong Kong: Office of the China Mail, 1846).

录,则可以为我们的想象提供补充。①

　　幸运的是,布鲁斯的画作中有一幅描绘的是从美莉炮台(Murray's Battery)向西瞭望的景色,另一幅则描绘的是从首席法官府邸(Chief Justice's house)西瞭的景致。我们知道,从现在的坚尼地道(Kennedy Road)与皇后大道东(Queen's Road East)交汇处延伸出来两道低矮的山脊,首席法官府邸就坐落在靠西侧的那一道山脊上。第三幅则填补了前两者之间的空白,正好可以纵览春园街(Spring Gardens,如今湾仔一条繁忙的街道)滨水景象。第四幅从铜锣湾(Causeway Bay)北望怡和洋行(Jardine Matheson)东角的建筑

---

① 关于首任香港港务局局长,我们知之甚少,在梅·霍兹沃思(May Holdsworth)和文基贤编的 *Dictionary of Hong Kong Biography*(Hong Kong: Hong Kong University Press, 2011)一书中找不到他的踪影。佩德于1801年出生于怀特岛(Isle of Wight)的赖德(Ryde),1814年加入皇家海军,其早年服役情况不详,不过1920年曾加入皇家海军"利菲号"(Liffey)(50, 1813—1827; Samantha Cavell, "A Social History of Midshipmen and Quarterdeck Boys in the Royal Navy, 1761—1831", unpublished PhD thesis, University of Exeter, 2010, App. G7)。他于1824被任命为上尉(见 http://www.pbenyon1.plus.com/Nbd/exec/OPQ/Index.html,查询日期2013年2月9日)。他显然无甚影响,因为下一条关于他的记载是他于1836—1839年加入皇家海警——这通常是没有在现役海军军舰上谋得职位的军官的委身之所。据记载,他有意在1831年开发位于怀特岛上维汉姆(Whippingham)的贝尔米德(Bell Mead)的某个地方——或许是为了建房,不过显然未达成协议。(见 http://www.nationalarchives.gov.uk/a2a/records.aspx?cat=189-jergps&cid=3-8&kw=Pedder,%20William#3-8,查询日期2013年2月9日。)我们知道,在成为"涅墨西斯号"(Nemesis)的一员前往香港之前,他已成婚并育有一子。(*The Naval Chronicle*, vol. 7, 1838, p. 503: "在舰服役,位于韦茅斯附近,5月21日星期一,皇家海军W.佩德上尉夫人,有一子。")不过其家属是否曾到过香港则不得而知。Endacott写道:"事实证明,直到1854年3月休探亲假期间在怀特岛的赖德去世之前,他(在香港)都是一位非常高效的官员。"(见 G. B. Endacott, *A Biographical Sketch-Book of Early Hong Kong*, edited by John Carroll, Hong Kong: Hong Kong University Press, 2005, p.109。)他的遗嘱于1854年5月26日获得验证(见 http://discovery.nationalarchives.gov.uk/SearchUI/details?Uri=D62453,查询日期2013年2月9日)。

群。①因此,整个港口基本被囊括在内。以我们带有西洋海事传统偏
见的眼光来看,能看到什么?

传统中国船只

在香港的最西端,从今天的上环到铜锣湾绵延3英里的海岸沿线
上,已经聚集了许多传统中式船只,它们或大或小,忙忙碌碌,乱七八
糟,其中有许多小舢板和单桅小船。它们沿着西面的海岸线散布,在
初具雏形的海军船坞附近零星分布,到了湾仔码头区至铜锣湾一带又
稠密起来。上环沿岸已经成为这个新兴城市里中国人日益聚集的地
方,从那儿再向外延伸,大约有10艘双桅或三桅帆船。三桅帆船都不
是很大,因为在3年前,首任香港总督璞鼎查爵士(Sir Henry
Pottinger)和钦差大臣耆英刚刚在虎门签订了《五口通商附粘善后条
款》②,它有效地将香港排除在了繁荣的中国沿海及南洋贸易③之外。
因此,中国从事海洋贸易的35～55米长的A级和B级帆船即便存在,
也是凤毛麟角。

我们能看到的这些中国船只都很普通。它们做工粗糙,外板通常
采用未经烤制的木料,就好像有人刚刚劈开几棵树,将其钉在了一起。
船上桅杆挂的是单帆,状如蝠翼,以竹片或破烂的鞣制帆布编制。它

① 这四幅画作分别是:《从美莉炮台向西瞭望香港及海港的景色》(1846年)、《春园街景色》
(1846年6月24日)、《维多利亚港即景:自香港首席大法官晓吾阁下的花园西望》(1846年
8月20日)和《自铜锣湾向西北眺望怡和洋行的景色》(1846年9月28日)。它们是1846年
布鲁斯所绘十二幅香港景色系列中的一部分,后约于1847年由伦敦Macdonald
&Macgregor石版印刷公司(Lithographers)作为石版画出版(实际上是由A. Maclure完成)。
② Frank Walsh, *A History of Hong Kong*, revised ed. (London: Harper Collins, 1997),
pp.124-125。就像Walsh指出的,敲定条约以终结第一次鸦片战争以及香港开埠是一个漫
长的过程,直到1843年10月随着《五口通商附粘善后条款》的签署方才完成。
③ Frank Walsh, *A History of Hong Kong*, p.162.

们的桅杆不是直的,而是由单根树干制成的,就像大多数树干一样,这里曲一点,那里弯一下。桅杆与桅杆也不平行,前桅看似醉醺醺地向前倾倒,主桅则姿态各异,有的略微前倾,有的竖直。假如有羽桅,那也被古怪地置于一侧,而且特别小。船体看起来甚是怪异:前端没有破浪用的倾斜船头,取而代之的是一块平坦的木板,有时是不规则的梯形,越接近水线的地方越窄;在大一点的帆船上,船头上方是两个高耸的"翅膀",以水平绞盘连接,从绞盘垂下两根绳索,至船身下消失。让人莫名其妙的是,船尾比船头还高,因此整只船看上去就像从头至尾被修剪了一样。

索具——或者是称得上索具的东西——没有涂上常用的松焦油,落下的吊索和帆布也不是整齐地卷起来挂在按顺序排列的系索栓上的,这些系索栓在支桅加强板四周环绕成整齐的横木围栏。船上没有刷白漆的整洁中桅,没有明显的铜皮包裹之处,反而是涂了一层烟灰色的"朱南"(chunam)。动索和锚索(还有那些奇奇怪怪的从船头位置落入水中、消失在船身之下的绳索)连接着相当粗糙的水平绞盘,工作起来就是个简单的滑动轴承。在与西洋船舶的船首饰板、防浪列板和船尾栏杆对应的部位,中式帆船缺乏华而不实的装饰和细致的做工。这些船如果刷了漆,那么一定是鲜艳的色彩,船尾板上装饰着炫目的盘绕花纹,更大一点的船身上则随处画满了一些巨鸟。[1]这一切看上去集独特、原始和古老于一身。[2]

[1] W. H. Smyth, *The Sailor's Word-book*: *An Alphabetical Digest of Nautical Terms*, *including Some More Especially Military and Scientific*, *but Useful to Seamen*; *as well as Archaisms of Early Voyagers*, *etc*.(London: Blackie and Son, 1867)。Smyth 的词汇手册经早期定居于维多利亚港的海军上校爱德华·贝尔彻(Edward Belcher)爵士编辑出版。
[2] 想要了解陈旧的中式帆船的外观,参见本书作者所著 *Coasting Past*: *The Last South China Coastal Trading Junks Photographed by William Heering* (Hong Kong: Hong Kong Maritime Museum, 2013)。

起锚开航时,帆船会爆发出刺耳的声响:鸣锣,击鼓,鞭炮炸响,产生一连串烟雾和闪光。到处都是喧闹的声音和匆忙的行动。一切都看似非常随意,毫无章法;每一个环节都无人掌控,不能保证一句恰当的口令或水手长一句高声呼喊就能使船员严格按照标准执行。

接下来就是对比了。

⁴ 西方船只

港内占据优势的是皇家海军的舰船。这些舰船不仅让英国得以称霸世界海洋,也让英国得以称霸中国沿海地区。随着第一次鸦片战争结束,至1846年8月,东印度群岛基地驻中国舰队的战斗力大大缩减,打击海盗成了该舰队的主要任务。[1]但即便如此,这里随时都会有舰队的代表性舰艇留驻。其中最大的一艘是皇家海军"阿金库特号"(Agincourt),即海军少将、舰队总指挥托马斯·约翰·科克伦(Thomas John Cochrane)的旗舰。它是一艘1817年下水的三等舰艇,配备了80门大炮、442名官兵、53名勤杂工和125名水手。舰长是亨利·威廉·布鲁斯(Henry William Bruce)上校,他也是科克伦少将的连襟——这是19世纪中期皇家海军的惯例。尽管只是一艘三等舰艇,它却拥有一只大拳头。[2]据那些能够回忆起最近一场战争中的海

---

[1] G. S. Graham, *The China Station: War and Diplomacy, 1830–1860* (Oxford: Oxford University Press, 1978);William Laird Clowes, *The Royal Navy: A History from the Earliest Times to the Present*, 7vols. (London: Sampson, Low, Marston, 1901), vol. 7, pp.351–353.

[2] 板积测量1743吨,两层甲板,可发射28×32磅、28×18磅、6×12磅、12×32磅和6×18磅炮弹的白炮(近距离、大杀伤力的武器)。见:David Lyon and Rif Winfield, *The Sail & Steam Navy List: All the Ships of the Royal Navy, 1815–1889* (London: Chatham, 2004); Brian Lavery, *The Arming and Fitting of English Ships of War, 1600–1815* (Annapolis, MD: Naval Institute Press, 1989); Brian Lavery, *The Ship of the Line: The Development of the Battlefleet 1650–1850* (London, Conway Maritime Press, 1984)。

战的香港人说,仅"阿金库特号"一艘战舰单侧船舷的火力就远甚于
1840年整个广州海防舰队。①

　　该舰是西方木制造船技术发展到巅峰时期的杰作。它体积庞大,
又异常坚固——既为了承受自身武器发射时产生的强烈后坐力,也为
了抵抗敌舰回击时猛烈的冲击。最重要的是,它复杂到了惊人的程
度,由几万个特制的连接部件和几千片特殊形状的木板构成,许多木
板是按照"天然弯曲"挑选的,即长得具有特定半径或形状的弯曲。②
它的索具是一座复杂的迷宫,3根箍合木桅③,每一根的中桅和上桅都
有大约18根后支索、4根前支索和10根横桅索加固;11张横帆,每一张
都由多达19根控制索操纵;4张或5张纵帆,每一张由4根控制索操纵。

舰船不同,管理迥异

　　支援旗舰的是护卫舰[比如装载46门火炮的皇家海军"代达罗
斯号"(Daedelus)]和单桅帆船[比如装载26门火炮的皇家海军"彩
虹女神号"(Iris)和装载18门火炮的皇家海军"哥伦拜恩号"

---

① 该舰队的战舰似乎只装备了大约12门能发射6~12磅炮弹的大炮。大约需要14艘装备了
能发射12×12磅炮弹的大炮的帆船,才能同"阿金库特号"的射程重量相抗衡,不过没有
一艘舰船能够承受得住哪怕一门32磅大炮射出的一发炮弹的重击。中国舰船意在防守御
敌,而不是大规模的进攻。见 Bruce A. Elleman, *Modern Chinese Warfare, 1795–1989*
(London: Routledge, 2001), pp. 19–34;及 Daniel R. Headrick, *The Tools of Empire*:
Technology and European Imperialism in the 19th Century (Oxford: Oxford University Press,
1981), Ch.2.
② 对于其异常复杂的结构,Trevor Kenchington 在"The Structures of English Wooden Ships:
William Sutherland's Ship, c. 1710" [*The Northern Mariner / Le Marin du nord 3*, no. 1
(1993): pp.1–43]一文中做出了精彩的阐述。到1846年,除结构更加复杂(用精密的对角
支撑使船体能够承受更大的压力)之外几乎别无重大变化。
③ 一根箍合木桅是指由不止一根树干做成的桅杆,各部件之间相互契合,整根桅杆用被称作
"绞扎"的绳索或铁箍紧固在一起。见 Smyth 所著 *The Sailor's Word-book* 一书。

(Columbine)]。每一艘军舰的结构都同样复杂,即使是这些较为小型的舰艇,比起与之对应的装备最好的中国海军舰艇或海盗船来讲,也可谓全副武装。这些舰船不论是航行时还是战斗中,都由职级明确、训练有素的船员对它们进行如机器一般精准的操控。水手长高声发出命令,手下飞身跃至索具位置,炮手5~8名一组环伺于武器周围。发射炮弹的操作被精心安排为八个步骤,炮弹大约每一分半钟发射一次,每个人都有明确严格的职责,全都听从于各司炮手的指令。[①]值守人员按照号码顺序依照船舶的铃声准时轮换。值守军官会进行例行交接:"航向西偏南45°,顺风航行,正常帆全扬,东北大风刚起,视野内无船。交给你了,乔利恩(Jolyon)先生。"

从最低级的勤杂工到总司令连贯成一个严格的指挥系统。复杂的视觉信号采用信号旗和详细的编码本,确保意图能被理解,命令能被传达,情报能被传递。从欧洲到亚洲的航程为期3个月,舰队能够在全面战备状态下自给自足,并且原则上——通常事实也是如此——能够在航程结束时投入战斗,就像第一天驶离出发港一样。甚至,鉴于其全体船员稳定而且整齐化一,他们能做得更好。经历过"法国战争"期间多年的封锁作战的历练,皇家海军的常规工作已经得到磨合,[②]无论顺风逆风,他们都能完成航行,到19世纪40年代,这批人已经成为高级军官在服役。羽翼渐丰的大英帝国是靠海洋航线和舰艇巡逻维系起来的,而这种常规训练也伴随着英国的全球扩张得以延续下来。

当然,上述情形对于中国的航海实践也一样适用,只不过表现方

---

① Brian Tunstalla and Nicholas Tracy (eds.), *Naval Warfare in the Age of Sail: The Evolution of Fighting Tactics, 1650-1815* (London: Wellfleet Press, 2001); Peter Padfield, *Guns at Sea* (London: St Martin's Press, 1974).

② Cavell, *A Social History of Midshipmen and Quarterdeck Boys in the Royal Navy*, pp. 254-338 and 450. "法国战争"是1792—1802年法国大革命战争与1803—1815年拿破仑战争的简写。

式大不相同,尽管其船只结构远没有这么复杂,行驶起来也远远不需要那么多精心设计的步骤和规定。他们有一套类似的,但是缺乏系统化的繁杂的组织层级。对船只的操控大致相仿,既通过有组织的成文系统,也通过行之有效的惯例。他们显然也有一套信号系统,以便让统帅指挥舰队中的船只。[①]不过西方人对这些理解甚少,假如他们稍有理解的话,那么就能选择更好的标准来衡量彼此之间的差异,彼此之间的对比或许会更加明显。

驾蒸汽轮驶向未来

不过,在这片仍处于起步状态的现代海滨地区(除了房屋和防波堤,就是竹制骨架覆以蒲席制成的遮阳棚,以及泥滩),西方观察者的目光必然会被一些新奇的事物所吸引,那就是正在孕育的、新颖的、尚显怪异的未来武力标志——皇家海军和东印度公司印度海军的蒸汽明轮船(steam-paddle ship)。"复仇女神号"(Nemesis)在第一次鸦片战争的海战中发挥了主导作用,它仍在同其他战舰一起服役,不过驻扎在香港的蒸汽明轮同一时间一般不超过两艘。"复仇女神号"革命性地以铁甲打造船身,其余战舰如"冥王星号"(Pluto)、"雌狐号"(Vixen)、"冥界火河号"(Phlegethon)和"恶毒号"(Spiteful)则是木制船身。它们只装载了6门大炮,不过其中包括2门可在枢轴上旋转的32磅大炮,能够从不同角度射击,另外还有大约4门更为传统的口

[①] 例如,据记载,英国军舰"窝拉夷号"(Volage)和"风信子号"(Hyacinth)误解了中国舰艇的旗语,突然开火,从而挑起了第一次鸦片战争。见 E. H. Parker (ed.), *Chinese Account of the Opium War* (Shanghai: Kelley & Walsh, 1888), p.11。"……英国人误将我们的红旗当作了宣战的信号并且开火——在欧洲人看来,红旗代表战争,白旗代表和平。"(选自魏源《圣武记》最后两章的译文)

径更小的火炮装备于船侧。明轮罩、煤仓以及成排的巨大的侧装火炮是当时蒸汽战舰的特点,不过这种激进的设计正在向未来塔装火炮的方向改进。尽管配装火炮的数量很少,但是这种战舰不必借助风力就能操纵的能力,不仅让它们自身具有致命的威胁,还能将"阿金库特号"这种装备了大量武器的大型战舰牵引到任何能产生巨大破坏力的地方。英国海军用事实证明了这一点,其战舰溯长江而上抵达南京,终结了第一次鸦片战争。这些冒着烟、喷着汽、摆动剧烈的古怪轮船将彻底改变海战,尤其是在亚洲。很快,它们也将令商船的面貌为之改变。①

巅峰将至:横帆舰装

善于观察的西方人对船舶和海洋颇有了解,他们在远眺这片海港时,很可能会忽视这些代表中国悠久而迷人的海军建造传统的船舶标本,把它们仅仅当作毫无价值的古代遗物。在1846年的香港,大多数初到香港的人都与船舶和海洋有过长时间的亲密接触。许多人可能直接涉足船运行业,尤其是香港早期海上贸易的非法根基——鸦片贩运。这些人一定熟悉海军上将史密斯(Admiral Smyth)《水手词汇手册》(The Sailor's Word-book)中的语言。这本词典于1858年开始编制,厚达744页,收录超过15000条术语。因此,观察者们在评估过皇家海军的防护"木围墙"以后——眼神扫过已经停用、没有桅杆的"废船"(它们被当作水上仓库存放即将走私至中国的鸦片)或者是用

---

① Michael A. Palmer, *Command at Sea: Naval Command and Control since the Sixteenth Century* (Cambridge, MA: Harvard University Press, 2007), p.210.

作医疗船的废弃战舰(整个甲板被盖上遮阳篷)[1]——将注意力集中在用于走私鸦片的飞剪船(clipper)上。

尽管公然从事肮脏的非法贸易,但是这些船只的性能却是革命性的,它们揭开了西方航海技术最后一个高潮的序幕。这些船体型小巧,外形圆滑,装备大量帆索以获得最大的动力,可以跑得过或打得赢[2]水面上的几乎任何东西。1825年美国巴尔的摩纵帆船"豆勒号"(Dhaulle)和著名(或许应该说恶名昭彰)的1829年"红色漫游者号"(改装于一艘由法国设计、由美国制造的私掠船)是它们的先驱,这种船唯一的目的就是克服自古以来海洋贸易的最大障碍:季风。[3]一千多年来,亚洲的海洋贸易商人乘着"冬天的翅膀"——东北季风,带着瓷器、铁器、茶叶、草药以及数不清的其他商品从中国出发;到达目的地之后,他们用出口货物换购返程货物——锡器、大米、香料、热带木材、海参和其他食物,待春季季风到来后就扬帆回乡。

飞剪船打破了这个常规。当然,在很久之前,也偶有船只打破过这个常规。例如,就我们所知,1661年郑成功围困台湾台南的热兰遮堡(Fort Zeelandia)时,就有一艘荷兰殖民者的派遣船顶着季风抵达爪哇求救。[4]不过那是历尽艰难、不屈不挠的结果,尝试这么做的船只也遭到了巨大的破坏。这些船只顶着季风朝着目的地航行,即使能够抵达目的地,也已是船帆撕裂,索具损坏,横梁折断,桅杆和船板开裂;有些船则从赤道以南向北经菲律宾东部兜了一个大圈子,航程几乎是

---

① 鉴于此时是1846年,我们看到的这艘战舰要么是一艘老旧的三等舰"明登号"(Minden),要么是被废弃的六等护卫舰"短吻鳄号"(Alligator,在"明登"号被当作废品卖掉以后)。

② 这意味着近风航行,从而比那些受天气影响的船只更快地逆风航行。

③ 公认(如果没有过时的话)的研究成果见Basil Lubbock所著的 *The Opium Clippers*(Glasgow: Brown Son & Ferguson,1933)一书,该书表达了一种对具有震撼力的非西方事物的态度。

④ Tonio Andrade,"Was the European Sailing Ship a Key Technology of European Expansion? Evidence from East Asia", *International Journal of Maritime History* 23, no. 2(Dec. 2011): pp.17–40.

原计划的两倍。①若不是事出极端,任何人都不会想去尝试上述哪怕任何一种经历——直到走私鸦片惊人的暴利发出了召唤。这些飞剪船全副武装,计划周密,管理如正规战舰一般,由薪资优厚、精力充沛、训练有素的船长带领,船员都是经验丰富的熟练水手,非常适合它们所从事的不道德的贸易。其他船只都不是它们的对手,除非风停了……此时,大炮才能派上用场。

但是,如果你暂时忘记鸦片贸易的罪恶——就像我们典型的西方观察者在1846年的香港海滨很容易做的那样,会发现这些飞剪船是美丽的。一道清晰的脊弧始自倾斜的船头,由长长的船首斜桅和第二斜桅延伸出去,像直刺天空的手指。相对于船的长度而言,干舷很低,横梁也很狭窄,暗示水下的线条快速而清晰。这些都出自眼界日益开阔的造船师之手,他们更多地依赖图纸进行越来越精细的半模型化制作。倾斜的桅杆直指苍穹,错综复杂的动索和静索交错其间,都是上佳材质,与之交叉的帆桁上,帆布整齐地收拢,用一侧的束帆带系紧。它们是航行速度与气质的象征。若是任何人想亲眼看到造船工程的杰作是什么样子,飞剪船必定是他瞩目的焦点。

为何"耆英号"看上去大不相同:造船工艺大相径庭

如果观察者是航海专业人士,那么他们一定会明白,这是一个船舶建造的科学化特征日益增强的时代。短短几年后,船舶建造领域的

---

① 这条线路又被称为"皮特航线"(Pitt's Passage),是以1759年威尔逊船长(Captain Wilson)驾驶的东印度公司商船"皮特号"命名的,尽管有证据表明"皮特号"不是第一艘尝试这条航线的船只。该航线要绕行很长的距离,从爪哇海北上穿过马鲁古群岛(the Malukus),再向前穿越新几内亚北部的海峡驶入太平洋,从那里经菲律宾群岛东部、途经吕宋海峡抵达澳门。这样做使在西南季风晚期到达中国海的船只,在东北季风来临之前到达澳门,从而侥幸保住一个季节。

首部系统性的英语专著就将发表①(当然是在伦敦),确保出现在香港维多利亚新港的船只不是当地造船匠对陈旧样式(及错误)的复制,而是精妙的科学理论结出的硕果。芬查姆(Fincham)的这部历史专著其实是一本教材在内容上的延伸,这本教材是他自己在大约三十年前为朴次茅斯皇家海军学院的军官编写的。这些年轻人将要到舰艇上工作,将来还要指挥舰艇,因此人们越来越认为他们有必要掌握舰艇的技术细节。②我们的观察者也将注意到这一明显的区别。

再有就是那些帆船和舢板了。在西方观察者看来,它们根本不值一提,不过是历史的遗迹罢了,充其量只是为古文物研究者准备的老古董,说得难听点,完全一无是处。然而,假如他们观察得更仔细一些——再多少带点好奇心和一双像船舶建造师那样敏锐的眼睛,尤其是像I.K.布鲁内尔(I.K.Brunel)这样最先锋的造船师(他是最早的一批将工程原理运用于建造新奇的铁甲船的人)的眼睛——那么他就会感到吃惊了。一艘典型的中式帆船在此时就从构造上很大程度地解决了造船技术的一些基本难题,比如如何使得船只既坚固耐用又造价低廉,既适宜航海又便于操控,而类似的解决方式,被西方造船师认为是要迟至19世纪、20世纪之交时才得以开发的。

假如你熟悉中西造船比较学的大致脉络,以及更广义的海洋社会史——特别是关于海洋的社会角色、航海的历史和船舶组织的演变,那么接下来几页你就可以跳过去了。但如果以上那些知识对你来说(就像对大多数人来说)稍显深奥的话,那么下面的内容就非常重要

---

① John Fincham, *A History of Naval Architecture: To Which is Prefixed an Introductory Dissertation on the Application of Mathematical Science to the Art of Naval Construction* (London: Whittaker, 1851).

② John Fincham, *An Introductory Outline of the Practice of Shipbuilding*, &c., &c, 2nd ed. (Portsea: William Woodward, 1825).

了。因为这些知识可以从深度和广度上理解"耆英号"及其航行的重要性,它不仅是解读殖民统治时期的香港这个小宇宙的密码,还是解读令人困扰的中西关系(直到今天,我们还能感受到由此掀起的巨浪)这幅巨大海景图的密码。

中国造船工艺令人着迷之处就在于它似乎独特地融合了西方两大造船技巧:"先造船体"和"先造骨架"。而"耆英号"就是这一异乎寻常的特点的具体体现,这一点本应引起19世纪40年代末50年代初纽约、波士顿、伦敦和利物浦的造船师以及刚刚出现的海洋民族学学者的巨大兴趣。①但是与"耆英号"的故事直接或间接相关的那些人,他们头脑中却从来没有闪现过上述想法,尽管鉴于19世纪中期欧洲的知识环境,人们本不应该如此无动于衷。这也正是本书所要阐释的。

当然,在高深的理论层面上,在中西船舶之间,人们总能找到相似点,因为人类水上出行的解决方案难免会受到物理定律的限制,从而在本质上是相似的。不过,早期欧洲目击者的记录明白无误地证明了下列事实,那就是中国航海最初几千年的发展成果的"根源"埋藏如此之深,以至于西方水手很难将其与自己所熟悉的形状、结构和帆装一一对应起来。这种困惑显然持续到了19世纪,因为已知"耆英号"有两三

---

① 这似乎是不言自明的。"先造船体"是先将连接好的外部板材固定到龙骨、船头和船尾上,然后用轻质的内部框架进行加固。"先造骨架"则是先在龙骨、船头和船尾上建造一个坚固的框架,然后再覆以板材。

个版本①的参观指南,在最知名的版本中,明明白白地这样写道:

> 此乃特异之奇景,需实地考察方可证其实,中式帆船无论建
> 造,还是索具及装备,与我们在欧洲船舶上的所见无一类似。
> 差异处处可见:建造方式不同,没有龙骨、船首斜桅与横桅
> 索;选用材料各异,桅杆、船帆、帆桁、船舵、罗盘、船锚,全都截然
> 不同。比起双方所驾船舶之间的差异,当地船员与欧洲船员的区
> 别不会更大。彼此都是人,各自船只都用作航海——此乃双方唯
> 一共同点,其相似性起于此也止于此。②

正是这"仅用高深理论方能类比"的地方,在很大程度上解释了我
们为何会忽视中式帆船"耆英号"结构上的细节。假如当时纽约、波士
顿、伦敦或利物浦的人们对于"耆英号"为何看上去大不一样,为何"构

---

① 这个宣传册至少有两个版本,均为匿名出版,要么由查尔斯·凯利特撰写,要么以他的名义
由人代写。第一个版本与该帆船在纽约的展览同步发行,作者匿名,名为《中国帆船"耆英
号"完整档案,附凯利特船长日记摘录》(*The Chinese Junk "Keying", Being a Full Account
of That Vessel, with Extracts from the Journal of Capt. Kellett*)(New York: Israel Sackett No.
1 Nassau Street, 1847),我将其简称为《"耆英号"档案》。第二个版本也是匿名出版,名为
《帆船所有者印刷、仅在船上出售的中国帆船"耆英号"详解》(*A Description of the Chinese
Junk, "Keying", Printed for the Proprietors of the Junk and Sold Only on Board*)(London: J.
Such, 1848),它后来衍生出至少五个版本(准确地说是再版了五次,因为其内容几乎没有
大的变动)。这一版本更为知名,内容也更详细,不过涉及航程本身的细节不多,尤其缺少航
行初期位于巽他海峡附近时的情形。读者或许在正文中已经注意到了,我将这个版本简称
为《"耆英号"详解》。第三个小册子看似既非由查尔斯·凯利特撰写,也非以他的名义由别人
捉刀——不过也不确定。全名叫《中国帆船"耆英号"的细节描述,并附其从中国出发的航行
记录》[*The Chinese Junk, "Keying" Descriptive Particulars; with an Account of Her Voyage
from China*)(London: W. Marshall News Agent, Blackwall Railway, Fenchurch Street, n.d)],
由位于斯特兰霍利韦尔街的 J. T. 伍德做了钢板雕刻,似乎曾经被哈利迪用在了一个纪念章
上,而且省略了伍德的部分细节,让帆船的主帆看上去像是斜桁帆。见 H. H. Brindley, "The
Keying", *The Mariner's Mirror* 8, no. 4 (1922): pp.305-314 and 308.
② 《"耆英号"详解》,第 12 页。

造、索具……没有丝毫相似之处"存有更多的好奇心,并力图通过对其外形和结构进行全面细致的调查一探究竟的话,那么我现在就没有必要动笔了。反过来讲,正因为他们只关注一场怪异的巡回展览,对其他方面丝毫不感兴趣,"耆英号"的故事才显得重要,并引发了随后的故事。

东西方造船实践出现的重大差异产生于15世纪。在此前后,在特殊的社会、经济和军事压力下,欧洲开始加速发展,旋即在船舶建造技术上得以"腾飞"。在随后大约三百年时间里,其发展轨迹令欧洲船舶和航海者相对于任何非欧海洋文明而言,都处于绝对的海上霸主地位。

简而言之,这次"腾飞"体现在两个方面:其一,到16世纪早期,海船最基本的设计极限(design envelope)①集中于一个基础的结构体系②,这种结构在实际操作中具有可伸缩性,在当时,类似的设计可谓凤毛麟角。③它在航海和船舶领域引发了一系列社会变化,接下来我们会探讨这些变化。其二,这些变化的一个结果就是欧洲的船舶建造变得越来越以理论为依托。随着新兴的设计极限不断被扩展,被修

11

---

① 从技术上来讲,设计极限是指能让一项设计在给定环境中达到预期运行要求的一整套必要条件,性能极限则是该项设计在普通运行环境里的预期性能,性能极限通常包含在设计极限里。因此,这里想要表达的意思是,幸好西方传统造船实践15世纪中晚期发展出来的设计极限远远超出了最初预想的性能极限,才使得船舶设计得以长足发展,经过了16—17世纪的加速发展,到了18世纪才慢了下来,因为对于木制船舶和风帆推进而言,性能极限已经达到了设计极限的顶点。当然,在"耆英号"扬帆起航之时,设计极限和性能极限的协调性即将被船舶设计领域中铁和蒸汽的双重革命彻底粉碎。

② Richard W. Unger 所编的 *Cogs, Caravels and Galleons* (London: Brassey Publications, 1999) 一书对这种发展模式做出了精彩的概括。

③ 制作任何物品的时候,只要具备原材料和工具,你都能够扩充或缩减(增大或减小),而结果可行与否则是一个与之相关的重要的问题,不考虑这一点,则"可伸缩性"在实践中毫无意义。一个真正具有"可伸缩性"的设计创造出来的设计极限能够使得物品性能在扩充时不仅不会受到损失,反而会得到提升。见 Stephen Davies, *Fathoming the Unfathomable: Even Leviathans Have Limits* (2005),可通过 www.1421exposed.com 获取电子书。

正,人们得以进行越来越复杂的海洋探索,而这又相应推动了全炮战舰特殊设计方案的发展。鉴于16世纪末17世纪初新兴的战舰对于海外贸易和国家关系革命性的影响,这种推动作用的不寻常之处和历史价值是无可比拟的。

之所以在欧洲出现这种情况,其原因是复杂的,很大程度上是多种力量碰巧同时起作用的结果。有地理因素的影响,例如欧洲多"狭窄海域"的复杂地形,可用木材的类型、主产区及其消耗率,还有用于装备船舶的其他重要的原材料(比如松脂、亚麻、大麻、铁等等)的来源;有众所周知的经济因素的影响,例如典型的贸易线路、货物、航行的资金来源以及劳动力市场的结构;有法律法规因素的影响,例如为了征税而产生的船舶丈量规则,无处不在的跨境贸易以及发展出的服务的合同签署及争端解决的通用框架;还有人口因素的影响,例如葡萄牙地少人多,被迫转向大西洋发展;有知识因素的影响,当时实证科学已经被广泛研究,但仍有很多研究难以完全解释;[①]还有最为重要的政治因素的影响,尤其是随着欧洲民族国家纷纷兴起,彼此之间展开了似乎永无休止的角逐,征战不断,而鉴于欧洲的地理形状,攻守双方都经常需要调动海军力量;最后,还有永恒的困扰,即基督教主导的欧洲同扩张的伊斯兰世界主要在海上展开的交锋。

与此同时,中国大一统的朝代整体而言治理良好,没有发生类似情况。除了每隔几百年的分裂过渡时期,单一的专制政体可以实现长治久安,从而发展出一套复杂精细、在很大程度上自给自足的经济体

[①] 参见 Joel Mokyr, *The Gifts of Athena: Historical Origins of the Knowledge Economy* (Princeton, NJ: Princeton University Press, 2003)。对于 Mokyr 这篇富有争议的论文的近期评论见: James Dowey, "Mind over Matter: Empirical Evidence of the Industrial Enlightenment as the Origin of Modern Economic Growth", paper presented at London School of Economics Economic History PhD workshop, 25 January 2012, at http://www2.lse.ac.uk/economicHistory/seminars/ EH590Workshop/LT2012papers/dowey.pdf; accessed on 11 March 2013。

系。[1]一旦出现分裂局面,解决问题的着眼点也大多坚决立足于内陆地区,沿海地区则属于边缘地带。在这种长期安定的局面之下,沿海地区的本土造船工艺得以发展,能够满足该国复杂但又保持着内在联系的经济需要。[2]到了宋朝(960—1279),从汉朝的内河船只和越国的沿海船只进化而来的船体形状和索具装备已经能够很好地适应依季风而动的航行节奏,还有在北纬40°与南纬10°之间日益增多的港口,形成了以东北—西南走向为主的航线,承载着早期的商人和货物从中国前往朝鲜、日本和东南亚。然而到随后的14—19世纪,类似的改进发展缓慢,出于多种原因,彻底变革的动力没有出现,即使其设计极限比我们假设的更适宜于变革。事实证明,该流派船舶的设计极限在本质上与西方主流的设计颇为不同,后者的出现是为了满足不同的需求,而且出现得更晚。

19世纪中期最大的中国船舶是从一千年前的船只逐渐进化而来的,若是千年之前的古人能够看见,他们会发现两者几乎在各个方面都颇为相似。假如我们忽略具有高度争议(其实在技术上也极其可疑)的郑和宝船[3](其拥趸者声称其长度介于20～30米到60～70米之间,载重量在100～1500吨之间[4]),船的装备几乎没有变化,仍是多个未加固定的独桅[5],不过历经九百年的时光,船帆从藤条或竹条配以树

---

① Deng Gang, *The Premodern Chinese Economy—Structural Equilibrium and Capitalist Sterility* (London: Routledge, 1999).

② 我提出"本土造船工艺"这一概念是得益于 Roger Scruton 所著的 *The Aesthetics of Architecture*(Princeton, NJ: Princeton University Press, 1980)一书。

③ Davies, *Fathoming the Unfathomable*, 文中随处可见。

④ 这里是指从17世纪至19世纪中期盛行于西方世界的吨位丈量体系,具体细节在第二部分会有更完整的探讨。吨载重量是用于测量内部容积(体积),而不是排水量(重量或质量)的。南洋贸易中最大的A级船舶的吨位不详。

⑤ 这意味着桅杆是由取自一棵大树的单根木材制成的,有时也被称为"单杆桅",但这种叫法并不确切,只是航海爱好者的称呼。

叶编织成的夹心帘,变成了编织密实的藤帘或竹帘,继而变成了由大麻或亚麻制成的条状整帆。转向系统以尾舵为基础,脱胎于一个垂直安装的中心线操舵桨,由船员用绞辘①控制,只是在细节方面小有改动,换成了方向舵,还在船头装上了收系辘轳②,以便在大风中航行时能克服与生俱来的缺陷。

　　独桅的桅杆一般是两至三根(不过也见到过六根的记载),承载着构思奇巧的船帆(按照西方的说法,就是全板条的平衡静吊耳支索),到了宋代进化成为一个非常高效并且具有节省人力潜能的风能利用方案。不过,除了一些不重要的、渐次的改进,发展也就到此为止了。至于转向系统,天然原材料和齿轮运转提供的机械效率意味着需要众人的蛮力。③船员(实际上整个中国航运产业的从业人员)几乎全部来自中国社会阶层的最底端,绝大多数的普通水手只不过是体力贡献者,从不被要求练习重要的航海技能。

　　没有国家的介入,与西方迥异的出资方式,造价低廉、运行经济的船只,系统性的文盲,还有看似取之不竭的廉价劳动力资源,凡此种种都意味着,几乎不存在巨大的竞争或文化压力促使船主和造船匠改进船体和装备设计。事实上,压力反倒来自相反的方向,因为由社会文

──────────

① 绞辘是一个包含四部分组件的起重装置,以辘绳牵引从而获取更高效率。在控制帆船舵柄时,舵柄端有5条滑动辘绳,舷端端有4条。绞辘的这种用法在西方也称作备用操舵滑车组,是在船舶的舵轮本身不足以控制船舵时使用的。

② 收系辘轳是从需要系紧的物品(这里指要系紧在基座上的船舵)引出一套绳索到用来系紧的装置上(这里指固定在船头的绞车)。这实际上是一个有趣的例子,即采用一个西方术语来称呼西方海洋建造学无法理解的应用,严格说来这个称谓并不恰当。汉英海事词典常常遇到这种不可译的问题,尤其是涉及传统工艺的时候,需要拿现有术语来应急。

③ 虽然帆船是中国现存的传统海运工具,但是其装具的空气动力学潜能从未得到技术上的探索或完全认识。现代人对于装具及其优点的看法见 H. G. Hasler and J. K. Macleod 所著的 *Practical Junk Rig: Design, Aerodynamics and Handling* (London: Adlard Coles, 1988)一书,从帆船装具协会(the Junk Rig Association)网站(http://www.junkrigassocia-tion.org)上也能获取大量信息。

化关系造就的社会经济现实或许是航海业有史以来面对的竞争最为直接的市场。如此一来,帆船的结构和装备在技术上就成了具有本国特色的巧妙构思,仅凭最少的熟练工人和最少的廉价原料,就能轻易造出一艘能被最低廉的劳动力驾驶的船舶。开放的市场使得没有人能因重大创新而获益——当然了,这并不意味着它阻止了创新(聪明、善于思索的头脑是天生的,中国不比西方少,就像李约瑟及其合作者在他们不朽的作品①中表明的一样),不过确实让创新时断时续,也不容易出现飞速的、大规模的变革。此外,中国历朝官府和社会精英对海事漠不关心,有时还会公然敌视,由此形成的氛围使得即使单纯从商业角度考虑创新或许能带来收益,政策突然转向的风险也意味着不值得去尝试。

　　像欧洲一样,中国的航海历史也是多重力量相互作用的结果。在最初几百年里,中国的船舶建造、航运管理和变化不定的海洋政策,在亚洲航海的大环境下无疑让中国占尽了先机。因此,到了15世纪初,中国造船工匠建造的船舶似乎比西方建造的任何船舶都要大;普通商船可能也比西方的普通商船大。②多桅杆的配备让它们在从事海洋贸易时更加高效,其贸易范围远大于同时期北欧和地中海相对而言的"近海"区域。分隔的船体可以将托运物隔离存放,同时船在被撞出窟窿以后,分隔板可以降低船体内灾难性的水流倒灌以及水面漂浮物的落体效应。

　　不过我们可以认为,由于缺乏一些重要的技术改进(哪怕是一星

---

① 李约瑟(Joseph Needham)等人所著的七卷本《中国科学技术史》(Science and Civilization in China)(Cambridge:Cambridge University Press, 1974-2004)。本套书共27册。
② 由于缺乏考古学细节和"可解释"的书面证据,我们要小心谨慎。也就是说,对于明朝和明朝以前的船舶,我们并不知道多少明确、真实的细节。我们知道它们相对于一些未作具体说明的欧洲船只而言比较大,但是具体大多少,并不确定,或者说中世纪和文艺复兴时期描写性的旅行见闻并未将两者的比较进行精确定量。

半点,都找不到明显的历史证据),中国的造船技术发展到明朝
(1368—1644)便在基本的设计极限上遭遇了天生的瓶颈。事实上,
中式帆船船体和帆装的设计极限与性能极限面临的瓶颈几乎一模一
样,那就是,如果出于竞争或其他压力需要提升性能,不在原材料以及
紧固技术上做出彻底改变,造船技术将没有任何提升空间。相比之
下,西方设计极限的扩展性和适应性为超越原始的性能极限创造了更
多空间,能够满足性能上更高的要求。简言之,在中式设计极限与生
俱来的几个设计瓶颈中,或许有两个是最为重要的:鉴于整个系统的
横向紧固结构,很难通过增加船体纵深来扩展内部容积;鉴于现有的
索具装配,再通过增加船帆面积来提升驱动力以推动更大更重的船体
将非常困难。另一方面,西方的造船体系通过进化,可以在船体安装
多个连续甲板;索具方面,通过更多拉线增加中桅和上桅,就能让船帆
面积更大,以驱动更大的船体。

无情的目光

　　由此可见,"耆英号"为解析中西方船舶建造的差异提供了一个独
具吸引力的机会,假如能被善加利用,维多利亚时代的造船师将会大
为吃惊,因为当时是19世纪40年代,铁制(再后来是钢制)船舶正迅速
取代木制船舶,西方造船技术正面临一个困扰他们了半个多世纪的难
题。简单说来,西方造船师的困惑是:要继续采用"先造骨架"的方式
用金属和铆钉打造一艘金属船舶吗? 从建筑学角度而言,这些船舶跟
木头、螺栓和钉子没有什么区别,这种造船方式是最好的吗? 该建造
方式自17世纪晚期以来就处于主导地位,而且随着船舶体积的增大
而变得越来越复杂。木船时代间隔密集的横向架构对钢铁而言是最
合适的吗?

15

1835年,就在"耆英号"抵达伦敦前十多年,年轻的英国造船师约翰·斯考特·拉塞尔(John Scott Russell)采用革命性的新方法建造了一艘铁壳船:

> 我不得不完全依靠自己的想法,按照自己喜欢的样式去做。我采用了一个纵向中心舱壁和四个横向舱壁,用几根纵向钢筋连接,船体完全没有骨架。我的第二个想法是为了解决纵向舱壁不方便的问题,于是我采用了更多的舱室、纵向支架,还是不要骨架,第三个方案也一样。

不过这位年轻造船师的创新之举(附带创造了更多可利用的货舱空间)并未流行起来。斯考特·拉塞尔很清楚原因:"继续用这种方法造船实践起来很困难,原因不仅在于船主的偏见,还在于后来发布的劳合社规则(Regulations of Lloyd)。"接着,他将继续沿用老办法造船的原因归结为成规的影响——"积习难改"。①

1862年,在斯考特·拉塞尔建造出自己的第一艘纵向结构的船大约30年之后,他才读到了那些具有革命意义的规则,此时距该项技术最具革命性的实例——I. K.布鲁内尔的"大东方号"(Great Eastern)下水也有四年了。"大东方号"最初被命名为"利维坦号"(Leviathan),它孕育了新的希望。然而巧合的是,它和本书的主角"耆英号"结局一样,成了利物浦对面默西河南岸的罗克费里(Rock Ferry)一个失败的旅游景点,并于1889—1890年在那里的泥滩上解体,这几乎同"耆英号"34年前的遭遇一模一样。

---

① J. Scott Russell, "On the Longitudinal System in the Structure of Iron Ships", E. J. Reed (ed.), *Transactions of the Institution of Naval Architects*, vol. 3 (London: Institution of Naval Architects, 1862), pp. 160-171。引文出自第162-163页。

　　直到1908年,约瑟夫·伊舍伍德(Joseph Isherwood)在纵向骨架系统(他在1906年为其申请了专利)的基础上设计了"保罗·派克斯号"(Paul Paix),纵向结构才被广泛接受。尽管斯考特·拉塞尔做出了开创性的贡献,但是纵向系统至今仍常被称作"伊舍伍德系统"。①

　　假如我们能稍微停下来考虑一下斯考特·拉塞尔是怎样描述自己设计的系统的,就能明白,为什么说当"耆英号"抵达英国时,如果对其结构的观察再仔细一些,人们就会恍然大悟了。斯考特·拉塞尔的设计原则主要基于两点。首先,"就功能而言,船壳是最重要的,因为它赋予了船舶强度和寿命";其次,"根据船舶的实际用途尽可能多地采用横向密封铁舱"。他还在每个完整的密封舱之间放置了"半舱,或者说是完整密封舱的外框"。船壳板内部贯穿首尾的纵梁提供了总纵强度,每根纵梁都固定到一排船壳板的中心线上。用现代术语来说,斯考特·拉塞尔的设计就是把船建造成一个复合式的多单元箱形梁。

　　把上述材料换作木头,也就成了对传统的中式帆船结构做出的相当不错的描述。它既像一个复合式的多单元箱形梁,也有斯考特·拉塞尔的船壳结构,就是将每一块木板的边缘对齐用钉子钉起来。它也有斯考特·拉塞尔的多重横向密封舱和半舱结构。而船板外侧巨大的腰部外板和船板顶端内侧甲板下和龙骨上的隔板则充当了纵龙骨。

　　"耆英号"在伦敦停留期间,斯考特·拉塞尔和I. K.布鲁内尔也都在。1844年,斯考特·拉塞尔搬到伦敦,在米尔沃尔(Millwall)开设了他的纳皮尔造船厂(Napier Yard),位置就在布莱克沃尔(Blackwall)附近道格斯岛(Isle of Dogs)的拐角处——"耆英号"在伦敦停留的大部分时间都停泊于此。他在1849年当选为英国皇家学

_____

① 对这一系统的描述,见 Sir Joseph Isherwood, "Economy in Modern Shipbuilding—II", *Shipping: A Weekly Journal of Marine Trades*, 22 June 1918.

会(Royal Society)的成员,也是专门为1851年世界博览会成立的皇家委员会的组织者,清朝官员希生(He Sing)也将在这次博览会上登台亮相。正是这个皇家委员会后来决定将盈利用于在肯辛顿(Kensington)建造一个教育及信息中心,该中心通常被叫作阿尔伯特城(Albertopolis),包括帝国学院(Imperial College)、自然历史博物馆、科学博物馆以及维多利亚和阿尔伯特博物馆(Victoria and Albert Museum)等等。

与此同时,布鲁内尔住在威斯敏斯特(Westminster)。继1843年"大不列颠号"(Great Britain)的成功之后,他在19世纪50年代早期已经在筹划"大东方号"(Great Eastern)了。假如他和斯考特·拉塞尔参观了"耆英号",会不会有所发现?抑或只会像查尔斯·狄更斯(Charles Dickens)一样,只会证实自己的偏见:[①]

> 剩下的只有中国了。人们首先想知道的是这等花样处所究竟是如何抵达现在的经度和纬度的,当然了,奇迹还远不止于此。像是擦一擦神灯,阿拉丁的宫殿就能在任意地方出现,"耆英号"上的中国人也虔诚地认为,只要他们在桅杆、船舵和缆绳上系了足够多的红色破布,这艘船就能安全地出现在它想要到达的港口。不知何故,他们没能成功。也许是他们的破布不够用吧;至少不足以让他们浮在海面上;假如没有6名英国水手凭借技巧和

17

---

① Charles Dickens, "The Chinese Junk", *Examiner*, June 24, 1848, p.403; Elizabeth Hope Chang, *Britain's Chinese Eye: Literature, Empire and Aesthetics in Nineteenth-Century Britain* (Stanford, CA: Stanford University Press, 2010), p.115; Catherine Pagani, "Objects and the Press: Images of China in Nineteenth-century Britain", *Imperial Co-Histories: National Identities and the British and Colonial Press*, edited by Julie F. Codell (Madison, NJ: Fairleigh Dickinson University Press, 2003), pp.147-166. 尤其是该书第155-168页,也引用了狄更斯的那段文章,她对于双方差异的理解非常类似,不过技术性没有那么强。

冷静让他们安全横渡大洋,他们毫无疑问会沉入海底。哎呀,要说这世上还有哪一样东西与这条怪船一点儿都不像,那就是任何种类的船只。它那么窄,那么长,那么怪诞,中间那么低,两头那么高,就像一个瓷质笔盘;它没有索具,也挂不到高处;编织的草垫当船帆,扭曲的雪茄做桅杆,从船首到船尾都是戏耍的龙与海怪,船尾还有一只神气活现的巨型公鸡,摆出藐视一切的样子(于它而言是理所当然)以彰显自身的尊贵。不过比起浮在水面,它蹲于公共建筑顶上或山顶,栖身行道树上或矿井底下更能让人接受。至于那些懒洋洋地躺卧在甲板上的中国人,想象力再丰富的人也不敢假设他们是水手。想象一下一船毫无特征的船员吧:穿着纱布围裙,编着发辫,脚蹬硬木底鞋,鞋底有1/4英寸厚,夜晚躺在散发香味的盒子里,活像双陆棋或国际象棋的棋子,要么就是贝母做的筹码!可是,天哪!要是你下到船舱里面,那这一切可都不值得大惊小怪了。在那里你将因困惑而饱受煎熬,比如说,帆船出海时,那些挂在天花板上的灯笼是做什么用的呢?它们是不是吊在那里摇摇晃晃,砰砰地彼此撞击,就像许许多多小丑(jester)用的小饰品?那长了18只胳膊的偶像"准提菩萨"(Chin Tee),被供在神龛里观赏神仙的拳击表演,会不会在恶劣的天气里慌慌张张地跑出来?巨浪在四周咆哮时,她面前的熏香和线香会不会仍然继续燃烧,散发出淡淡香气,冒出一缕细烟?角落里那把可笑的薄绵纸伞始终撑开着,难道是一个方便的航海工具,风暴来临时能够借以在甲板上走来走去吗?那些冰冷光滑的小椅子、小桌子是不是不停地四处滑动、彼此擦撞?如果不是,为什么不?船上可曾有人读过那两本印的文字像鸟笼子和捕蝇器的书?船上那位乘客,官吏希生,此前从未到过家门口10里以外的地方,正病怏怏地躺在自己小房间的竹椅上(如今他在那里不停地为好奇的野蛮人签名),他是否开始怀疑海洋女神的能力(她那花枝招展的奶妈一样的虚假替身被供奉在二等舱水手祭拜的神龛里)? 另外一位官吏——也许是船上的艺术家——来自广州的三成(Sam Shing)先生,上岸时能不能不带那根浅褐色拐杖,就像英国人去茶馆时都要带着那样? 最重要的是,嘶哑苍老的大海到底是不是拿这个漂浮的玩具店真的当回事了? 还是只不过轻松地拿它戏耍一番,并无心加害,就像一头公牛在圣帕特里克节(St. Patrick's-day)的早上对待另外一种瓷器店的做法一样?

"耆英号"之所以能引起人们的兴趣,是因为尽管有当时的文件记录,但人们对于它究竟是一艘什么样的船缺乏细节上的认知。那些船员到底是谁? 它空前绝后的旅程又经历了怎样的人事波折? 航程结束之后,它和它的船员们有何遭遇? 这些我们几乎都无从知晓。而且对于大多数中国船员的命运,除了零星的报道,我们更是一无所知。我们只知道,它没有留下日记或航海日志,不过也许可以期待有一天在阁楼和拍卖行里能偶然发现一点蛛丝马迹。现存的文件记录包括:新闻报道、一两种宣传册、一些信件和日记(条目)、一份庭审记录、一封公开信,以及从杂七杂八的档案和口述中采集的信息。它们都过于笼统,不够具体,给人留下的印象都是:"耆英号"的旅程不过是昙花一现,不具有什么历史价值。记录中的漏洞甚至比记录本身还多。

恰恰因为明显地缺乏证据,这艘帆船才具有启发意义。"耆英号"的远航正好发生在19世纪后半期以来欧洲的人文科学、自然科学和(尤其是)观察科学在海洋领域的转变达到高潮的时期。这股浪潮的核心理念是:对我们周围的世界进行细致、中立和量化的测量及描述——无论是出于自然力量还是借助人工技巧。能把这一理念在原则上体现得淋漓尽致,而实践起来又远不尽如人意的,莫过于1851年在伦敦举行的万国博览会了。斯考特·拉塞尔曾经密切参与其中,而且就在博览会举办的同时,由异乡天才创造的、代表另一流派技术传统的一个实例正停泊在泰晤士河上供公众参观。

这本是一个好机会,有一艘船(及其船员)是截然不同的海洋传统和造船传统的产物,可供人仔细研究。对于善于观察、心胸开阔的人而言(显然在维多利亚时期的英国不太常见),它正好提供了一个解决方案,那就是如何既经济又快速地建造一艘坚固、适于航海的船舶,并且又为用户着想——按照我们今天的说法。然而,这样的机会却无人把握,鉴于我们对像斯考特·拉塞尔这样的造船师当时所思所为的了解,这种漠视简直愚不可及。为了弄明白为什么会出现这样的情况,我们可以看看维多利亚时代的大英帝国本应"客观"和"普遍"的科学及学术研究,尤其是在低级、手工劳作的造船、航海以及海上贸易的相关领域。本书的另一条主线是故事的主人公们。随着19世纪走向终点,当时人们在观念上的种族偏见却愈发严重,因此,维多利亚时代英国主流文化对待中国水手的态度可能会是排斥的(最乐观的估计也是屈尊俯就)。但是对于"耆英号"上的那些欧洲高级船员,英国人又是什么态度呢?

野心勃勃的航海者

在维多利亚时代的英国,对于海军将领和征服者、探险家和发现者(无论后者是成功并得以幸存,还是失败后英勇死去并成为维多利亚时代的偶像)、海洋商业巨头而言,海洋活动早已成为主流。对于航海世界中的普通之辈(比如在贸易服务中从事低等工作、没有家世背景的商船高级船员)来说,其命运不外乎这么几种:要么时来运转,一跃而受众人瞩目;要么一辈子勉强混迹于温饱线上;当然更有可能的,是沦落为低档市场或海边默默无闻的小混混。对此,约瑟夫·康拉德(Joseph Conrad)通过其优秀的航海小说中的人物——汤姆·林嘉德(Tom Lingard)和他的大副肖(Shaw)、吉姆"老爷"("Lord" Jim),甚至马洛(Marlow)——做出了传神的表达,我们知道这些都是他根据亲身经历塑造的形象。[①]

查尔斯·凯利特和他手下的船员试图抓住机会,以求时来运转。也许在1848年5月那个令人难忘的日子,维多利亚女王及其随从登上"耆英号"并由凯利特船长陪同参观的时候,命运的转机似乎已经到来。可它并未到来。它永远也不会来了。整个事件从一开始,到其事中发展,再到逐渐平息,"耆英号"都没有一丝一毫让维多利亚女王有动心之处。不恰当的人在不恰当的时间传递了不恰当的信息。

然而,重要的恰恰是19世纪中叶人们的这种集体失明。其实,正是查尔斯·凯利特和他的搭档、高级船员以及欧洲水手,还有素尹双喜和他的中国船员,才是这个发生在中英之间故事的主角。他们的态度与理解、偏见与思想闭塞、呼喊、手势、手推脚踢、沉默、面无表情以及毫无疑问充满了愤慨和痛苦的容忍,鼓动了这艘中西混杂的船舶的大帆,这才是这艘承载19世纪中英关系——甚至是中西关系——的唯一一艘大船前进的动力。

因此,"耆英号"的航程,从航海史的角度来讲,能给人以启发。它在1846—1848年从香港到欧洲的行程是我们唯一确切知道的由一艘按照中国传统造船工艺建造的船舶完成的、从中国经好望角抵达欧洲的航行。好在还有一些资料,让我能在本书中还原这次航行,这样,我们就有了关于这次远洋航行有限且仅有的清晰记录,它们记录了一艘中式帆装索具的船横跨广阔的纬度,调动了每一片风帆,经历了所有

---

① Jerry Allen, *The Sea Years of Joseph Conrad* (London: Methuen, 1967).

季风和海洋状况。由此可以就相同航线上的帆船和同一时期的西方船只的性能极限进行对比,从而得出一些概括性的结论。此结论应该不会让任何研究海洋民族性或造船比较学的学生感到吃惊。

另一个发人深思之处涉及"耆英号"的船员,以及由此反映出的19世纪中西方船舶在组织、管理和运作方面巨大的差异。这是一艘中国船只,高级船员既有欧洲人,也有中国人,水手也同样如此。不管愿不愿意,这样的结合不可避免地涉及东西方船只的组织与管理。作为一次实验,这样的船员安排是失败的,尽管单纯从航海角度来看,这是一次成功的壮举。不过,从它的失败中,倒是有许多有意思的东西值得收集。

中式帆船的世界

所有这些都能吊人胃口,原因很简单:直到20世纪来临,西方学者和航海人仍然对中式帆船的细节知之甚少,不知道它是如何建造的,是如何装配桅帆及索具的,以及如何安排水手和驾驶的。

被译成英语的资料仍然匮乏;有些人相当肯定地推测,中文的第一手资料并不多;有些人对现有的二手资料是否基于翔实的原始证据也常有质疑。例如,西方航海世界有积累航海日志、船厂记录和计划的传统,并且在过去大约一百年里,通过对16世纪以来的记录的"提取"①,关于船只管理和船员配备的研究大量出现——无论是关于西方

---

① 见尼古拉斯·罗杰(Nicholas Rodger)的杰作 *The Wooden World: An Anatomy of the Georgian Navy* (London: Collins, 1986) 以及迈克尔·刘易斯(Michael Lewis)为英国皇家海军撰写的著作。至于商船,见彼得·厄尔(Peter Earle)的 *Sailors: English Merchant Seamen 1650–1775* (London: Methuen, 1998)一书。这两部著作只是冰山一角,经过了几代人的努力,随着几百年来滚雪球一样积淀下来的文献资料和解读,这座冰山如今还在持续增大——容许我滥用比喻。

航海人自己的,还是关于像东印度水手那样来自其他文化的成员的①。
而这种做法在中国传统中却很难见到。

与20世纪以前的中国造船工艺有关的资料,除弗朗索瓦–爱德
蒙·帕里斯(François–Edmond Pâris)19世纪30年代的作品(大部分
是精心绘制的素描,而非清晰的线条)之外,还有数量极少的帆船图片
(源自中西方的都有),它们在规模和细节上都忠实再现了中国独特的
造船工艺。我们现有的图片都经过了艺术家的渲染,有好有坏,几乎
都不能作为准确把握中国人如何应对水路运输和水上作战的挑战,以
及在技术上采取何种迷人又独特的解决方案的依据。

尽管中国有着悠久的写作和绘画传统,却几乎找不到严格按比例
对船舶进行精确描绘的作品,已有作品绝大多数都是船只大体结构的
图形记录,丝毫没有真正意义上的透视或比例,所包含的细节只是为
了能立竿见影地产生效果——通常是装饰性或说明性的,而非技术性
的。只有到了清朝(此时许多事情已经发生了变化),才出现了更为细

---

① 东印度水手(lascar)一词源自波斯语"laskari",意思是"士兵",后来演变为葡萄牙语的
"lascari",是17—20世纪欧洲人对亚洲水手的通称,不过一般情况下更多指来自南亚而不是
东南亚或中国的水手。更详细的介绍见http://www.lascars.co.uk/;查询日期2010年8月1日。
又见 Janet J. Ewald, "Crossers of the Sea: Slaves, Freedmen, and Other Migrants in the
Northwestern Indian Ocean, c. 1750 – 1914", *American Historical Review* 105, no. 1 (Feb.
2000): pp.69–91。又见:Douglas Jones, "The Chinese in Britain: Origins and Development of a
Community", *Journal of Ethnic and Migration Studies* 7, no. 3 (Winter 1979): pp.397–402;
Marika Sherwood, "Race, Nationality and Employment among Lascar Seamen, 1660 to 1945",
Journal of Ethnic and Migration Studies 17, no. 2 (Jan. 1991): pp.229–244;Diane Frost (ed.),
Ethnic Labour and British Imperial Trade (Immigrants & Minorities) (London: Routledge, 1995).

致的描绘,而即使到了那时,除了一批日本作品①,能在同时期西方素描和设计图样上找到的特征仍全然不见踪影,更不必说实际草图和对比图表了。

　　至于西方人绘制的中国船舶图画,最早的也只能追溯到15世纪。第一幅作品仅仅显示了一艘迥异于西方船只的中国船——形状不同,或许装备也不一样,不过可以肯定,细节上看不出类似之处。然而,需要注意的是,这时绘画中的西方船只也根本算不上忠实的描绘。到了17世纪,对于东西方船只的刻画都开始出现更多的细节。这些图画对于了解船只的大概体积和其他非常笼统的细节通常有很大帮助,但是却几乎没有一幅能作为得出技术结论的依据,尤其是涉及建造、安装或桅帆索具的细节。直到20世纪夏士德②作品的问世(此时他的研究对象同明清早期以及更早的先辈相比,已经不可避免地产生了变化),细节丰富的图片才得以出现③——只有一个例外,即帕里斯拍摄的一艘清朝海军近海巡逻艇的照片,其中包含了诸多细节。

　　虽然今天我们能从以前不知道(对大多数西方学生而言)的中文原始资料中获得一些技术细节,但是它们与我们掌握的技术参数、木

---

① 即统称为"唐船之图"的一批绘画,有时也被称为"平户卷轴",是一位效力于大名平户的日本画家在1795年前后绘制的。这批绘画既精美又严谨,画的是几十艘不同的中国和东南亚商船,还有一艘荷兰东印度公司的归国海船,虽然不是明显地按比例绘制的,但是所有图画上都细心标注了主要的测量尺寸。关于这批绘画的日期和重要性的论述见Oba Osamu, "On the Scroll of Chinese Ships in the Possession of the Matsuura Museum—Materials for the Study of Chinese Trading Ships in Edo Period", *Bulletin of the Institute of Oriental and Occidental Studies of Kansai University* 5 (March 1972): pp.13-50。
② 夏士德(G.R.G.Worcester,1890—1969),英国人,曾任中国海关海务部门巡江事务长,撰写了多部与中国船舶和航运有关的书籍。——译者注
③ 夏士德,《长江之帆船与舢板》(*The Junks and Sampans of the Yangtze*)(Annapolis, MD: Naval Institute Press, 1971);初版由中国海关1940年在上海出版;夏士德,《中国的帆船和橹船:用科学博物馆收藏的中国帆船模型来说明中国帆船的历史和发展》(*Sail and Sweep in China: The History and Development of the Chinese Junk as Illustrated by the Collection of Models in the Science Museum*)(London: HMSO, 1966)。

材和紧固清单、线条画、对比表、详细的建造型号、早期百科全书式的
文章和其他资料相比,几乎或完全没有相似性,我们就是通过上述资
料对于 17 世纪末以来西方船舶(尤其是战舰)的建造细节了如指掌
的。①而这些稍微详细点的中文原始资料似乎没有一件是早于明朝末
期的,在那之前,像宋朝《武经总要》记录的细节只是粗略的描述,算不
得详细的说明②。

　　类似的对比也体现在中国海洋考古学家(在中国,相关的海洋科
学仍然年轻③)和西方海洋考古学家各自的发现上面。中国海域完成
的沉船挖掘在数量上相当少,虽然不少案例能够追溯到公元前,有一些
(包括世界上现存最古老的船只之一)甚至早至新石器时代,但它们都
是像独木舟一样的小船。从二手文献看,似乎没有一艘航海船只。中
国挖掘出来的航海船只极少有宋朝以前的——麦克格雷尔(Sean
McGrail)④提到的两艘唐朝船不是海船,其船体也不大。不过,迄今为
止为人所熟知的也只有这些了。与此形成鲜明对比的是考古学家在欧

----

① 1553 年李照祥撰写的《龙江船厂志》或许是一个例外,我获知此书是得益于 Sally K. Church
的文章《南京的〈龙江船厂志〉与我们所知道的明朝船只》,这项尚在进行中的研究由金网
基金会(Golden Web Foundation)赞助,出于好意,他们将这本书交由 Sally 提供给我。该研
究特别关注了 Hans Lothar Schouring 所著的 *Die Drachenfluß Werft von Nanking; Dao Lung
chiang ch'uan - ch'ang chih, eine Ming -zeitliche Quelle zur Geschichte des chinesischen
Schiffbaus*, Heidelberger Schriften zur Ostasienkunde, Band 9 (Frankfurt: Haag und
Herchen, 1987)。该书是船厂志的德语译本。

② 见肖恩·麦克格雷尔,《从石器时代到中世纪的世界船舶》(Oxford: Oxford University
Press, 2001),第 349 页。其中麦克格雷尔引用了 Yang Yu, "On the Study of Ancient Sailing
Ships", from S. Zhang (ed.), *Proceedings of the International Sailing Ship Conference* (Shanghai:
Society of Naval Architecture and Marine Engineering, 1991),他尤其坚持这种观点。

③ 中国的第一个海洋考古机构是由中国国家历史博物馆水下考古研究中心主办的,直到
1990 年才在澳大利亚专家的协助下建立起来,见《中国文物通讯》第 1 期(2005 年 3 月),网
址 http://www.chinaheritagequarterly.org/editorial. php? issue=001; 查询日期 2010 年 8 月
16 日。

④ 出处同上。

洲的工作,他们发现了蒸汽动力出现之前的船只,尤其是中世纪甚至更早时期船舶的构造和体积。例如斯蒂芬(Steffy)在他的重要著作中对完全复原的最早的船只进行了分析,即公元前2650年基奥普斯(Cheops)的皇家船只;我们也知道在同一地区、同一个千年,塞加拉(Saqqara)的造船工匠在大臣泰(courtier Ti)的墓地上工作的细节。在地中海东部和北欧发现了公元前12或前13世纪青铜器时代的海船,还有几艘船来自公元前1世纪中后期以及现代的最初几百年。[①]

　　与西方案例充足的情况相反,我们对于19世纪中期以前(哪怕这个时间也可能设定得更久远一些)中国传统造船工匠建造的船只在细节上知之甚少,尤其是它们随着地域和时间的变化产生的改变。对于它们的性能极限,我真正了解得并不多,必须依赖第二手、第三手的资料,而且几乎没有具体细节。因为在中国,人们似乎从来没有保留详细航海日志的做法(鉴于许多在水上讨生活的人基本都是文盲[②]),直到19世纪末中国的航海领域发生变革,这种情况才有改变。

审视"耆英号"

　　由此造成了一知半解的奇怪情形,进一步妨碍了我们对于"耆英

[①] J. Richard Steffy, *Wooden Shipbuilding and the Interpretation of Shipwrecks* (College Station: Texas A&M University Press, 1994), Ch.3。又见莱昂内尔·卡森(Lionel Casson)百科全书式的著作 *Ships and Seamanship in the Ancient World* (Baltimore: Johns Hopkins University Press, 1995)。

[②] 之所以说"基本都是",是因为有证据表明中国的水手和造船匠中几乎没有人识字,直接原因是,在传统的中国社会里,作为海事活动的核心,他们地位低下,处于被排斥的状态。这并不是说他们全都不识字,有充足的证据表明事实不是这样。很可能是这个原因,中国的传统海事领域才缺少有文化的观察者和理论家,而这样的人在西方世界大约出现于15世纪,并且在接下来的400年里专业越来越精通,地位也越来越重要,直到17世纪成熟的、理论化的造船学形成。

号"的全部精确把握,包括形状、帆樯索具以及建造。这也让我们大致
认为,现存记录既具有启发性也具有欺骗性。同样受到影响的,还有
我们对帆樯索具性能的理论探索(那需要借助复原品或模型进行深入
研究),不过相比之下,它更多地妨碍了我们理解帆樯索具在实践中是
如何工作的。在这一点上,"耆英号"是独具价值的一艘船。

我们对于中国船只的实际操作也同样缺乏认识,尽管相比而言没
那么严重。相关证据几乎无处可查,可是它的重要性却不容小觑,通
过它,我们能够理解18—19世纪西方航海界的普遍做法与19世纪末
甚至更晚一些时候在中国处于主导地位的航海习俗之间的重大差异,
尤其是"耆英号"命运多舛的航程。

作为讲述"耆英号"故事之前的开场白,我最后想要指出的是,诸
位即将读到的书中的观点是出于"航海视角"。海洋世界与没出过海
的人生活的世界不一样——水手们会轻蔑地称呼后者为"傻大个儿"。
为了讲述"耆英号"的故事,尽可能地还原它的航程和船上人的生活,
并解读现有的书面证据,我们将从一个不太熟悉的角度去看待这个故
事,因此不可避免要采用这个领域的专有词汇和看待问题的方式。具
体说来有三个方面。

首先,我们姑且扮作一个既精通海事又长于驾船的人,从他的角度
审视与"耆英号"这艘船、它的船员和与它的航程相关的证据。有些东
西在不熟悉船舶和大海奥秘的人看来似乎只是对事实清楚的陈述,可
是在更懂行的人看来,那通常是惊人的警示信号。为了加以说明,我可
以举一个非常笼统的例子。人们常常读到,从15世纪到19世纪,无论
在中国还是西方的航海活动中,罗盘(compass)都起到了至关重要的
作用。然而假如你了解罗盘的发展历史,知道在真正精确、稳定而且可
靠的磁转向罗盘装配到船上之前——19世纪末期,就在回转罗盘
(gyro-compass)的发明让磁罗盘(magnetic compass)过时前不

久——还有巨大的技术和理论障碍需要跨越,你马上就会明白,在谈及15世纪的航海故事时,任何将精确导航归功于罗盘的做法,都是建立在对中世纪的船舶如何真正保持航向的错误认识之上的。①

关于船上的欧洲船员和中国船员的关系,我将着重聚焦于船上的组织与运作,而更少关注双方日常习俗的差异——这是19世纪通商口岸的鲜明特色。相应地,我们探讨的主要内容都是以中西方航海界的巨大差异为背景的——尽管双方的目的都是畅行公海。19世纪40—50年代,西方船舶的监管环境和中国的帆船贸易环境已经拉开了巨大的差距,而且差距还在继续拉大;前者对船舶运行的许可证书、旗帜悬挂、登记、测量、安全装备等,都有详细规定,而后者则远没有这么正规。两种类型的船舶在复杂程度上存在巨大差异,由此导致了双方处理命令、等级、组织和纪律等问题的方法也有着明显的区别,尤其是彼此之间高级船员的级别、位次以及涉及服从命令时的回应,差距更大。

最后,本书将(或许不那么清晰地)解释东西方个体及其所扮演角色之间的差异。一方代表了取得霸权地位、充满骄傲情绪和日益强盛的大不列颠,对于他们来说,海上谋生是提升财富和社会地位的潜在途径;另一方则是被当作"贱民"对待(尽管不再是官方态度)的一个群体,对他们来说,除了保持现状不致饿死或落得更悲惨的结局,海上谋生毫无前途,更何况他们自告奋勇,不仅为"番鬼"②工作,还未经官方许可告别了故土的海岸,朝向异域和野蛮世界出发。

---

① J. E. D. Williams, *From Sails to Satellites: The Origin and Development of Navigational Science* (Cambridge: Cambridge University Press, 1993); A. E. Fanning, *Steady as She Goes: A History of the Compass Department of the Admiralty* (London: HMSO, 1986); Alan Gurney, *Compass: A Story of Exploration and Innovation* (New York: W. W. Norton, 2004).
② "番鬼"或"外国鬼子"是19世纪中期中国人用来称呼外国人的带有轻微贬义的一个词汇,相当于现代广东话中的"鬼佬"。

第一部分

『耆英号』的旅程

第一章　起因、采购、出航

其船其谋

"耆英号"是一艘用于航海的大帆船,船龄介于50岁到100岁之间,1846年非法采购自中国内地,随后被偷运至香港,并在那里为接下来的行程做准备。在配齐了全部船员之后,在香港官员"大吉大利"的送别声中,它扬帆起航,历经一系列波折,最终完成了预期的航程。它没能取得期望中的商业成功——至少几年之内如此。船被出售,船员遭遣散。孤注一掷之下,它被拖到利物浦,但这最后的努力也以失败告终,它从此销声匿迹,个中缘由至今仍扑朔迷离。

以上就是不加修饰的陈述。过去近170年里,这种简洁扼要的总结概括了人们认为值得了解的几乎全部内容。然而,就像我们即将看到的,其中的隐情远不止此,对遗留的痕迹进行梳理之后,我们不仅能够了解"耆英号",还能了解上演它的故事的那个世界。

这项冒险计划由一群香港投资者着手实施。他们打算让这艘船自行从香港航行至伦敦,并在伦敦进行公开展览,期望能够为投资者带来丰厚的回报。考虑到货物税的因素,或许还有其他监管原因,船在起航时没有装载货物,[①]只携带了少量中国手工"收藏品",以便抵达目的港后在船上展出,同时那些中国水手可以兼做表演和伴奏。因此"耆英号"的这次远航是一次推销之旅,很可能是打算利用伦敦人的巨大兴趣借"中国物件"谋利。这股巨大的兴趣是由内森·邓恩(Nathan Dunn)开设的中国博物馆燃起的,仅仅两年前,博物馆举办的"万唐风物"(Ten thousand Chinese things)展[②]风靡一时。不过,与邓恩举办展览时受到尊敬和赞赏的基调比起来,"耆英号"航行的发起人看似要为中国物件编造一通大不相同的"说辞"。[③]

　　邓恩的博物馆1842年搬到了伦敦,随后两年在一块专门建起的场地中展出,该场地位于海德公园角的圣乔治广场,长225英尺,宽50英尺。出自威廉·兰登(William Langdon)之手的参观目录被冠以绝妙的标题——"与中国及中国人相关的一万件物品:天朝居民的天才、政府、历史、文学、农业、艺术、贸易、礼仪、风俗和社会生活的缩影以及中国藏品大纲"[④],

---

① 据当时的新闻报道,"耆英号"没有装载货物以避免纳税。详见1847年8月26日的 *inter alia Daily News* 和1848年3月11日的《晨间纪事报》(*The Morning Chronicle*)。

② 见约翰·罗杰斯·哈达德(John Rogers Haddad)所著《中国传奇:美国文化的中国之旅(1776—1876)》(*The Romance of China: Excursions to China in U.S. Culture, 1776–1876*)(New York: Columbia University Press, 2004)第四章,及其近期的论文 "China of the American Imagination: The Influence of Trade on U.S. Portrayals of China, 1820–1850",发表在 Kendall Johnson 编的 *Narratives of Free Trade: The Commercial Cultures of Early US–China Relations*(Hong Kong: Hong Kong University Press, 2011)上。

③ 稍有不同的观点见 Catherine Pagani 的文章 "Objects and the Press: Images of China in Nineteenth-Century Britain,见 Julie F. Codell 编的 *Imperial Co-Histories: National Identities and the British and Colonial Press*(Madison, NJ: Fairleigh Dickinson University Press, 2003)一书第154页。

④ William Langdom, *Ten Thousand Things Relating to China and the Chinese: An Epitome of the Genius, Government, History, Literature, Agriculture, Arts, Trade, Manners, Customs, and Social Life of the People of the Celestial Empire* (London: G M'Kewan, 1842)。兰登本人在中国待过,并在那里结识了内森·邓恩。有趣的是,兰登的参观目录与另一位前辈所著颇有共通之处,见 Enoch Cobb Wines, *A Peep at China in Mr. Dunn's Chinese Collection; with Miscellaneous Notes Relating to the Institutions and Customs of the Chinese and Our Commercial Intercourse with Them* (Philadelphia: Printed for Nathan Dunn, I Ashmead & Co, Printers, 1839)。

让人们对展览内容有了直观的了解。谁都不会认为"耆英号"航行的发起者们会妄图超越邓恩的展览,只能猜测他们是为了贪邓恩之功来传达截然不同的信息。

内森·邓恩是费城的一名贵格会教徒,以商人身份客居广州十三年,他对鸦片贸易持强烈的反对意见,也反对英国为促进鸦片贸易于1839—1842年发动的战争。①当然了,兰登为目录撰写的序言(尽管饱含福音派将中国基督教化的热情)给读者以及前往展览的参观者提供了充足的理由去获得正确的教益:这个伟大又值得尊敬的文明能让人获益匪浅。同一时期大众媒体对于中国的描述则更让中国稍显愚昧,它们强调的是落后、一潭死水的状况,呈现的是一幅严重扭曲的画面。兰登并未隐瞒双方的反差:一面是迅速工业化的西方世界,一面是前工业时代的中国,但是他呈现的教训并无损中国的名誉,那是同时期多数为鸦片战争正名的文章没能做到的。参观目录以一篇名为《与中国的交往》②的文章结尾,该文章对鸦片贸易做出了响亮的谴责,进一步申明了兰登的观点:

　　一直以来,中国人不断遭到抨击,其用词根本体现不出基督徒的忍耐与宽容。在贸易交往中,他们被形容成骗子;在对待外国人的态度上,被认为表现得轻蔑和冷淡,自我陶醉到目空一切、无以复加的地步;至于其本国的社会关系,则缺乏任何高尚的情操和慷慨的同情……假如欧洲和美国商人在评价中国人的狭隘

---

① 邓恩在收集藏品时得到过"伍浩官(Howqua)、潘启官(Tingqua)和其他香港知名商人"的帮助(《伦敦新闻画报》,1842年12月3日,第469页)。关于邓恩同潘启官的密切关系,以及1822年广州大火时潘启官对于邓恩免遭灭顶之灾所起到的作用,见哈达德著《中国传奇》第四章。

② 兰登,出处同上,第269–273页。

31　能够不偏不倚,那也会成为指向他们的控诉的正当基础,控诉他们在贪婪的诱惑下实施的非法行为——多年以来,无视法律和中国政府的意愿,每年有价值1500万至2000万的鸦片被基督教商人倾倒在中国的海岸上!①

一言以概之,邓恩的展览意在展现中华文明的辉煌(尽管其正处于衰败期),并借此对不久前结束的战争的动机表达明确的反对。

回顾一下展出的"万物",我们就会发现这场展览虽然仅初具规模,却异常精彩。从最开始,参观者穿过以内森·邓恩收藏的一个中式凉亭为模型修建的大门进入展区,随后就自始至终沉浸在中式场景之中。展览者尽其所能罗列出了中华文明的全副甲胄:神祇,官员,僧侣,文人雅士,贵妇,戏子,形形色色的商人,各色运输工具,民居,家具,艺术品,仪式,庆典,日常生活中更多商人和场景,书籍,园艺,在河流、运河和大海中航行的船只,政府体系,还有动植物。展出的1341件陈列品虽然实际达不到1万件,但无疑非常接近"万物"了。

我们必须将"耆英号"及其巡回展览放到上述"对华友好"的背景里去考量。因为邓恩的展览规模大、内容全、文化内涵更为丰富,与之相比,查尔斯·凯利特及其合伙人拼凑起来的东西就有点相形见绌。一面是平庸之辈的轻视,一面是鉴赏家的概括,并列呈现之下,双方对待中国文化的态度令人震惊。在《"耆英号"详解》的一个版本中,"耆英号"稀稀落落的目录中只列出了114个单独的条目,②其全部内容不会超过200项。它们远远不能代表中国人生活中任何一个单独的方面,更谈不上是对不同生活方式、职业、阶层、角色、等级、身份以及构

---

① 出处同前,第272-273页。
② 另一个版本有129个单独条目。

成"中国物件"的亚文化的广泛概括。其最为煞费苦心的一项展示有12件单独物品,是一个"包含了吸食鸦片的所有器具"的托盘;[①]它还配了一则完整的说明——也只有它配了说明——虔诚地记述了鸦片瘾的"致命后果",就仿佛这是中国人独有的恶习。[②]没有展示其他任何东西作为背景来对展品进行解释说明,这场展览只不过是猎奇物品的大杂烩。

与此类似,"耆英号"的船长查尔斯·凯利特自己所写(也许是请人代写)宣传册的说明部分与"万唐风物"展的说明比起来有一个重要而显著的区别。后者是关于中国文化以及陈列的展品的说明,而前者所有提及中国文化之处,都采用了轻蔑和贬低的语气,其关注的核心反倒是"耆英号"。凯利特船长和他的合伙人想要传达的信息就是,帆船才是这场展览的重中之重,它展示了中国造船工艺的古怪之处,这艘船可以作为中国落后文化的写照,是它为航海界提供了如此笨拙的异类。

因此,我们有充足的理由认为,"耆英号"和它的收藏品想要表达的意涵与"万唐风物"展几乎完全相反。内森·邓恩的展览是带着敬意,甚至某种程度的敬畏看待中国文明及其成就的,而"耆英号"和它的收藏品看上去则近乎是在刻意贬低和诋毁中国文明了。

这场商业冒险的香港投资人——船长C.A.凯利特、G.伯顿(大副)、爱德华·雷维特(二副)、T.A.莱恩、道格拉斯·林柏,还有数量不明、没有留下姓名的其他人——或许自己也没有意识到,他们不仅是在利用由内森·邓恩所办展览引起的公众渴望了解"中国物件"的心理谋求利益,更是作为鸦片战争和鸦片贸易的双重获利者"再次装扮"或

[①]《"耆英号"详解》(London: J. Such, 1848),第29页。

[②] 或者是肯定地指出"耆英号"的投资人很可能——具体到道格拉斯·林柏(Douglas Lapraik)则是确定无疑——高度参与了向中国非法偷运鸦片的事实。

许已经失去平衡的公众认知。中国和中国物件不再是引起共鸣的东西,反倒成了被嘲笑的对象;刚刚结束的战争不再是令人羞耻的事情,在否定中国的人看来,反倒成了文明的使命。

相应地,"耆英号"携带了一小批专门——也可能出于彻头彻尾的无知——挑选的中国手工制品,打算摆在船上向付费参观者展出。参与该项计划的香港投资人安排了船只、物品的采购以及船员的招募。其中道格拉斯·林柏旅居香港近30年,从头到尾深入参与了鸦片贸易,未来还会成为香港早期欧洲商人中赫赫有名的一位人物。他是道格拉斯火轮公司(Douglas Steam Ship Company)的创始人(该公司直到20世纪还保持着良好的业务),也是香港上海汇丰银行有限公司(Hongkong and Shanghai Banking Corporation)[1]、香港黄埔船坞公司(Hong Kong and Whampoa Dock Co.)和香港商会(Hong Kong Chamber of Commerce)的联合创始人。此时的他是否如后来证明的一般精明则是另外一个问题了。我们即将看到,作为一次商业投机,"耆英号"的航程远远算不得纯粹的成功。

投资人

投资人和参与者全都是早期香港的欧洲籍居民,我们知道其中五个人的名字,另外四个或更多人也许存在,也许不存在。对于这些人,几乎没有人会说他们的好话,"流氓无赖"和"冒险家"算是最客气的称呼了,最尖刻的说法暗示他们或许纯粹出于运气或狡诈,才没有被送

---

[1] Zhaojin Ji, *A History of Modern Shanghai Banking: The Rise and Decline of China's Finance Capitalism* (New York: M. E. Sharpe, 2003), p.45.

到博特尼湾(Botany Bay)①去。

这样的评价是很尖锐的。香港乃尚待开发之地,这样的处女地会吸引不安分、有抱负的年轻人——在已经形成稳固阶层的社会中,他们发现自己的晋升之路受到了阻碍或限制——前来冒险,况且他们抽身前往更少束缚的世界不会有任何损失。生活难免艰辛,这是一个严峻但是快捷的选择,尤其是在中国沿海地区,法律缺失,许多欧洲人蛮横地以居高临下的态度对待中国人。我们需要在这样的背景下分析"耆英号"的投资人以及他们想要达到的目标。②

让我们从查尔斯·凯利特讲起吧。他1818年出生在海港城市普利茅斯(Plymouth),"耆英号"扬帆启航时他刚刚28岁。他当水手是在1833年或1834年,也就是十五六岁的年纪,这对于做水手的男孩子来讲,这已经算是很晚了,他们大多12~14岁时出海,因此有人认为凯利特出身中产阶级,其家庭能够负担他的读书费用。③他很有可能是作为水手随同一艘运输鸦片的飞剪船抵达香港的,也许是来自抵达中国海域参与第一次鸦片战争的东印度公司商船或皇家海军战舰。

---

① 18世纪末美国独立后,英国国内监狱人满为患,便将国内囚犯运送至澳大利亚,博特尼湾便是最初的罪犯流放地。——译者注

② 毕可思最近出版的精彩著作 *The Scramble for China: Foreign Devils in the Qing Empire 1832-1914*(London: Penguin Books, 2011)描述了这一时期船上生活中特有的随心所欲的施暴行为,其严重程度让任何人看到都不能不为之所动。书中重点提及1848年一艘三桅帆船从香港到上海的航程,"在整个航行过程中,船长不停地向本国船员开枪,谁都不例外"(第106-107页)。另见文基贤所著 *Anglo-China, Chinese People and British Rule in Hong Kong, 1841-1880*(Hong Kong: Hong Kong University Press, 2009)一书第三章和第七章,以及他对海盗问题展开的讨论。

③ 查尔斯·凯利特的出生日期及经历来自存放在格林尼治国家海事博物馆(National Maritime Museum)的他本人的船长证书,网上发布在Ancestry.com(http://search.ancestry.co.uk/cgi-bin/sse.dll? db=GBMastersC ertificates&rank=1&new=1&so=3&MSAV=0&msT=1& gss=ms_db&gsfn=Charles + Alfred&gsln=Kellett&msbdy=1818&msbpn_ftp=Plymouth&dbOnly=_F80062DE%7C_F80062DE_x&uidh=000,查询日期2013年5月1日)。这条信息得自查尔斯·凯利特的玄孙女苏珊·西蒙斯和她的堂兄德拉蒙德·科里(Drummond Corrie)。

他成为船长时具有什么资格,我们不得而知,不可能存在书面证明,因为当时书面资格证明刚刚诞生。①不论他具有什么样的资质,对他的投资合伙人而言都无所谓了。他们将这项艰难而又具有挑战性的任务托付给他,让他把一艘或许已经100多岁的中式帆船从香港驾驶到伦敦。

道格拉斯·林柏生于1818年,与选定的船长同龄。②1839年,或许是在老家苏格兰找不到晋身之道,他来到珠三角的澳门定居以寻找机会。他最初登陆香港,"经济上颇为拮据",后来渡水前往澳门,为一个叫作伦纳德·贾斯特(Leonard Just)的钟表商当学徒。

据记载,伦纳德·贾斯特作为钟表匠最早于1790年就在伦敦从事针对中国市场的业务。1826年,他抵达广州设立公司,1829年其子小伦纳德加入。19世纪30年代早期的某个时候,贾斯特父子将公司搬到了澳门。他们的生意似乎相当成功。1830年11月,有一条记载称贾斯特父子公司"有四只极好的经线仪出售",1837还有记载称该公司是"手表与经线仪制造商"。1842—1844年,24岁的道格拉斯·林柏

---

① 查尔斯·凯利特的航海经历在1851年之前是一片空白,1851年的船长证书上记载凯利特"17年来先后以习生、大副和船长的资格受雇于英国商船队,从事对外贸易"。1845年,商务部引入了一套对外贸船只的船长和大副实施自愿考试的制度。在那之前,只有一些相对而言非正式的记录,在英国国家档案馆(British National Archives)的160万条记录中也查不到查尔斯·凯利特的名字(查询网址 http://www.findmypast.co.uk/search/merchant-navy-seamen/results? event=S&locale=en&recordCount=-&otherDataSet=2%3A41&forenames=CHARLES+Alfred&includeForenamesVariants=true&_includeForenamesVariants=on&surname=KELLETT&includeSurnameVariants=true&_includeSurnameVariants=on&county=DEV&place=Plymouth&birthYear=1818&birthYearTolerance=1&keyWord=#,查询日期2013年5月1日)。我们在第七章还会再讨论这个问题。
② 有关林柏的详细情况,我得感谢 P. Hansell 的文章"The Colourful Douglas Lapraik (1818-1869)", *Antiquarian Horology* 27, no. 3 (2003): pp.331-332;同一份杂志后来又刊登了 Mark Macalpine 的一篇文章,提供了林柏作为香港共济会泽兰会所(Zetland Lodge)成员的更多情况,1856年和1857年,林柏担任会所的财务主管。又见 Bernard North, "Watch and clockmakers of Hong Kong", *Antiquarian Horology* 32, no. 2 (2010): pp.180-182。

在老伦纳德·贾斯特手下当学徒,这时小伦纳德发表了一则声明,称公司部分业务迁至香港德忌笠街①1号(No. 1 D'Aguilar Street),由林柏管理。②

接下来发生的事情不甚明了。我们只知道到了1850年,要么是贾斯特和林柏分道扬镳,林柏开始自己的钟表制造生意,要么是林柏接手了贾斯特的生意。可以肯定的是,到了1859年,贾斯特的一个儿子成了受雇于林柏的职员。③由此可知,在"耆英号"的商业冒险计划展开之时,28岁的商人林柏正处于个人事业的初创阶段。最终,他的钟表银器公司被一位名叫乔治·福尔肯(George Falconer)的雇员收购。④1846年,道格拉斯·林柏在香港还是个新面孔,谈不上成功。像当时香港的大多数人一样,他的发财梦还未实现,需要睁大眼睛找寻致富良机。道格拉斯·林柏和内森·邓恩不是同一类人,两者相差十万八千里。

托马斯·阿什·莱恩(Thomas Ash Lane)生年不详,不过是在1825年受的洗礼。⑤到了1850年,他和尼尼安·克劳福德(Ninian Crawford)已经在一个草棚下建立起了售卖压缩饼干的商店,后来发

---

① 即今天的德己立街。——译者注
② 威廉·塔兰特(William Tarrant)在其著作 *The Hongkong Almanack and Directory for 1846: With an Appendix*,(Hong Kong: Office of the China Mail, 1846, p. 40)中的记述有所不同,他说老伦纳德·贾斯特在皇后大道经营了一家手表和经线仪作坊,小伦纳德·贾斯特在德己立街开商店,道格拉斯·林柏和乔治·桑德斯(George Saunders)都是他的雇员。
③ North, "Watch and Clockmakers of Hong Kong", pp. 179–180.
④ 该公司 George Falconer (Nautical) Ltd. 作为香港金钟海图代理商(Hong Kong's Admiralty chart agents)之一至今仍在营业。此外,自称成立于1855年、位于半岛酒店的高端珠宝商 Falconer Jewellers,显然也与这家公司有一定的渊源(见 http://www.falconer.com.hk/eng/profile.html)。
⑤ 见 May Holdsworth、Christopher Munn 编辑的 *Dictionary of Hong Kong Biography* (Hong Kong: Hong Kong University Press, 2011)一书中关于托马斯·阿什·莱恩及其家族条目。

展成为香港的哈罗德百货(Harrods of Hong Kong)①、连卡佛百货(Lane Crawford)。莱恩最初是一名政府雇员,而其家族早在19世纪中叶以前就在广州、澳门和香港经商。据当时的《香港年鉴》记载,他此时是位于皇后大道的莱恩—罗兰(Lane, Rowland & Co.)船具公司的合伙人,另外一个留下姓名的成员是托马斯·H.罗兰(Thomas H. Rowland)。②显然,莱恩的背景意味着他很容易就能拿出一项投资的本钱。假如1850年他还在为建立一个规模算不上很大的船用设备供应公司而奋斗,那么他可能不会超过30岁。他受洗的日期暗示他此时应该是二十五六岁。我们确认莱恩在1846年启程踏上了"筹款"之路,此行一直到1849年才结束。③由于这两个时间跟"耆英号"的航程完全契合,因此毫无疑问,莱恩是投资人之一,并随"耆英号"一同离开了香港。

　　关于G.伯顿,我们一无所知。假如他是"耆英号"的大副,就有可能像查尔斯·凯利特一样,是名职业水手。④也许他们曾经共过事,这

---

① 著名百货公司,1834年创立于伦敦。——译者注

② Tarrant, *The Hongkong Almanack and Directory*, p. 40.

③ Holdsworth and Munn, *Dictionary of Hong Kong Biography*.

④ 1850年的商业船队名单上只有两个姓"伯顿"的人,一个名叫弗雷德里克·约翰(Frederick John),另一个名叫亨利。因此,跟他的船长一样,G.伯顿的职衔来自时间的积累,而非正规资格。1805—1825出生了60位"G.伯顿",在1845年前的英国商船海员记录上都能找到他们(http://www.findmypast.co.uk/search/merchant-navy-seamen/results? e=S&bY=1825&bYT=10&iSnV=true&sn=BURTON&fns=G&snNXF=true&oDS=2: 41&rC=192&nOffset=50,查询日期2013年5月1日)。

样的解释对于二副的人选爱德华·雷维特来讲也是合理的。①关于一个曾在英国籍船舶上工作过的、名叫"G.伯顿"的人,唯一的一条记载是1895年驶离伦敦的一艘名为"魔法号"(Magic)的双桅横帆船的船长叫这个名字,船旗代码是"WBJH",船主是 E. J. 比林厄姆(E. J. Billingham)。②此人是不是"耆英号"故事中的G.伯顿,我们不得而知。不过,在1846年年龄大到足以担任大副一职的人,到了1895年至少也应该75岁,甚至接近80岁了。实际上,对一些穷困潦倒的小商船的船长而言,这种情况在欧洲航海界并非罕见,退休金只是20世纪的特有产物。如果他就是我们要找的人——要注意,1850—1900年间做过船长、名叫"G.Burton"的人,在《美国劳埃德船级社》(American Lloyd's Register)或《美国和外国航行记录》(Record of American and Foreign Shipping)中仅出现过两个——那么他显然不曾大富大贵。不管怎样,在1846年的香港,G.伯顿和爱德华·雷维特很有可能是两个不择手段、追名逐利的年轻人,可能正值二十五六岁、不到30岁的年纪,至多也就30出头。

概括起来,已知与"耆英号"相关的欧洲人有三个共同特点。他们

---

① 商业船队名单中只有一个姓"雷维特"的人,叫理查德·雷维特。1845年前的英国商船海员记录上没有名为"爱德华·雷维特"的人,只记载了四个姓"雷维特"的人,其中两人叫本杰明,另外两人分别叫乔治和威廉(http://www.findmypast.co.uk/search/merchant-navy-seamen/results? event=S&locale=en&recordCount=- 1&otherDataSet=2%3A41&forenames=&includeForenamesVariants=true&_includeForenamesVariants=on&surname=REVETT&includeSurnameVariants=true&_includeSurnameVariants=on&county=&place=&birthYear=1825&birthYearTolerance=5&keyWord=,查询日期2013年5月1日)。"耆英号"雇用的高级船员无论如何没有体现自1845年开始的船员雇用标准的改革;按照正规位置排列的公告见同一资料第13-19页。有些参考资料显示雷维特名字的第一个字母是"S",不过在纽约报纸的报道中,他的名字是爱德华。

② Register of American and Foreign Shipping 1895, p. 625,网址 http://library.mysticseaport.org/initiative/ShipPageImage.cfm? PageNum=3&BibID=179721895&Series=Introduction&Chapter=,查询日期2010年8月5日。

年龄都不大,可能平均年龄接近30岁。他们都没有接受过高等教育。他们都不是来自英国或英属印度社会的特权阶层。或许他们都是外出寻找大好机会的冒险家,至于怎样抓住机会就不一定非要对得起良心了。这并非意味着他们原则上是不守法、不敬畏上帝、一心想向上爬的年轻人,身处维多利亚时期迅速壮大的中产阶层,急于获取财富和地位。这能够说明的只是他们尚未达到这样的状态,他们不会想着通过传统的途径向上攀登,而是想通过到香港寻求发展。

因此我们再审视"耆英号"的航程以及它携带的"中国物件",无疑会有理由认为,它们与内森·邓恩和威廉·兰登提供的丰富展品相去甚远,根本不能和后者高尚的努力相提并论,只能算是为了一再迎合民粹主义情绪而提供的带有歌舞杂要意味的表演。这并非明确表示"耆英号"的投资人是为英国在中国的所作所为及攫取香港的行为进行辩护——在1846年,一切都还未成定局[①]——而是想要指出这种情绪隐藏得也许并没有那么深。内森·邓恩是富人,在中国取得了事业上的成功,积累了财富,深深吸取了中国文明和文化的营养——至少情况大致如此;假如说当时流行的对待中国的态度是一辆快速旋转的风车[②],或许他有能力像高尚的堂·吉诃德一般跨马持矛与之搏斗。这五个野心勃勃的年轻人极有可能怀揣着另一种目的和信仰。他们在一个极度动荡的时期定居香港,居住未满十年。他们到来时,这个年轻的城市正岌岌可危,这里充斥着道德沦丧之徒,这里是他们的天堂,这些人急于利用这里的制度以谋求个人利益,对中国人和中国文化并没

① E. J. Eitel, *Europe in China: The History of Hong Kong from the Beginning to the Year 1882* (Taipei: Cheng-Wen Publishing Co., 1968),第十三、十四章。

② 这种转变,大体是从钦佩到诋毁,再后来发展为明显的对华恐惧,这在哈达德所撰"China of the American Imagination"一文中有精彩的刻画;又见毕可思著 *The Scramble for China* 一书第37页。

有那么多溢美之词。[1]

中国船？英国船？

　　还有一个不那么重要但是很有说服力的细节，能够相当清楚地表明，这次航行的一个潜台词是为当时西方（尤其是英国）在中国的行为进行辩护，那就是"耆英号"在港口时船尾悬挂的船旗。19世纪中期，航海领域诸多方面如标准、规则和惯例得到了前所未有的设立和运用——其中就包括1854年第一次以明确的法律形式出现的《商船法》（*Merchant Shipping Act*），但航海旗帜的规范仍处于变化之中。到了1846年，一艘英国船只无论是在港口停泊还是在他国水域里航行，在船尾旗杆上悬挂国旗，或是在航行中将国籍旗悬挂在最靠近船尾的桅杆或斜桁上，都已经是正常可期的做法了。《"耆英号"详解》以及许多新闻报道将"耆英号"称为英国船，果真如此的话，那么严格说来"耆英号"船尾悬挂的应该是红色船旗。然而所有的描写都与此不符。相反，我们获知这艘帆船的船尾栏杆上有五个旗杆，挂在上面的都是"通商口岸旗"（flags of the treaty ports）。

　　这或许是为新近出现在中国的西方势力提供证明、传递信号，我们可以将纳撒尼尔·柯里尔（Nathaniel Currier）绘制的版画《"耆英号"在纽约》与另一幅著名的版画《中国帆船"耆英号"抵达英国时出现

---

[1]　毕可思对于上海也持类似的观点（*The Scramble for China*，第131-132页）。又见John M. Carroll, *Edge of Empires: Chinese Elites and British Colonials in Hong Kong*（Hong Kong: Hong Kong University Press, 2007），pp.41-42, citing Robert Montgomery Martin（殖民地财政官）, Robert Fortune, Oswald Tiffany, *the Economist*, Rev. George Smith, Rev. Karl Gutzlaff and J. M. Tronson。Carroll 清晰地展现了香港流氓世界的画面。

在格雷夫森德(Gravesend)远处的海面》进行比较。①第一幅画中飘
扬的是美国旗,这符合航海礼仪,即在前桅顶端悬挂礼仪旗。在第二
幅画中,要么红色船旗悬挂正确,要么是错误地悬挂了一面英联邦的
船旗。②在航海专业人士看来,这么做意味深长:"耆英号"是来自通
商口岸的船只——船旗表明那是它的"母港"——而伦敦像纽约一样
是"外国"港口,因此它的商船旗应该作为礼仪旗悬挂。无论如何,这
则小小的事实本身就能证明"耆英号"的船长并不认为它是一艘英
国船。

实际上,柯里尔细致的刻画暗示了"耆英号"航行时使用的可能是
中国船只的身份,这在洛克兄弟 & 佩恩公司(Rock Brothers and
Payne)出版的版画上也得到了证实。两幅画中后桅悬挂的都是一面
单色黄旗——按照西方惯例,那是悬挂国籍旗的位置。1846 年,中国
国家商船旗根本没有出现——在这方面,中国后来才遵循了西方的规
矩——此时中国也没有国家商船队的概念。最合理的解释是,单色黄
旗代表中国,从主桅杆上也能找到支持这种说法的证据。两幅图上都
有一面标准的桅顶旗在飘扬,至于后桅上的旗帜,则按照中国的方式,
歪歪斜斜地挂在短短的旗杆上。按照西方礼仪,这里悬挂的应该是船
舶的公司旗,表明船只的所有者或所属公司,有时写的是船名。"耆英
号"的船旗中央有一个难以辨认的标志,下方的角落里还有一串符号,
明显是想要表示四个汉字。由于绘画的人不懂中文,所以结果是让人

---

① 1848 年 5 月 20 日由 Rock Brothers and Payne(11 Walbrook, London)出版。这幅画描绘的
   是"耆英号"自广州启程后第 477 天,即 1848 年 3 月 28 日出现在格雷夫森德远处海面的
   情景。
② 也许正确,也许错误,因为船旗规范要求悬挂的是船只所在国的商船旗,而不是国旗。在
   19 世纪 40 年代,情况更为灵活。无论如何,打零工的画家们画出来的经常是自以为应该
   看到的东西,而不是实际存在的东西。在本书的第二部分,我们会更加全面地分析"耆英
   号"存世时出版的流行画像,到时读者就会明白这一点。

认不出那是什么字。后来,在19世纪出现过一面商船旗,旗子一角有"天上圣母"四个字,不过"耆英号"的公司旗上是不是这四个字,则纯属臆测了。除了桅顶旗,还有一面长长的红色双尾三角旗飘扬在主桅风向标上。最后,在船头,西方船只悬挂船首旗①的地方,"耆英号"挂了一面蓝色绿边的中国旗帜,上面的汉字同样无法辨认。

简而言之,这些画作显示"耆英号"通过悬挂中式船旗表明自己是一艘中国船只,但是其船首旗、礼仪旗、公司旗以及国籍旗的悬挂又遵循了西方的成规。

让我们回头看看船尾栏杆上的五面旗。很显然,通商口岸旗是英国人向中国政府强行索要的。使用这些旗——或者至少通过告诉人们这五面旗代表的意义——带有炫耀西方胜利的意味。事实上,正规而言并不存在这样的旗帜,除非它们是这些新的定居者设计出来的,用来代表这些外国飞地——这种做法更加重了炫耀的意味。悬挂在船尾栏杆从左舷至右舷的旗帜分别是一面镶绿色细边的蓝色三角旗、一面红色或粉色镶边的白色三角旗、一面镶白边的红色三角旗、一面镶蓝边的黄色三角旗和一面镶黄边的绿色三角旗。任何公认的旗帜学参考书上都找不到上述旗帜。②其实,帝制时代的中国没有代表城市和地区的旗帜,其政府和社会的结构使得任何类似的东西都不可能出现。

"耆英号"船尾栏杆的五根旗杆上飘扬的不管是什么,都不是中国传统或官方的旗帜,而更有可能是这项计划的投资人设计的,用来代表第一次鸦片战争后开放对外贸易的五个通商口岸,即广州、厦门、福州、宁波和上海。这些旗与统治清朝的满族人的八旗有些类似,虽然

①表示国籍的旗帜。——译者注
②在公认的旗帜学网站上能找到与之最为接近的旗帜,被称为北京的"钟鼓楼旗"(见http://www.crwflags.com/fotw/flags/cn_be.html)。

在细节上不尽相同,但至少在理念上如此,其特点都是一个主色加四周镶边,比如"镶蓝旗"。①鉴于"耆英号"计划体现出的对中国和中国文化的认知水平,这些假想出来的通商口岸旗不像是在表明既有事实,更像是在炫耀胜利。

项目花费

这艘船本身购自广州——这是非法行为,因为外国人被禁止购买中国船——经偷运至香港,一些欧洲船员显然做了乔装打扮。至少这是故事的一个版本。在另一个版本中,英国式的创业精神让位于美国式的争强好胜。在这个故事中,②最早是一个不知姓名的美国人购买了"耆英号",要么是他在1845年或1846年出钱让人在一个中国船厂建造了这艘船——后来的许多评论都想知道为什么它具有典型的传统船体,从这里或许能找到原因——要么是他从上一个船主手中购入的。据说他于次年以75000美元的价格将船卖给了查尔斯·凯利特。上述情况如若属实,那么后续诸多与"耆英号"财务困难相关的情节都能说得通了,因为75000美元对于一艘50~100年船龄的二手中式帆船来说,的确是一个惊人的数目;考虑到所有不可避免的开支,想要通过这个项目收回投资几乎是不可能的。

这个故事虽然有趣,但其缺乏可信度的地方恰恰在于它提到的价格,因为没有一个投资人对珠三角地区或整体的航运市场完全不熟悉。我们所了解的大体同一时期的价格让这种说法不大可能成立。例如,在大约20年后的1861年,小沃伦·德拉诺(Warren Delano,

---

① 对于这个问题非常全面的分析见 Mark C. Elliott, *The Manchu Way: The Eight Banners and Ethnic Identity in Late Imperial China* (Stanford, CA: Stanford University Press, 2001)。

② 哈达德,《美国人想象中的中国》(*China of the American Imagination*),第五章。

Jr.)花45000美元购买了456吨的二手蒸汽轮"惊奇号"(Surprise);①
1877年,上海轮船公司(Shanghai Steam Navigation Co.)②通过其
代理商旗昌洋行(Russell & Co.)以74500海关两(Haekwan tael)
购得蒸汽轮"摩云号"(Moyune)。③19世纪30年代在大洋彼岸纽约
的一个船厂建造的最先进的、横跨大西洋的全新班轮,造价只要
40000～50000美元。④因此,在1845年肯为一艘老帆船花费75000
美元的人会被认为是财大气粗的。就拿道格拉斯·林柏来说,即使他
的商业技巧多年以后臻于炉火纯青,但是很难有人相信他幼稚到同意
为一艘老古董帆船花这么大的价钱。

　　除了J.R.哈达德的记载,目前为止能够追溯到的该故事的唯一线
索来自1847年初英国《北极星和全国商业日报》(*Northern Star and
National Trades Journal*)上的一则新闻报道,它引自《纽约快报》
(*New York Express*)的最新报道,是这么写的:⑤

① 这一时期对华贸易中使用的贸易银(主要是墨西哥比索)与美元大致等值;见Maria
Alejandra Irigoin, "A Trojan Horse in 19th Century China? The Global Consequences of the
Breakdown of the Spanish Silver Peso Standard", 网址:http://www.lse.ac.uk/collections/
economicHistory/seminars/Irigoin.pdfwww.lse.ac.uk/collections/economicHistory/seminars/
Irigoin.pdf。
② 亦名"旗昌轮船公司",是美国在华旗昌洋行经营的企业之一。——译者注
③ 见K. C. Liu, *Anglo-American Steamship Rivalry in China, 1862-1874* (Taipei: Rainbow
Bridge Book Co., 1962), p.51。"海关两"是大清海关使用的一种"虚拟"记账货币单位,1海
关两在当时相当于1.45美元;见Man-houng Lin, *China Upside Down: Currency, Society,
and Ideologies, 1808-1856*, 网址:www.fas.harvard.edu/~asiactr/publications/pdfs/Lin%
20Front%20Matter.pdf。如此说来,在1861年,一般456吨又小又"老"的蒸汽轮值45000
美元;而在1865年,一艘相当新的蒸汽轮值108000美元,这就表明或者那个"不知名的
美国人"的故事是谬传,故事中提到的价格是错误的,或者凯利特和林柏好骗到让人不敢
相信的地步。
④ Melvin Maddocks, *The Atlantic Crossing* (Alexandra, VA: Time-Life Books, 1981), p.88.
⑤《北极星和全国商业日报》(英格兰利兹市),1847年4月3日。

最近,一位锐意进取的美国人在广州建造了一艘300吨的中式帆船,装备和帆装索具完全按照中国样式。他打算在这艘船上装满中国的各种小玩意和古董等物品,把它开到纽约,然后在船上销售。他还打算带来一船中国船员、一个表演及杂耍公司、各色男女和能说明天朝风俗习惯的各种稀奇古怪的东西。这艘船将装备"凡"布(原文如此)做的船帆和一个文明社会的船舵以适应长途航行,不过在到达纽约湾海峡时,每一样装备都将换成中式的,比如笨拙的船舵和其他所有东西。从装扮到构造,这艘帆船将完全以体现东方特色的面目在本市停泊,然后继续作为一个展销店、售卖所和江湖骗子展览会。它有望用五个月时间完成航行。整个项目的成本约30000美元,"精明"的经营者无疑将大发其财。

这个价钱自然更为可信,不过其余内容没有一个——尤其是船的大小——与实际相符。那么,是"耆英号"的故事在传回美国的漫长过程中遭歪曲篡改后产生了这则新闻,还是有过两个这样的营销活动,但其中一个根本未曾得到实施,我们或许永远都不会知道了。最有可能的是,若干年中,广州和香港的不止一个企业或企业联合体散布过类似计划;"耆英号"计划实施之日,也许这些往事的残余又沉渣泛起了。这个版本的故事所引述的花销更进一步表明,要么这些英国投资人经验缺乏到让人难以置信的地步,要么他们豪掷75000美元的事乃子虚乌有。

第三个故事来自驻香港通讯员的一篇新闻报道,在核心内容上明显与其他两则不一致,这则报道刊登在1847年2月13日朴次茅斯发行的《汉普郡电讯报和苏塞克斯纪事报》(*Hampshire Telegraph* and Sussex Chronicle)上。^①两个关键差异分别涉及帆船的花费和船龄。"一位通讯员1846年11月28日发自香港"的这封"来信"称,"就我所知",这艘帆船花费了凯利特船长及其合伙人共计"19000美元"。1847年2月26日《利物浦信使报》"小中见大"(Multum in Parvo)专栏的一则短评^②以及同一天的《曼彻斯特时报和公报》(Manchester Times and Gazette)^③都提到了这个数目,不过也许是源自同一出处。要么是狡猾的广州船主以为那个不知姓名的美国投资人财大气粗,而趁机提高报价;要么是出于丧失积蓄后的绝望,船主随便收点小钱便把船给卖了——因为19000美元和75000美元相去甚远。这样的假设也许能让第三种说法与另外两种统一起来。第三种情况是,假如30000美元的价格是真的,那么这很可能是一个贫困的美国前辈被迫完成了一项折扣巨大的交易。

19000美元的价格更为可信,它不仅让计划看上去可行,而且假如一切按预期发展,很可能相当赚钱。第二个故事记述了这个计划的整体成本——帆船、西式船帆和船舵、一船小玩意和古董等货物,共计30000美元——能帮助我们理解上述假设为什么成立。不过,就像我们将在故事结尾看到的,在原始购买价格这一问题上,我们可能永远都找不到答案。

凯利特本人的说法让高价更为可信,据报道他曾在《"耆英号"完整档案》中提到——也许是写到:

> 它将一些清朝高官送到交趾(Cochin)后返航,随后就被现在的主人以惊人的价格买下,差不多相当于一艘最高级的美国班轮

---

① 《汉普郡电讯报和苏塞克斯纪事报》,1847年2月13日。
② 《利物浦信使报》,1847年2月26日。
③ 《曼彻斯特时报和公报》,1847年2月26日。

　　的价钱。它集商船和战舰的特点于一身。①

　　1846年,在精明、逐利、以海洋贸易和航运为特色的香港,居然会有人以相当于一艘崭新的美国班轮的价格购买一艘老旧的帆船,真是令人难以置信。这个价格很可能是为了让船到纽约后收取相对高昂的登船费而故意捏造的。

　　其他提到价格的报道只是说:"(若干香港居民)以募股形式筹得超过30000美元,期望该投资能带来丰厚回报。"②虽然这个数目远远超出19000美元,但却完全符合凯利特船长拿来作比较的美国造班轮的价位,同时也与《纽约论坛报》(*New York Tribune*)的报道一致。这两种说法都与75000美元相去甚远。最后这种说法让项目取得成功有了一线希望,并且与我们所了解的19世纪中期中国的船价相吻合。无论如何,有一种解释切实可行,让19000美元和30000美元两种说法都能成立。即19000美元是帆船的价格,30000美元是整个项目的总体支出③——购买帆船、为航行所做的装修准备、为长时间航行储备的补给品以及食物和必需品等等的支出,还有预支的船员工资(假如确已支付,但纽约的法庭诉讼确信未曾支付)。

　　然而,第二则报道(声称帆船是"几乎全新""新近建造"的)与其他报道在船龄上的显著差异是无法协调的,尤其与《"耆英号"详解》中的记载相去甚远。显然,该通讯员有可能完全搞错了,因为其他任何资料都确切表明这艘帆船已老旧不堪——很有可能这才是实情。除了

---

① 《"耆英号"档案》(New York: Israel Sackett No. 1 Nassau Street, 1847),第4页。
② 《加勒多尼亚信使报》(*Caledonian Mercury*),1847年3月22日;《普雷斯顿卫报》(*Preston Guardian*),1847年3月27日;《阿伯丁日报》(*Aberdeen Journal*),1847年3月31日;《德比信使报》(*Derby Mercury*),1847年3月31日。从日期判断,都是引自同一出处。
③ 从《纽约论坛报》的新闻报道合理推断。

以上三则报道,鲜有人知道这艘帆船在易主给西方人之前的历史。尽管该报道称它比较年轻,但其他资料普遍认为"耆英号"差不多有100年船龄了,似乎至少也有50多岁了,因为《"耆英号"详解》[1]提到有一位船员在这艘船上工作的时间就有这么长。不过,鉴于关于该帆船高龄的唯一证据也是传闻,在只有一个反证的情况下,我们无法得出确切的结论。

我们无法知晓购买这艘船的确切时间是不是在项目商议的初期,因为那或许要拖延一段时间,更不知道交易是何时以及如何达成的。偶尔有人暗示"耆英号"是一艘英国船,不过香港是它的母港,它不可能注册英国船籍。船旗和礼仪旗也表明那是不大可能的。[2]

无论是哪种情况,这一时期任何与船舶登记信息有关的说法都非常模糊,因为那时不像现在对船舶登记有正规要求。因此,当时这艘船没有在英国劳埃德船级社(Lloyd's Register)登记也是正常的,因为直到"耆英号"寿终正寝多年以后,航运法规的变化才强制船舶进行登记。直到1855年香港才出现正式的登记制度,当年香港通过了一条法令,要求这个年轻的城市自己的船舶进行登记。臭名昭著的西式中国三桅帆船"亚罗号"(Arrow)就是在香港登记注册的第27艘船,该船后来成为在错误的时间被无耻的投机者蓄意发动的第二次鸦片

---

① 《"耆英号"详解》,第23—31页。

② 唯一一艘按照现代制度登记的名叫"耆英"的船是一艘美国双桅横帆船,于1845年在纽伯里波特(Newburyport)为库欣(J. N. & W. Cushing)建造,几乎可以肯定是驶往波士顿从事与中国相关的贸易的。库欣家族在早期美中贸易领域颇为知名,著名的约翰·珀金斯·库欣(John Perkins Cushing)是珀金斯洋行的创始人之一,1827年该洋行与旗昌洋行合并,罗伯特·贝内特·福布斯(Robert Bennett Forbes)就效力于合并后的企业——我们在后面的故事中还会见到此人。美国驻清朝首任公使顾盛(Caleb Cushing)捐献给美国国会图书馆的资料清楚地表明他与J.N.库欣是亲戚(见 Special Correspondence, 1817–1899, n.d., Box 144)。直到1874年"耆英号"还记录在册,先是于1865年被卖给了悉尼的R.W.卡梅隆(R. W. Cameron),后又于1870年又被卖给了德国汉堡的一位未留下姓名的船主。

战争(1856—1960)的直接导火索。①更有可能的是,"耆英号"从中国人易手到香港的英国人之后,尽管其船主是英国居民,但在官方眼中,它只不过是香港众多从事帆船航运的船只之一。

同样地,《"耆英号"档案》在这方面也帮不上多大忙,因为它对事件的叙述,省略的内容和明确说明的一样多。

> 这艘船是在运用了一定策略以及得到高人相助后才从中国船主手中取得的,花费了很大一笔钱。并且当人们怀疑它要前往欧洲时,它船锚未动又在虎门炮台管辖区内被收取了185两银子,尽管它在澳门已经缴纳83两银子获得了许可证(或者叫官印),可以不载货物航行。据传有法令规定,不允许将中国船只卖与外国人,这无疑是担心外国人获得样品后会对天朝不利! 这次交易无疑非同寻常,之前从来没有外国人购买帆船用来展览。②

不可能存在这么一条中国法规,明确规定基于上述原因禁止外国人购买中国帆船。凯利特的说法引发了一个有趣的假设(甚至可以确信),那就是"耆英号"购自一位中国的中间人(或者说"掩护人"),他能确保船顺利离开黄埔前往香港。这个人可能也到过香港,以便"耆英号"一抵达香港,他就能在船只拥有清晰产权的情况下履行与投资者们的买卖契约。

---

① 毕可思,*The Scramble for China*,第157页。事件发生时,"亚罗号"的注册实际上已经过期。说第二次鸦片战争选择了错误的时间是因为克里米亚战争刚刚结束,几乎同时印度又爆发了大规模内乱。又见卫三畏所著《中国商务指南》(*A Chinese Commercial Guide, Consisting of a Collection of Details and Regulations Respecting Foreign Trade with China, Sailing Directions, Tables, etc.*),第四版(Canton: The Chinese Repository, 1856),第244页,其中展示了新版的"英国登记证书",对当时相当随意的登记管理具有启发作用。
②《"耆英号"档案》,第8页。

在 1846 年的时候,许多西方商号的买办既有活动能力,又与广州和香港的中外势力都保持着良好的关系(他们在接下来一百年里持续发挥着影响),因此这样的安排可能性极大。假如确有这么一位中国人参与了帆船的买卖,他的名字也不会出现在任何记录中。这就是说,讨论这艘船在香港买卖时是否进行了如此微妙的法律安排也是毫无意义的,因为根本不存在书面证据。有一种可能——尽管只是基于一点暗示的猜测——很有意思,那就是那位"清朝官员"希生可能就是中间人。我们讲到"耆英号"故事的结尾时,会再对此做进一步探讨。

我们在考虑"耆英号"的结局及其船长的命运时要注意,它们与当时的背景有很大关系。国家商船队、国籍旗和各国船舶正式登记的相关制度都要建立在一整套涉及建造、装备、船员配备和船员资质的法律条文和规则之上,这些都是不久之后才出现的。从某种意义上讲,"耆英号"及其远航之所以能够实现是因为当时的法律还足够宽松,这使得它能够顺利获得装备和出航(大约 30 年后日渐严密的监管网络不仅会阻碍它出航,还会阻止它与不具备资格的西方船长和高级船员签约),并拟定未经官方认可的条款(这些条款经由船员们签字,后来成了纽约纠纷的焦点)。

黄埔船员,香港船员

无论购船交易是何时达成以及如何达成的,我们都知道该船于 1846 年 10 月 19 日离开了黄埔。或许当时它已经与 26 名中国船员签了约,他们从黄埔出发,将来还要从大洋彼岸的纽约返回。他们也许是交易的一部分,因为在纽约,他们声称自己 9 月就参与其中了。不过,购买船只和招募船员是独立进行的,船员们当时并未被告知真实的航行计划——对此,纽约的法庭记录没有给出定论。我们将看到,关于船员们签署的文书(称作"船员雇用合同",通常出于谨慎不写明详情,船只的航行路线依变幻莫测的风向、季节和市场情况而定)上的正式内容与在船员招募阶段当地或许已经广为流传的说法之间存在
着混淆。如上所知,还有一种说法,那就是有大量传闻称"耆英号"从黄埔出发是要前往欧洲的。船员们对"耆英号"准备展开的行程了解到什么程度,这个问题我们在后面还会讨论。

有一种说法是,在"耆英号"离开黄埔之前,欧洲人已加入船员队伍当中。如果真是这样,考虑到这是实实在在的违法行为,那么这种做法风险极大,因为它无疑有可能让整个秘密计划无法实现——滨海地区会吸引众多好奇的目光。因此,让十几名魁梧的"圆眼睛"①水手登船很有可能让计划完全泄露。尽管如此,故事却说这些欧洲船员做了乔装打扮,所以在中国官员看来,那只不过是广州船运业中一艘依法营运的船只。②然而我们从《"耆英号"档案》中得知了另外一种说法,即当地已经谣传该船要前往欧洲,因此,很可能所有的人都完全清楚到底是怎么回事,相应的贿赂也都支付了,乔装打扮只是为保留颜面、假装遵守规定而上演的默剧。关于"耆英号"的如此种种,让人难以决断哪些是实情,哪些是烟幕。因此在故事的这一部分,我们同样采用将来能与纽约的庭审案件产生共鸣的说法,好让它帮助我们驶过漩涡和湍流。

---

① 据信为白种人捏造的、亚裔人种对白种人侮辱性的称呼。——译者注
② 有一幅根据乔治·钦纳里(George Chinnery)的原画翻刻的著名石版画,画的是波美拉尼亚传教士及语言学家郭士立(Charles Gützlaff)装扮成一名福建水手的样子。假如这幅肖像描摹得足够精确(因为胡须浓密的郭士立看上去像极了歌剧里来自地中海东部的海盗),那么似乎欧洲人再怎么乔装打扮也骗不住人。毫无疑问,参与这场装模作样的把戏的中国人对于西方人古怪的自负出于本性地宽容以待,又信守自己答应的条件,因此便让"这些不是西方人"的游戏继续上演,从而保住了大家的面子。

　　道理非常简单,中国船员们一定是一群无知的傻瓜,否则不会识别不了有关这艘特殊帆船的"氛围"。范岱克的观点颇具说服力,[①]总体而言,广州是一个进出自由的高效港口,虽然一般的欧洲人和美国人不以为然。当然了,第一次鸦片战争结束后,广州有了一些奇怪的特点,我们可以设想,并非一切都像战争爆发以前运行得那么高效了。但是很难想象,一艘在广州当局正式注册过的且运转正常的大型 B 级帆船——据说刚刚完成一次官方或半官方的航行后从交趾(如今的越南南部)[②]返回——能被卖给西方人(无论经过多少中间人),然后又在清朝官员毫不知情的情况下,带着一部分英国船员开溜了。要知道,根据范岱克的数据,每年只有大概 25～35 艘这样的船出港,[③]它们可不像河里的舢板那样不易察觉。因此,合理的推论是:正常范围内的相关人员知晓并默许了这次交易——他们收取了巨额贿赂。这些人不仅包括为帆船出航提供正当文件的港口官员,还包括河流沿途各个关卡的一众官员,上述《"耆英号"档案》的引文已经隐晦表明了这一点。

　　如此一来,这艘非法获取、非法招募船员、非法前往外国势力控制地区的帆船前进路上所有的隐患都解决了。我们假设途经虎门炮台(重修后恢复了五年前英勇抵抗侵略的气概)借助潮汐沿珠江而下一般需要两天时间,因此合理推测该船于 21 日当天或前后抵达香港,为其远航开始了漫长的准备工作 —— 这一天是"特拉法加日"

45

---

① 范岱克,《广州贸易:中国沿海的生活与事业》(*The Canton Trade: Life and Enterprise on the China Coast, 1700-1845*)(Hong Kong: Hong Kong University Press, 2005),尤见于第一、第二章。
②《"耆英号"档案》,第 4 页。"它购买于……将一些清朝高级官员送到交趾并返航之后。"
③ 范岱克,《广州贸易:中国沿海的生活与事业》,第 145-150 页。

(Trafalgar Day)①,若是仔细想想,其中颇有自负的意味,这种做法在早期殖民统治时期的香港是有可能的。

准备起航

对一位水手而言,为一次航行做准备就像今天的旅行者为准备旅行而收拾行李。需要准备哪些证明、接种哪些疫苗、购买哪些乳液和药水、携带哪些衣物和饰品,一切都完全取决于我们要去哪里、为何要去以及要去多久。对于不论哪个国家的水手来说,在一次航行开始前的几个星期,如何准备船只,船上要储备哪些东西,哪些货物可以装船、哪些不可以,具体怎么装、装到哪里,一切都具有同样的意义。船员们在做准备工作时,也会进行评价和讨论;他们会将这一捆货物与他们听到的有关这次航行的信息加以对照;他们会关注船上厨房里的大米储备量是否能维持到他们签约期满。

打开一个人的行李箱,你或许就能清楚他们大概要去哪里、去多久以及大致的原因。因此,为"耆英号"航行所做的准备可以帮助我们今后对纽约庭审案件以及两种海洋文化显而易见的冲突做出评价,尽管我们确切知晓的信息有限,必须假设任何一次航行需要的东西也是"耆英号"之所需。

46 船既已安全停泊香港,接下来至关重要的就是将船员配齐了。查尔斯·凯利特和他的合伙人要寻找欧洲水手补充为欧洲籍高级船员,

---

① 1805 年在特拉法加海战中,英国海军以少胜多击败法国海军,赢得了 19 世纪规模最大的一次海战,结束了英法百年海上争霸的历史,确立了英国此后一百年的海上霸权。——译者注

大概也是为了在必要时保护他们。①他们的中国籍船长素尹双喜——假设此时他已经在船上了——会找齐余下的中国籍船员,考虑到中国船舶在招募船员时的常规做法,我们将会发现这是一项艰巨的任务。

这艘船需要为好几个月的航程进行储备,具体是几个月尚不确定。我们从后来的纽约庭审记录得知,船员们签署了为期8个月的合同,可是这艘船不可能为整个航程备齐补给。也许像大米、标准的欧洲干粮以及船上用的盐渍食物之类的主食,是按照8个月的消耗量装船的,至于其他食物和必需品,则根据到达下一个补给点的最长时间,只带够相应的数量。假如下一个补给点是巽他海峡(Sunda Straits)附近,那么预计就是2个星期,再加上"附加因素"的两三个星期——即一共6个星期——以确保船只可以应对突发情况;假如是开普敦(Cape Town)或圣赫勒拿岛(St. Helena),就必须准备2~3个月的储备。这方法一定经过了讨论。无论当时是怎么计算的,这艘船一驶入大西洋,其供给就出了问题,因为相较于我们所推断的凯利特船长的计划,该船航行的进度大大落后了。

假如我们了解更多的情况,我们就能获得进一步的线索,查明查尔斯·凯利特就这次远航到底向船员们透露了多少。因为船员们在纽约声称,他们在航行时间和航行目的地上都受到了误导(我们对此说法应当持一定的怀疑态度),所以如果我们知道"耆英号"到底装载了多少储备,就能多一个途径来评价船员们所谓上当受骗的说法。例

---

① 这可不是种族主义分子的幻想,很可能是合情合理的谨慎做法,证据就是配备了欧洲高级船员的船只被船上中国水手夺取的故事,见 Grace Fox, *British Admirals and Chinese Pirates, 1832-1869* (London: Kegan Paul, 1940)。还有一则发生于1855年的故事,讲述了宁波三桅帆船"灵魂号"船长里斯(Rees)的命运:"在常州,新加坡出生的大副被中国船员抓住,扔到了船外。在浮出水面还未游向岸边的时候,他看见里斯在甲板上被人刺中,然后被扔到了河里,他随波漂流,鲜血源源不断地流淌到中国的河水里。"见毕可思所著 *The Scramble for China* 一书第133-134页。

如,凯利特船长一定知道该船在最早到达开普敦之前不会靠港,因此无论怎么推算,该船至少要航行3个月。

鉴于这艘帆船的大致状况(它从越南返航后到出发前不大可能进行改装)和即将开启的马拉松一般的航程,"耆英号"一定需要进行必不可少的修理,活动索具也要进行全面检修,另外船上每样设施也要进行检查,以确保它们不仅能够工作,而且可以完成几千英里的航行。这就需要查尔斯·凯利特和他的合伙人寻找、预订、购买以及装载大量的备件——滑轮和滑轮组,制作竹帆的原料,竹竿和马尼拉绳索,钉子,制作"朱南"的原料,①木板,额外的船用圆材,或许还有一个备用船舵(大部分中式帆船都会装备),以及其他许多东西。再说一次,船员们作为富有经验的水手,一定完全清楚哪种程度的储备适合前往东南亚的近海航行(他们声称就是这么被告知的),除非他们在这段忙碌的时间里被莫名其妙地排除在项目之外——这种假设很可笑——因为准备过程中包含着数不清的暗示。假如我们掌握全部细节,就能获得更清晰的线索来判断纽约庭审中证词的可信度,否则,相信船员受了蒙蔽就等于相信他们在航海方面一无所知。

从稍后的一篇报道中我们的确获知,船舵所用的滑轮不是传统的中国样式(效率不是很高),而是最好的获得了专利的滑轮,②估计是购自香港的一家杂货店或船厂。因为船要由欧洲人来驾驶,所以还需要

---

① "朱南"是英印混合词,见 H. Yule and A. C. Burnell, *Hobson-Jobson*: *The Anglo-Indian Dictionary* (London: Wordsworth 1999〔1886〕)。很有意思,在英印词典里,这个名词专指石灰粉。中国沿海地区所用的"朱南"指两种东西:一种是用来粉刷斜坡及外墙面的粗灰泥(在英印词典 *Hobson-Jobson* 中,这个词只有动词形式,意思是在"朱南"时所使用的物质);另一种是刷船用的桐油、纤维和石灰构成的混合物。至于在中国——汉语叫"油石灰",意思是"(桐)油灰浆"——所用的混合物取材于粉碎烧焦的贝壳、桐油(或者菜籽油)和竹纤维。当用来处理船底时,"朱南"只采用石灰和桐油,18世纪和19世纪中国的外销画中让船底呈现出典型的白中泛着蓝灰的颜色的就是它了。

② 《贝尔法斯特新闻通讯》(*The Belfast News-Letter*),1848年5月26日。

配备导航仪器:罗盘、海图、六分仪、航海表格以及其他航海书籍和设备,尤其是考虑到道格拉斯·林柏所从事的业务,还有1～3个经线仪——当时尚未装到船上,因为在当地的中式航海实践中没有它们的用武之地。这些都是进一步的线索,说明"耆英号"可能根本没有打算进行一次常规航行。

准备工作或许涉及某些改动,这再次为船员们敲响了警钟,这可以从一篇新闻报道和"耆英号"后期的一幅画像中找到线索。新闻报道来自《纽约快报》,我们在分析一条混乱的信息时已经引用过了。报道是这样写的:[1]

> 这艘船将装备凡(帆)布做的船帆和一个文明社会的船舵以适应长途航行,不过在到达纽约湾海峡时,每一样装备都将换成中式的,比如笨拙的船舵和其他所有东西……

这又令我们关注到两幅"耆英号"的画像,据分析,它们可能出自同一人之手(见文前彩图5、彩图6)。此人虽然不是海景画家,却几乎可以肯定当时在船上,很可能就是那名随船画师三成。无论我们将中国画家的画作与所有西方画家的作品进行怎样的比较(见附录),有一点都非常突出:"耆英号"的几个桅杆上都安装了横桅索,前桅和主桅的桅帽之间有一条水平支索。"

当然了,这里同样缺乏细节,不过可以清晰地看到这些显然并非中式装备的存在。[2]它们的下端被固定在舷墙外侧的铁眼螺栓上。主桅和前桅两侧都有两个侧支索。后桅的情况则很难分析,因为画家在

① 该报道见英国 *The Northern Star and National Trades' Journal*,1847年4月3日。
② 为何说它们并非中式装备,见 stephen Davies 所著 *Coasting Past: South China Coastal Trading Junks Photographed by William Heering* 一书第55—56页。

船帆后面的上风舷一侧画了两个侧支索,在下风舷一侧却没有画任何东西。这可能说明后桅安装了一架所谓的"辘轳",即一个根据天气情况才支起的移动侧支索,而不是安装了两个侧支索,也可能仅仅因为画家本人不是水手而被忽略了。不管实际安装的是什么,也不管具体的安装细节,这都不容置疑地表明查尔斯·凯利特和他的高级船员对"耆英号"的索具进行了改造,以便它们具有高应力来更好地适应西方人的驾驶习惯。

这位中国画家笔下那个小小的方形主桅上桅帆是否又是凯利特的改造物还有待讨论。这样的上桅帆可以在18世纪中国一些描绘帆船的资料上看到,因此,即便它的灵感来自西式索具的跨文化影响,那或许也已然是"耆英号"留下的遗产了。有意思的是,这样的主桅上桅帆只在西方画家对中国画作最直接的临摹作品上才出现过(见彩图9),在其他所有描绘"耆英号"扬帆航行的图画中都未见踪影。

这又让我们联系到《纽约快报》那个作者的说法,即"为了让它适应长途旅行"进行的所有改装在抵达目的地时都要除去,这样"耆英号"才能变成一艘地道的中式帆船。在大多数画作中,不仅没有出现上桅帆,所有的双侧支索和水平支索也都不见踪影。还有最后一条小小的证据(那或许是画家的失误,抑或不是),即当我们把所有画作中的船舵同《"耆英号"详解》中的船舵进行比较时,可以发现,除了《"耆英号"详解》中画了一个实心的无窗桨叶(见彩图12),其他所有的图上画的都是典型的广式多孔舵。这就是查尔斯·凯利特为了横渡大西洋而装在船上的"轻便"船舵吗?在"耆英号"抵达格雷夫森德时,那位画家——很可能是伯基特·福斯特——见到这个舵仍保持在原位。

无论做了哪些准备工作,至少有证据表明"耆英号"在香港时被改装了索具,可能还改装了帆装和船舵,一名经验老到的中国水手不可能将其忽略。古怪的"番鬼"做了这些准备,真的是为了让"耆英号"完全依照它最初的设计目的完成一次航行吗？

当然了，从船员的角度讲，所有这些号称"为了长途航行"所做的大修都没起作用，因为众多设备都是外国的，外国人才会用，谁知道这些洋鬼子要耍什么花招。也许是吧。不过我们接下来也要考虑"耆英号"自身的准备。

为了保护船壳不受海蛀虫的危害，要将船体倾斜进行清扫，还要涂刷一层新的"朱南"，假如这些工作不是作为购船时的条件在广州进行的，那么一定是在离开香港以前做的。我们知道中国船只同西方船只差不多，都要用两种方式定期清理船底的海藻、贝壳等附着物。为了定期保养，船底需要被清理，也就是将船拖转到一侧（船体倾斜），在下面生火以杀死累积的海洋生物，再将剩余的刮擦干净；然后用同样的办法清理另一侧。清底之后，差不多每年还要将整个船底加以处理，再涂上一层新"朱南"——查尔斯·凯利特的任务清单上可能就有这种更为全面的保养。

最后，我们自然还要谈谈货物——确切地说，船上没有任何东西算得上常规货物。相反，装到船上的是几大箱看似随意选取的中式物件，预备用来在欧洲展出。这一切在进行的时候，高级船员和水手们一定在忙碌地清点所有物品，核对标签，为这些盒子、箱子和包裹编制详细目录，再把它们送到储物舱妥善存放。这里同样让人难以置信的是，这么古怪的货物（唯一装上船的货物）没有引发对航行性质和目的的怀疑，尤其是在那些更为敏锐的船员中间——假如《"耆英号"档案》的记述可信，广州港上的谣言应该已经让他们有所警惕了。除非这些船员是聋子、傻子、瞎子，否则不会丝毫察觉不到"耆英号"并非打算为了糖与鸦片这样的货物快速完成一次前往巴达维亚（今天的雅加达）或新加坡的短途旅行。

我们可以假设，待一切准备就绪的时候，"耆英号"或许已经装载

了50吨——最多100吨——的设备和存货。①考虑到这艘船的大小
(这在第二部分会进行更充分的讨论),它可能至多达到了载货量的1/
4。还有一个重大的未知问题,那就是查尔斯·凯利特与他的合伙人是
否决定在将所有储备装船之前首先装载额外的压舱物。

帆船的确会使用压舱物,不过使用频率以及在何种情况下使用尚
不清楚——对于这个问题,西方权威夏士德未置一词。据我们所知,
有时候为了让船在轻载航行时保持足够稳定,压舱物似乎必不可少。
中国船舶既轻便又经济,因此一艘"空载船"(未装载货物的船)会高高
地浮出水面。不过,如有需要,压舱物似乎多半通过货物的选取来解
决——寺庙的石块、瓷器、铅锭和其他重载货物。当一艘船打算进行
一次压舱航行时,很少或没有证据表明压舱物是否已被装载或压舱物
有多重。汉斯·范蒂尔伯格(Hans van Tilburg)的著作在其他方面
可谓面面俱到,可就是没有提到压舱物;在最实用的专业词汇表里也
找不到这个词的身影。②来自绘画的证据显示,"耆英号"在整个行程
中都是轻载航行的,因此,如果它在黄埔或香港装载了额外的压舱物,
这些压舱物似乎也不足以让它接近正常工作的吃水线。

因此,随着出发日期的临近,我们就有了这么一艘中式帆船,它被
西方人买下,从中国内地偷运出来,几乎可以肯定这获得了当局的默
许,而且很可能有一位在黄埔和香港都有关系的中国商人从中斡旋。
同一艘标准的从事贸易的帆船相比,这艘船为其航行所做的准备可谓

---

① "耆英号"的载货量大概是650~700立方米。100吨的储备物资和家庭用品,不密集摆放
的话,体积大约是160~180立方米。利用已有的被称为"积载系数"的表格(表示为立方
米/公吨)进行类似的计算,对于高级船员来讲司空见惯。见海洋货物运输公会(Maritime
Cargo Transport Conference), *Inland and Maritime Transportation of Unitized Cargo: A
Comparative Economic Analysis of Break-Bulk and Unit Load Systems for Maritime General
Cargo from Shipper to Consignee*, Publication 1135 (Washington: National Academy of
Sciences/National Research Council, 1963),第6页,以及附录B、第57-58页。
② 现代术语称为"压载"。

彻底、昂贵、鲁莽与浪费,从储备物资的数量判断,这次航行显然不是一两个星期就能完成的。负责的是一小群外国高级船员,还有大约10多名西方水手相助,该船颇有点像一艘至少也是打算前往毛里求斯、印度或者澳大利亚的跨国商船。更有甚者,船上并未装载货物,只有一批杂七杂八的包括武器在内的中国手工制品。

鉴于滨海地区的风气,当地酒吧、妓院、货栈、码头以及船运商行里一定谣言盛行。在这种情况下,对于这项意欲在伦敦引起满堂喝彩的计划,在香港繁忙的海边听不到一句相关的中国闲话是绝无可能的。

当然了,我们终究还是要容许新闻自由,当"耆英号"刚刚抵达香港的时候,出现过这样的报道:[①]

> 它的目的地一经曝光,便在城市引起了巨大轰动,各个阶层的人们蜂拥而至,或登船,或在岸边,都想目睹第一艘打算横跨几乎半个地球驶往伦敦的帆船的风采。

"耆英号"仍在港口停泊时,这些居然还不足以让其船员警惕起来,随着出发的时刻来临,它在"一群数不清的大小船只的护送下驶出港口"。对于一艘打算航行1~3个月、前往贩运糖和鸦片的普通南洋贸易货船来说,这实在是一段不同寻常的经历。

---

① 《伦敦新闻画报》(*The Illustrated London News*),1848年4月1日,第222页。

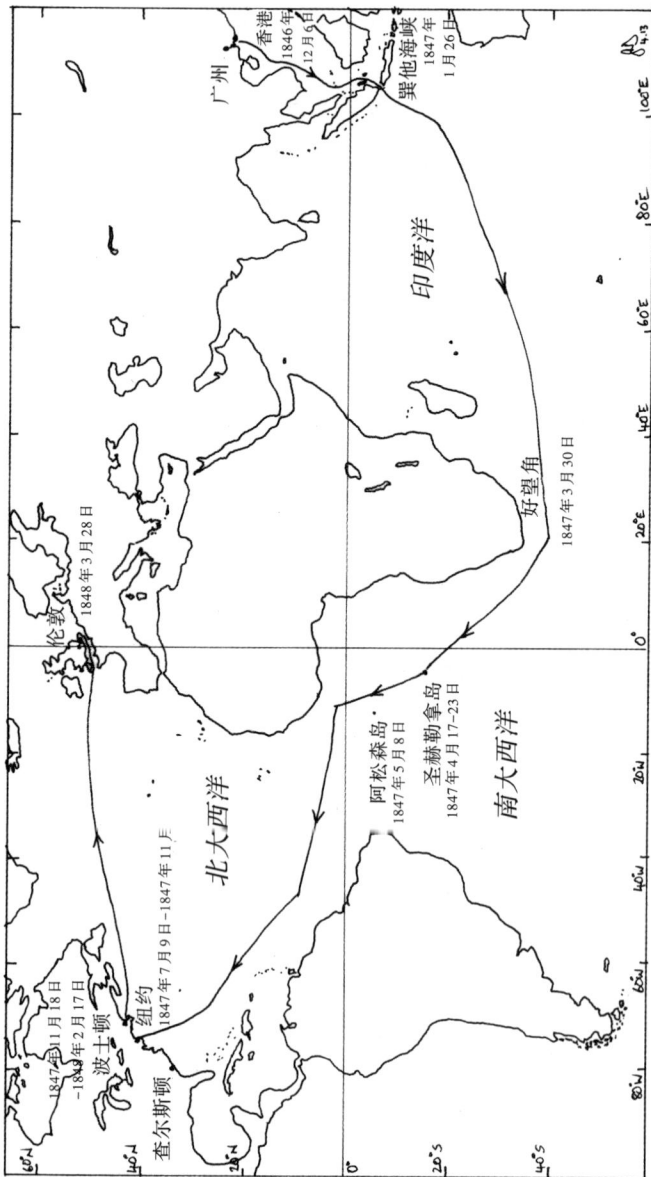

地图 1："耆英号"的航程及分段行程

广州

香港
1846 年
12 月 6 日

巽他海峡
1847 年
1 月 26 日

印度洋

好望角
1847 年 3 月 30 日

北大西洋

伦敦
1848 年 3 月 28 日

阿松森岛
1847 年 5 月 8 日

圣赫勒拿岛
1847 年 4 月 17-23 日

南大西洋

纽约
1847 年 7 月 9 日 - 1847 年 11 月

查尔斯顿
波士顿
1847 年 11 月 18 日
-1848 年 2 月 17 日

第二章 船名由来

这艘帆船以"耆英号"之名载入了史册,在分析这个名字之前,我们应当停下来想一想它在获得这个名字之前的历史。我们知道,几乎所有的中国商船都有名字,[①]在一个不受任何人为力量统治的世界里,那些船名通常表达了船主的希望与期待,都是些吉利的名字,或是祈求神仙让船满载货物一路顺风、平安返航,或是希望神仙能护佑船只在天气恶劣时(或在不熟悉的海域航行时)免遭大海无情的摧残。

因此,在查尔斯·凯利特和他的投资伙伴购得该船之前,它一定有自己的名字,然而我们的故事从头到尾对此只字未提,这一点也算是奇特之处。从《"耆英号"档案》和《"耆英号"详解》(及其中一张插图)我们都能得知,该船整个船尾按照惯例刻意画上了传统的吉祥符号。我们还从中国外销画上得知,这种装饰性的涂刷通常会写上船只的名字,有时还写上其他的吉祥话。因此,该船在易主之时,或者它原名被油漆涂掉而换成了新名字;或者原名被涂掉而没有再刷上新名字——从唯一的插图观察,后者的可能性居大;抑或原名被保留了下来,但除了那些中国船员,没有人认识汉字,不知道那是船名。

---

① 范岱克的私人信件。又见范岱克所著 *Merchants of Canton and Macao: Politics and Strategies in Eighteenth-Century Chinese Trade*(Hong Kong: Hong Kong University Press, 2011)一书第四章。

《"耆英号"详解》中那幅插图上该船的艉横梁上没有汉字,这种情况非常罕见,因为这幅图描绘的其他方面与我们了解的船尾装饰是一致的。假如我们观察得再仔细些,就会发现这幅画上绘制的图案不能让人肯定它忠实地再现了真实的帆船船尾。艉梁和上面的装饰都过于平面化。这肯定是传统广东船尾的一种,因此明显能够想见画出来通常会是什么样子,可是我们只知道它在西方人笔下呈现出来的形象,无法得知自己看到的到底是实际情况,还是一位半吊子艺术家竭尽所能地对自己所见之物进行的描绘。

所以,我们无法判定画上没有汉字是出于哪种情况:是本来就没有汉字,还是受雇的画匠只是个干零活的,他"看不见"那些字,只看见卷曲盘旋的装饰花样而已?

在为出航做准备的过程中,这又是一个让中国船员无法忽略的时机——重新装饰非常重要、寓意吉利的艉梁——他们也不可能忽略。一名西方水手或许不会如此关注船的名字是怎样刷的、刷在了哪里,他会希望"一切顺利",就像海军船员常说的那样,表示这是一艘好船,值得骄傲。即使刷漆的人没刷好,也不会有水手会因此得出船会遭诅咒的结论。

鉴于神仙在中国的航海活动及日常生活中的重要地位,人们通常需要适当表示出对其权威的认可,祈求他们的帮助,还要平息他们可能产生的怒气,因此"耆英号"的艉梁和名称很可能会让中国船员们充满了好奇。甚至《"耆英号"详解》也承认这一点,在提及交谊厅里一幅女神画像遭到破坏时,它这么写道:

> 交谊厅里的大佛——即一幅神像(我们稍后还会详细描述)——
> 上的镀金被不小心弄掉了,让他(画师)修复,他却断然拒绝了,说
> 自己愚昧无知,还不够资格去触碰对他而言如此神圣的东西。

事情办得合乎规矩很重要。例如,换名字很可能需要举行适当的仪式,尤其是在刷去旧名、写上新名之时。我们不知道有没有人照顾到中国船员这方面的感情,假如没有,那么第一颗纠纷的种子可能就此埋下,最终导致船员们在纽约的分裂。

对于艌梁上祈福意味浓厚的绘画,船员们无疑是在意的,这从《"耆英号"详解》对船上主神龛的记载便可得知——每一艘船上都有神龛,如今大多数中国渔船上也有——尽管其言语之间满是轻蔑:

> (舵头)前面有一块木板,上面刻着"愿海水永不淹没此船",当地水手把它当作灵符,还在上面系了两条红布。(第二层尾楼甲板)后面是水手们的佛堂,供奉着海神和她的两名侍从,都戴着红头巾。①主神旁边是一块木板,取材自建造"耆英号"时铺下的第一根木材,拿去他们的一所大庙里开过光,然后放到船上,代表整艘船都在这位神仙的庇护之下……旁边还点燃了一盏灯,在整个航行过程中,这盏灯要一直亮着,假如它熄灭了,就会被认为是凶兆。

鉴于当时西方人对待中国人的信仰通常采取的态度,很可能没有人征求过船员们对更改船名的意见。关于"耆英号"的记载,只能让人看到对于愚昧的异教徒匪夷所思的迷信做法表现出的嘲笑与傲慢,《"耆英号"档案》或《"耆英号"详解》更是如此,《"耆英号"档案》使用的语气就是有力的证明:

---

① 很可能是"天后"与其两名侍卫"千里眼"和"顺风耳"。

　　　　船长责备他们盲目崇拜的风俗很愚蠢,比如为神灵或先人烧纸、敲锣。在船舵、缆绳、桅杆以及船只的主要部件上系红布是他们经常采用的做法之一,因为那被认为可以预防危险……(航行)一开始,凯利特船长必须装备大量的必需品(锡纸、洒银纸和祭祀香),否则中国水手不肯签署合同。

　　　　最受他们崇拜的物品之一是船用罗盘,他们会在它前面放置茶水、甜饼和猪肉,以表示诚心诚意。①

　　因此,船员们对于改名或者如何取一个更好的名字的意见,尤其是涉及更改艉梁涂绘的意见,很可能丝毫没有得到考虑。用今天的话来讲,为这艘船重新命名就相当于为新市场进行的品牌再造。

56
　　改名本身就事出蹊跷,因为按照西方的航海传说,许多水手都认为改船名不吉利——不过许多船主并不这么认为,他们为拥有船只感到骄傲,也倾向认为自己的意见就像上帝的声音,这两种心理通常压倒了其他任何考虑。在我们的故事中,船名的选择似乎更多地服从于这艘帆船的"使命"——或许是为了强化关于中国、关于鸦片战争和英国商人的一套独特观点,而不是为了强化同中国的航海界进行沟通。

　　实际上,"耆英"作为船名更多地承袭了英国传统,而不是中国传统,这从许多年来东印度公司用于印度贸易的商船以及英国商船的船名就能看出来:大多数是为了表达对所有者、资助人和当权者的敬意,如"伊利侯爵号"(Marquis of Ely)、"查尔斯·格兰特号"(Charles Grant)、"巴尔卡雷斯伯爵号"(Earl Balcarres)、"阿美士德勋爵号"(Lord Amherst)、"拉斯托姆吉·咖哇治号"(Rustomjee

─────────────
① 《"耆英号"档案》(New York: Israel Sackett No. 1 Nassau Street, 1847),第 10 页。

Cowasjee)等等；有的表示对船只性能的期许，如"风精灵号"（Sylph）、"红色漫游者号"、"猎鹰号"（Falcon）；有的标识祖居、冒险或经商之地，如"白金汉郡号"（Buckinghamshire）、"三宝垄号"（Samarang）。"耆英号"帆船的命名属于第一种情况，因为它带有向当权者致敬的意味。

"耆英"（或者是按照现代拼音写作"Qíyīng"）是满族显贵耆英的中文名字，他是清朝第一任统治者、清太祖努尔哈赤第九子巴布泰的后裔，[1]是皇族爱新觉罗氏的一员，属正蓝旗（位列八旗的倒数第二旗）。八旗是一种行政和军事组织，所有满族人都归入八旗。汉语"耆英"的意思是"年高勇敢者"，假如再发挥一下想象力，也可以解释成仅仅出于它们的字面意义而被选作了船名。不过，这艘船毫无疑问是根据耆英其人命名的，因为《"耆英号"详解》中就是这么说的，1848年5月26日《贝尔法斯特新闻报》的一篇报道同样写道："'耆英号'之所以取这个名字是为了向驻广州的中国钦差大臣致敬。"[2]

这立即将我们引向了"耆英号"故事的另一个特点，即使它只能算是我们分析工作的一个小小进展。在"耆英号"终于抵达伦敦之后，投资方印制了一本宣传册，用于引导游客在船上参观，也算是他们的参观纪念。伦敦版的宣传册《"耆英号"详解》（不像纽约版宣传册《"耆英号"档案》）将船名用汉语写在了封面上，在洛克兄弟&佩恩公司的再版版本中也有一行汉字，"耆英号"最知名的几幅图像中就有一幅出自 *57*

---

[1] 在 A. W. Hummel 编辑的 *Eminent Chinese of the Ch'ing Period (1644-1912)*（Washington：Library of Congress，1943），第130-134页中，房兆楹提供了另一套家谱，将耆英的祖先追溯至努尔哈赤的兄弟，而非努尔哈赤本人。用罗马字母拼写出汉字颇为棘手，如今有了汉语拼音，似乎解决了这个问题（尽管是否使用声调符号尚无定论），可这不过是近二十年才取得的成就。因此，根据被引述人的不同，"耆英"的名字出现了多种拼写形式："Qíyīng""Ch'i-ying""Kiying""Keying"。在本书中，我们将称人为"Qiying"，称船为"Keying"。

[2]《贝尔法斯特新闻通讯》，1848年5月26日；《"耆英号"详解》（London：J. Such，1848），第10页。

这里。但是,封面上表示船名的汉字并非钦差大人汉语名字的正确写法,而是使用的汉字"其衣"(用广东话念出来像"KeiYi"),或许是试图表达钦差名字的发音。如果要说"其衣"二字的字面意思,它指的是"他/她/它的衣服"。这位钦差大臣的名字实际上是"耆英"(粤语念作"Gei Ying"),而将船名翻译得如此怪异,不禁让人对翻译者的汉语能力打上几个问号。封面上接下来的四个汉字是"喊挨炯知"(粤语念作"Wei Ai Gwing Zi"——大致如此!),它们让现代中国读者不知所云。有可能在一些方言或次方言中,它们的发音类似英语的"描绘"(description)一词。或许是一个半吊子翻译打算用来表达类似"喂,(这儿有些东西)安(排得)清(清楚楚)(让你)知(道关于)'耆英号'的故事"的意思。无论如何,想要从这些汉字里提炼出什么意思(任何意思!)都是折磨人的事情,在任何正常的中国读者看来,它们不啻胡言乱语。同样需要指出的一点是,现代汉语是从左至右读的,与19世纪中期的通行读法正好相反。①一言以蔽之,写在船上的汉字只是拿来做样子的。参与该项目的人没有一个认为有必要确保写出来的东西正确无误。毕竟,就像《"耆英号"档案》中所写的:

> 中国的语言令欧洲人极为困惑……它与其他任何语言都没有相似之处,无论是现存语言还是已经消亡的语言;如今的书面汉字与任何字母文字的区别跟几千年前双方之间的区别一模一样。这种语言纯粹就是建立在象形符号的基础之上的。②

---

① 我对于《"耆英号"详解》中汉字的理解得益于曾经的同事卡特琳娜·楚女士、穆迪·唐女士、菲比·董女士和杰米·麦女士。

② 《"耆英号"档案》,第12页。

费正清指出,耆英是一位出身名门、富裕、老练的满族官僚。[①]然而,就像其父的经历一样,他也是仕途坎坷。据说他倒台是因为腐败。抛开这些小瑕疵不论,他显然具有才干,尽管一时蒙羞,终能东山再起。

1842年,中英双方暂时搁置的敌意随着《穿鼻草约》(*Convention of Chuenbi*)被宣布无效而再度燃起,英国官方任命的首任总督璞鼎查爵士抵达香港不久便又重拾武力,先是将战火向北烧至上海,然后溯长江而上,意图切断浙江的大运河,威胁南京,逼迫清政府重新回到谈判桌上。尽管满族军队奋力抵抗,浙江还是陷落了,南京在炮口下岌岌可危。结果就产生了1842年8月29日的《南京条约》,签字双方分别是英方的璞鼎查爵士、将军休·高夫爵士(Sir Hugh Gough)和海军中将威廉·巴加(William Parker),中方则是钦差大臣伊里布和耆英。耆英是中方主要的也是极为老练的谈判人。

这份条约实际上是含糊其辞的杰作。从措辞上看,它让清朝掌权者认为古老的清政府只不过是开放了更多的通商口岸,在这些通商口岸的外国人有望继续实行自治,而清朝官员有很大的自由裁量权来约束他们,就这方面而言,可以认为没有任何变化。香港的安排可以被粉饰成不过是在珠江口另一侧重复了几百年前已经向葡萄牙人做出的让步。然而与此同时,这份措辞精妙的条约也让英国人(和已经在中国有商业利益的外国人)相信,他们已经让清朝进入了新的以自由贸易为基础的国际商业环境中——只要再稍加助力,中国不久就能完全适应这个环境。用毕可思的话来说,就是:"清政府认为这只不过是修改了限制,英国的介入依然受限,贸易依然处于监管之下;英国人则

---

① 费正清,《中国沿海的贸易与外交》(Cambridge, MA: Harvard University Press, 1964),第92-93页。

认为中国开放了,贸易自由了。"①

不过,这是用现代观点看待耆英。选择用他的名字作为船名,在身居中国沿海、乐观的英国人看来,象征着战后的中英关系有望得到改善,甚至有望发生彻底的变革。这也代表英国人对他本人十分敬重。

耆英以精妙娴熟的外交手腕协助终结了第一次鸦片战争,这让许多人以为,英国人(在某种程度上说是全体西方人)与这位大臣是朋友关系。简而言之,就是这位大臣在某种程度上所持观点与广为英国人接受的观点一致②:中国向西方人开放贸易、废除令人憎恶的广州十三行制度对各方都有利(不过我们还是不提鸦片为好)。例如,璞鼎查爵士与耆英似乎——至少在璞鼎查看来——真正建立起了相互尊重与相互欣赏的关系。他们互致热情的私人信函,交换各自夫人的照片;甚至耆英提出愿意收璞鼎查的儿子弗雷德里克(Frederick)为养子,并建议将孩子改名为弗雷德里克·耆英·璞鼎查。③

所有这些事情都发生在1843年6月,当时耆英到访香港签署条约。不久之后的10月,这段充满敌意的时期由此得以终结。

> 随后,总督举办了一场晚宴,出席者50人。宴席终了,大多数天朝官员都喝醉了,也包括耆英,他还唱了一支爱情小曲……天

---

① 毕可思所著 *The Scramble for China: Foreign Devils in the Qing Empire, 1832–1914* (London: Penguin Books, 2011)一书第110页。

② 毕可思在其所著 *The Scramble for China* 一书的第109–112页中对大多数人的观点做出了精彩总结。也有人持不同意见,《泰晤士报》就将英国舰队称为"恶魔的发动机"——摘自毕可思在第83页引用的该报1842年11月22日第4版。

③ 见毕可思所著 *The Scramble for China* 一书第110页。他的名字仍叫弗雷德里克·璞鼎查,结局凄凉。他在新南威尔士当警察时被开除,为了寻求公正,他在众多人的支持下前去申诉,但在途中乘坐公共马车时不慎射中自己的腹部而意外身亡。又见"The late Sir Frederick Pottinger, Bart.", *Sydney and Sporting Chronicle*, 15 April 1865, p.2.

朝官员们对于受到的款待感到满意。耆英还说希望璞鼎查爵士到北京去他府上做客……①

　　说白了，这些人就像我们普通人一样，和一群伙伴在晚宴上高声喧闹、酩酊大醉，而港口的装卸工正在轮流卸货。

　　耆英的访问取得了巨大成功，会谈期间举办了庆祝活动和宴会，临别时，双方都表现出前所未有的感动和热情——分别的眼泪丝毫不逊于热烈的拥抱。随后，耆英于1845年秋再次到访这块英国的新殖民地，宾主双方依旧融洽如初。这时正值约翰·戴维斯爵士(Sir John Davis)担任香港总督的早期，他并不像璞鼎查爵士那样轻易为耆英的主动示好而感动。

　　不过，尽管戴维斯爵士的态度相对冷淡，耆英对香港的最后一次访问似乎与其首次到访一样大为成功。爱德华·克里(Edward Cree)当年的日记可以完美地反映出耆英获得的声望。克里是皇家海军的一名外科医生，在蒸汽明轮皇家海军"雌狐号"(Vixen)上服役，耆英曾乘坐该轮从黄埔来到香港。这篇日记还特别绘制了一幅耆英的素描，画中的他正在同身材矮小的海军舰队司令托马斯·科克伦爵士(Sir Thomas Cochrane)拥抱道别。②这幅为设想中的友好条约而作的小插图虽然动人，但也许会让人产生错觉，以为签署条约的人明白历史的潮流正奔向何方，但是真相很可能并非如此。

　　费正清的观点并不令人感到意外，他说："外国团体把耆英当作他们的保护人，令他名噪一时。几个月后，皇后大道上新开业的一家英国旅馆便将其'宽敞舒适的营业场所'命名为'耆英旅馆'。1846年12

① M. Levien (ed.), *The Cree Journals: The Voyages of Edward H. Cree, Surgeon R.N., as Related in His Private Journals, 1837–1856* (Exeter: Webb & Bower, 1981), p.122.
② 出处同上，第122、176–177页。

月,著名的中式帆船'耆英号'……起航前往英国。"①因此,"耆英号"便
成了一个令人信服的证据,它令新辟的香港高兴地相信正义在英国人
这边,相信中国承认了自己的落后,相信这暗示了英国的监护人地位,
相信耆英本人就是新开端的象征。对于这艘将要在伦敦泰晤士河上
充当上述新见解的使者的帆船,还有哪个名字比这个更好呢?

自然,这也提供了另外一条证据,为什么中国船员对于船名的看
法未被考虑。虽然在英国人眼里,耆英的声望很高,但是对于居住在
广州沿海或街巷的普通居民而言就不一定了。中止一场具有破坏力
的战争对于普通广州人来说是有利的,可是,通过全盘答应英国人提
出的要求来做到这一点,就不那么受欢迎了,尤其是在广州及其周边
乡村的平民百姓中间:第一次鸦片战争以后,这些人就对英国人产生
了发自肺腑的仇恨。②这种普遍存在的态度也是清政府拒绝依《南京
条约》之规定向西方人开放广州的原因之一,直到第二次鸦片战争之
后,该条款才被迫得到执行。不过需要指出的是,对待这位大臣的上
述两种态度有没有渗透到香港的英国人团体自满的情绪之中,则有待
讨论。

鉴于"耆英号"在航行过程中的遭遇及其最终命运,或许可以说,
船名具有的象征意义在很大程度上比选择它的初衷更为贴切。其原
因不仅在于耆英本人1848年失宠、1850年又被贬为五品官员,也不仅
在于他没能管束难以控制的外国人并因此不得不自尽身亡,而在于当
查尔斯·凯利特与他的投资伙伴得出这位大臣与自己是同一类人的结

---

① 费正清,《中国沿海的贸易与外交》,第270页。
② 魏斐德(Frederic Wakeman)所著《大门口的陌生人:1839—1861 年间华南的社会动乱》
  (*Strangers at the Gate*: *Social Disorder in South China 1839–1861*)(Berkeley: University of
  California Press, 1966)是了解广州人对待西方人——尤其是英国人——态度的一本极好
  的参考书。

论时,耆英对于英国人的真实感情或许并非如表现出来的那般热情。

这在 1858 年表现得非常明显。第二次鸦片战争爆发后,退休后的耆英又被召回,为结束战争而进行早期谈判。1857 年在英法联军进攻广州时,巡抚叶名琛衙门里的文件被翻了出来,其中就有耆英 13 年前写的一份奏折。在这份奏折中,他明确记述了对于像璞鼎查这样的人,什么样的姿态会被看作真正的友善,而不是为了安抚难以驾驭、冥顽不化的野蛮人刻意施展的花招:"于此类化外之人……若吾等执公文之格式,与之权衡品阶高低……实不利于对其弹压与安抚之大计。"①鉴于国人指责他与英国人过度亲密、退让过多,可怜的耆英或许试图在皇帝面前挽回颜面,将自己描绘成对璞鼎查爵士实施了愚弄。可不论真相如何,在看待和处理问题的基本原则上,双方存在类似的分歧,也许"耆英号"的船员们在进行漫长而艰辛的旅程时所面临的困难正是由此而起。查尔斯·凯利特和他的伙伴认为他们前往伦敦是为了展示中国的落后,②展示英军的功绩带来的新开端;他们以为自己在耆英的庇护下航行,还得到了"本土"船员的自愿支持。而真相则大不相同,就像对第一次鸦片战争的结果,英国和中国有着不同的理解。一个名字,意味深长。

①出处同前,第 113 页。

② 提及中国文化时,《"耆英号"档案》和《"耆英号"详解》不约而同地加以贬低。《"耆英号"档案》对中国文化的简洁概括很能代表这种态度:"他们的历史是虚构的故事,他们的浪漫故事愚蠢且不知所云,他们诗歌的想象力令人费解,而他们的戏剧虽然反映了自然,却令人厌恶。"(第 11 页)

⁶³

第三章　船员,以及前往纽约的航程

下定决心,则万事俱备①

　　驾驶"耆英号"的是一群中西混杂的船员。从欧洲人的角度"自上而下"来看,有三名欧洲高级船员(船长凯利特、大副 G.伯顿、二副爱德华·雷维特),大概另有 12 名欧洲人,假如算上道格拉斯·林柏和 T.A.莱恩就是 14 个人,或许还有 30 名中国船员(也有可能是 40 名)。②后者听命于中国船长素尹双喜,这是从船舶日常运行的角度来讲,也是反过来以"自下而上"的角度看待这艘船的管理,尽管这样的管理对于西方的海洋法而言完全是个盲区。

────────────

① 出自威廉·莎士比亚著《亨利五世》,第四幕,第三场。这是亨利于阿金库特战役前夕在英军营地所说的简短的俏皮话,位于其妙语"吾等情同手足"和"死得像个大丈夫"之间。相关内容见 Richard W. Schoch 所著 *Shakespeare's Victorian Stage: Performing History in the Theatre of Charles Kean*(Cambridge: Cambridge University Press, 1998)一书,特别是第 10 页、第 46 页。

② 相关文献极其混乱。《"耆英号"档案》只写了驾驶"耆英号""需要 40 个人"(第 7 页)。《"耆英号"详解》则声称需要"30 名中国水手和 12 名英国水手,再加高级船员"(第 6 页),各种报纸的新闻报道则提到需要 50 名中国水手。考虑到在纽约有 26 人被遣返回国,在波士顿又有一批人离开了"耆英号",似乎最后只剩下 40 名水手驾船穿越了大西洋。假如最初只有 30 名中国船员,而 26 人在纽约弃船而去,在波士顿又有人离开,那么是谁驾驶这艘船横渡大西洋便成了问题。同样,当船抵达伦敦后,作为展览核心的"演员"从何而来也成了问题。

接下来发生的所有事情,其根源似乎都在于这种根本性差异,即拘于各自传统的水手们如何看待彼此的关系与角色。这从《"耆英号"档案》和《"耆英号"详解》中都能找到蛛丝马迹,尤其是后者将再正常不过的中式船舶的操作描写得耸人听闻:

> 可是,这些中国人……时不时会逃避责任。经常会有两三个人拒绝干活,不得不由另外一个更为勤快的人完成工作,而这个干活的人居然不会抱怨他的同胞。

还有:

> 一天晚上,船长凯利特听到下面有吵嚷声,询问后得知,是舵柄被一记重击损毁了,一些船员正竭力劝说那个失职者重返工作岗位,以免船突然横转……
>
> 以前到了傍晚,头工(或者叫管事)常常静悄悄地将三面帆落到前主桅上,再把后桅帆完全落下来。随后所有船员都回到船舱,只把舵手单独留在甲板上。午夜时分,晚饭做好了,睡觉的人被叫醒。他们一边吃饭,一边编造冗长的离奇故事。匆匆吃完饭后,舵手被替换下来,众人再次回到自己铺位上。不过,在受到少许非议之后,这种松懈的制度终于得到了改变。

简而言之,我们从这里能看出两种海洋文化存在的根本冲突。一方面,从事贸易的中国帆船具有宽松平等的环境,船上的管理方法与欧洲早期的贸易船舶类似,当时尚未出现结构复杂的大船,相应也不要求更严格的管理和等级制度。另一方面,对西方船员管理制度而言,任何宽厚、平等、轻松的管理方式看似都是懈怠的。于是,一个麻

64 表1 "耆英号"航行日程

时间	事件
1846 年	
10 月 19 日	离开广州
12 月 6 日	离开香港
1847 年	
1 月 26 日	驶出巽他海峡
3 月 30 日	经过好望角
4 月 17–23 日	圣赫勒拿岛
5 月 8 日	穿越赤道(西经17°40′处)
7 月 9 日	抵达纽约
11 月	离开纽约
11 月 18 日	抵达波士顿
1848 年	
2 月 17 日	离开波士顿
3 月 15–25 日	泽西岛 圣奥宾湾
3 月 28 日	格雷夫森德
(可能造访比利时安特卫普)	
1853 年	
5 月	离开伦敦河
5 月 14 日	抵达默西河
9 月 29 日	生命终结
1855 年	
12 月 6 日	废弃(特兰米尔渡口)

烦的问题也凸显出来,那就是在船上究竟谁听谁的?

从 19 世纪中期西方海洋法的角度来看,"耆英号"上中国"船长" ⁶⁵ 的作用是令人费解的。部分船员在纽约起诉"耆英号"的事实充分表明,西方的海洋法没有意识到这种安排是一个会引起争议的问题。假如我们只考虑与此相关的情况,"耆英号"是一艘中国船,配备的是中国船员,那么相对于查尔斯·凯利特和船主而言,素尹双喜就是一名分包商,应该承担招募船员、与船员签约、指挥船员以及其他理应承担的职责。但是,不论中国船员们在香港采取了哪种做法,不论他们在船上遵从哪种规则,既然"耆英号"在事实上被当作一艘英国船,那么在法律上,素尹双喜便不可能承担雇用中国船员并支付其薪水的职责,也不可能负责船只的海上运行。那是船长唯一以及最终的职责。

我们可以从纽约庭审记录中获知 26 名船员的名字,尽管无法确定这些粤语名字用现代拼音该怎么写,更不必说写成汉字了。据庭审记录,他们是在黄埔签的合约(外国水手更熟悉它在口语中的叫法,即"竹镇"①)。查尔斯·凯利特实际上有可能在同两个中国船员打交道,一个是在黄埔签约后随船到香港的,另一个是素尹双喜在香港额外招募的。

不管是通过什么方式招募的,这些船员的报酬都算优厚。据庭审记录记载,在纽约提起的诉状称他们每日的实际薪水是 7.19 美元,这

---

① 约翰·迪基(John Dickie), *The British Consul*: *Heir to a Great Tradition* (New York: Columbia University Press, 2007),第 85 页,"在黄埔——一个距广州 12 英里的军事基地,英国人的社区有三名造船工人、两名外科医生、一名船长、一名船具商人和一名牧师。副领事不得不将就着在一座漂浮的领事馆里办公,领事馆附近是一些小棚屋,被当地人称为"竹镇",水手们上岸后在那里休息"。当时的副领事(大约是 1846 年)是亚力克·伯德(Alec Bird)。又见 Mrs H. Dwight Williams 所著 *A Year in China and a Narrative of Capture and Imprisonment When Homeward Bound*, *on Board the Rebel Pirate Florida* (New York: Hurd & Houghton, 1864)一书第七章。"竹镇"名称的来历则众说纷纭。

大致相当于亚洲条款规定的同时期西方水手报酬的2/3了。[1]

在"耆英号"即将起航时,西方媒体发布了一则新闻报道,我们从这则报道中也能得知其船员构成相当复杂。报道说船员包括了一个"正规剧团,有裁缝、道具员等"。[2]我们无从得知这些人是在黄埔还是在香港招募的,不过假如确有其事的话,那么中国船员中显然包括相当一部分几乎毫无航海经验的人,不能指望他们能帮上什么忙。

如果船员真的分成两派,素尹双喜站在哪一边是很难确定的。我们仅有的证据较为详细地描述了26名在纽约心生不满的船员,另外大约十来个人的来源则只能凭我们猜测了。不过,他们似乎是忠于凯利特和素尹双喜的:据推测,这些人后来不仅让"耆英号"从波士顿顺利离港,而且在船抵达伦敦后,其中一些人还在船上参与了核心的"演出"。我们还知道,其中至少有一位船员最后返回了中国。无论如何,这都说明他们的责任心与以下26名在纽约发起诉讼并离开"耆英号"的人不一样,离开"耆英号"的船员是:瓦信、沈阿古、阮悌、林陈四、郭信太、廖来、雷南坤、许佩侣、利哈、金登英、丹杉森、阮天勇、陈阿泰、严阿钦、林阿力、歌邦哈、车瓦阿萨、奇瓦阿占、林泰宗、谭阿来、贾阿锁、王阿雄、钱阿梯、郭体松、阮阿聪和邵阿丘。

素尹双喜可能扮演了传统的"把头"角色,不过,这个"把头"角色是针对在广州招募的船员还是针对在香港招募的船员,就不清楚了。[3]一般认为,"把头"会寻找同自己讲相同方言、有相同饮食习惯的船员,

---

① 见 Erastus C. Benedict 所著 *The American Admiralty Law: Its Jurisdictions and Practice with Practical Forms and Directions*(New York: Banks, Gould & Co, 1850)一书的附录,实际标题"第96条原告财产诉状,一艘中国帆船上的船员主张工资、花销和返乡路费",第496-498页。

② 《加勒多尼亚信使报》(苏格兰爱丁堡),1847年3月22日。

③ 关于传统的帆船操作系统的论述,见由 Mark Elvin 编辑、Andrew Watson 翻译的 *The Evolution of Traditional Shipping in China*(Ann Arbor: Centre for Chinese Studies, University of Michigan, 1972)一书中 Koizumi Teizo 撰写的文章"The Operation of Chinese Junks"。

这样船上生活就会简单多了。[①]因此,假如他要面对的船员并非自己招募来的,与他没有上述共同之处,那么他在船上的处境一定非常尴尬,有可能会出现两种情况。

第一种情况,假如所有船员并非来自一处,则素尹双喜很可能无法对全体船员行使同样的职权。以下两点可以支持上述推测:一是水手们可能招募自不同的港口;一是在纽约寻求扣押"耆英号"的那26人中部分人的名字,至少有两个人的名字(车瓦阿萨、奇瓦阿占)似乎表明他们是越南华人——不过考虑到汉语在19世纪中期的罗马字母化,这样的推测不一定可靠。只要这两点能站得住脚,那么认为可以按照中国传统方式建立一个有凝聚力的船舶公司的想法便是错误的,因为支撑这一想法的一个关键因素缺失了。

第二种情况,从素尹双喜和船员们的角度来讲,他是这艘船理所当然的主人,无论在任何公认的航海意义上。这就是说,他负责在海上操控这艘船,被船员们公认有权发号施令。但是,在欧洲高级船员的眼里,从法律的角度来讲,素尹双喜应该是,而且只可能是"头工"而已———"船员头领"或许是比较恰当的翻译。[②]

传统的印度英语将素尹双喜的职位称为"本土监工""本地水手长"或水手长。[③]很明显,从一开始,船员之间的和谐相处和指挥体系的彼此认同这两个方面都存在隐患。无论文献记载是对是错,年轻的查尔斯·凯利特显然需要具备高超的社交技巧和跨文化交流能力(我们几乎可以肯定他只懂英语,对中国文化和习俗也无甚兴趣),才能将

67

[①] 直到20世纪50年代,香港船员驾驶的船只仍旧采取这种做法。之后,根据国际劳工组织的决议,香港政府坚持采用"西式"的船员制度。见 Stephanie Zarach, *Changing Places*: *The Remarkable Story of the Hong Kong Shipowners*(Hong Kong: Hong Kong Shipowners' Association, 2007), p.162。

[②] 就像许多与此类似的几乎完全出自口语的词汇一样,很难找到与之对应的现代汉语词汇。

[③] 读作(有时也写作)"bosun"。这是英语国家海军中最古老的军衔,在12世纪时指船长。

毫无共同之处的船员们用共同的目标凝聚成一个整体。

还有一种可能,即素尹双喜是随查尔斯·凯利特——而不是"耆英号"——一同来到船上工作的。这种想法在直觉上讲得通,符合西方人在亚洲管理由"当地人"担任船员的船舶的习惯,也能解释为什么素尹双喜在纽约对"耆英号"保持忠诚。

这样的关系以及它所服务的体系在约瑟夫·康拉德(Joseph Conrad)的小说中得到了清晰与完美的诠释,尤其是以汤姆·林嘉德为主角的《阿尔迈耶的愚蠢》(*Almayer's Folly*, 1895)、《海隅逐客》(*An Outcast of the Islands*, 1896)和《拯救》(*The Rescue*, 1920)为代表,其叙事主题都是林嘉德不合时宜的善良与"仁慈的独裁"。[1]在这个三部曲中,《拯救》完成得最晚,但却是林嘉德系列故事的开始。小说一开篇,就描写了双桅帆船"闪电号"上有两个欧洲高级船员,即船长汤姆·林嘉德和大副肖。然而,这艘船配备的是东印度水手,他们听命于他们的"老板"——东印度监工,或者称为水手长的哈吉·瓦苏(Haji Wasub)。东印度监工是汤姆·林嘉德的人,能讲足够多的混合语言(亚洲航海世界的通用语言),确保了指挥系统清晰流畅。

因此,有一种可能是(甚至我们有理由相信)查尔斯·凯利特和素尹双喜以前曾一同驾船出海,了解彼此的习惯,就像汤姆·林嘉德和哈吉·瓦苏一样,后者充当了前者及其不懂英语的船员们之间不可或缺的纽带。康拉德简要却异常明白地总结了大副肖看待马来船员的态度,我们从中便可强烈地感知欧洲高级船员对中国水手的态度:[2]

68

　　　　作为这艘双桅帆船的大副……他认为相较于自己手下的马

① Vernon Young, "Lingard's Folly: The Lost Subject", *The Kenyon Review* 15, no. 4 (Autumn 1953): 522–539.
② 约瑟夫·康拉德,《拯救》,伦敦:企鹅图书,1985(1920年初版),第22页。

来水手,他本人无比优越,因而对待他们既高傲又宽容,尽管在紧要关头,那些水手会发现他根本就是"毫无"意见。

反过来,从下面马来舵手萨利(Sali)与哈吉·瓦苏的对话,我们也能体会到马来船员对待水手长的态度。夕阳西下,肖要和汤姆·林嘉德一起下到舱里吃晚饭,他用望远镜观察过海平面之后宣布视野之内别无他物:

> "我是萨利,我的眼睛比那个能拉出老长、施了魔法的铜玩意儿好使,"固执的舵手说道,"有一艘船,就在最东边那个岛的边上。有一艘船,他们能借着西面的光线看见这艘船——除非他们是在海上迷路的瞎子。我看见她了。你也看见了她了吗,啊?哈吉·瓦苏?"
>
> "我是白人肥佬吗?"水手长厉声责骂道,"你还没出生,我就是水手啦,哼,萨利! 命令就是别说话,看好船舵,别让船交上厄运。"
>
> ……就这样,双桅帆船"闪电号"的水手长哈吉·瓦苏强迫自己保持高度警惕,继续替船长充当清醒且不知疲倦的看守,继续充当一个忠于职守的奴隶。①

林嘉德同他的水手长之间的关系(推而广之,也就是这一时期欧洲高级船员同他们经验丰富、技能娴熟但是不会说英语的非欧洲水手之间的关系)在他们谈论那艘萨利看见而林嘉德和肖没有看见的船时被简明扼要地表达了出来:

---

① 出处同前,第25页。

"水手长!"他叫道,简直是喊出来的。

那位瘦高的老人跑上扶梯,灵活得似乎瘦骨嶙峋的双脚根本没有碰到台阶。他站到长官身旁,双手背后,身形模糊,但却像箭一般笔直。

"谁负责瞭望?"林嘉德问。

"巴德戎,那个布吉人。"水手长短促而干脆地说。

"我什么都没听见。巴德戎听见的声音是他自己脑子里想出来的。"

"天黑,看不见船。"

"你看见了吗?

"是的,先生。一艘小船,日落之前,在陆地边上。现在开过来了——靠近了。巴德戎听到的就是她。"

"当时你为什么不报告?"林嘉德厉声问道。

"大副说了,他说:'什么都没有。'可我能看见。我怎么知道他或者您脑子里想的是什么,先生?"[1]

⁶⁹ 的确,哈吉·瓦苏怎能承认他享有特权,知道汤姆·林嘉德脑子里在想什么呢?这样岂不彻底动摇了"闪电号"的指挥链条勉强赖以维系的权威关系?

除在素尹双喜手下干活的船员以外,还有另外两名船员。一个是随船画师三成,对于此人,我们不掌握任何可靠的信息,而且与他相关的所有后续线索似乎都消失不见了。另一个人实际上可能是一名乘客,他自称是五品官员,此人就是希生(He Sing,也作 Hesing,按照现代粤语拼音写作 He Xing),他所声称的品级和相应称呼是存在疑

---

① 出处同前,第33页。"Malim"是马来语的敬语,这里是指大副肖。

问的。①我们以后还会获得关于希生进一步的信息,不过他最终还是会从记录中消失,就好像从来不曾出现过一样。无论如何,考虑到在纽约发生的事情,值得我们注意的是,这两个人都留在了船上。要说他们两人在"耆英号"从香港出发时不知道目的地是完全不可能的,因此,任何不假思索地相信反叛的船员们在纽约法庭上的一面之词的做法都值得警惕。

不过,如果希生在伦敦撰写了《"耆英号"详解》里的中文内容,那么他对自己背景的描述很可能言过其实了,尤其是对他那写在《"耆英号"详解》中他的画像上的汉字名字而言——这个名字也曾被哈利迪印制在纪念章上。他的名字在现代拼音中写作"Xi Sheng",书面汉语写作"希生",在粤语中是"Hei Saang"。然而,"Xi"(希)作为姓氏在中国几乎没有人听说过,"生"也不是常见的人名。②很可能选择这两个汉字完全是因为它们的发音——就像"耆英"这个名字一样。在粤语中,此人的名字很有可能是"Ho Shing",即"何胜"。很遗憾,我们永远都不会知道答案。

如果那26名船员在纽约的庭审听证会中坚称的事实是无误的,③那么,关于此次航行的性质,他们的确是受到了误导,即使具体到每一个细节不一定如此。据我们了解,凯利特与他们签约的期限是8个月,按照《中国丛报》(*The Chinese Repository*)④的说法,此次航行

---

① 质疑来自一篇1851年9月25日在爱丁堡出版的《加勒多尼亚信使报》上刊登的专栏文章,它援引"同一时期在(香港)维多利亚发行的报刊"称希生根本不是一名清朝官员,"是……更确切地说,曾经是黄埔地区的一名帆船油漆工"。

② 例如,下面这个详细的列表中就找不到这个姓氏:http://freepages.family.rootsweb.ancestry.com/~chinesesurname/x.html#X(2013年2月10日访问),在绝大多数姓氏列表中,用罗马字母写作"Xi"的九个姓氏里也没有"希"。

③ 我们会在第四章"停留纽约,遭遇麻烦"中更全面地分析该诉讼案件。

④《中国丛报》是美国传教士裨治文(Elijah Coleman Bridgman, 1801—1861)在广州创办的向西方读者介绍中国的第一份英文刊物。——译者注

目的地是新加坡或巴达维亚(雅加达)。此外,合同规定,在船抵达目的地之后,船员们便可自由离开,还会得到返回广州的路费。[①]至少这是其中一种说法。实际上,纽约一案的诉讼请求并不那么清晰:[②]

70

> 他们在中国广州附近的黄埔受雇成为一艘名为"耆英号"的中式帆船的船员,该船现正停泊在纽约港。雇用他们的人名叫凯利特,此人将作为此次航行的船长运载糖或鸦片前往巴达维亚或新加坡,随后前往舟山或其他港口,不过航程至多为 8 个月。航行结束后,他们可自愿选择随船或离开;且无论驶往哪个港口,该船的船长(即上述凯利特)会将他们送回广州或黄埔,并承担他们在国外港口的一切费用。这样,他们便于去年 9 月 14 日受雇成为船员,签有书面合约,合约由上述凯利特保存。

看起来很清楚,凯利特并未声称此次航行只是前往巴达维亚或新加坡。这两个港口和舟山(Chusan)[③]都有被提及,但其他"耆英号"能在八个月内抵达的"任何港口"都未被提到(可能是刻意掩饰,也可能不是)。

这样的措辞也是矛盾的:"意味着中国境内或中国海域内的其他任何港口,或从香港出发可在 8 个月内到达的其他任何港口。"从第二种意义的理解上看,这个条款是十足含糊之词,不仅包含了几条标准

---

① 这条信息出自哈达德的《中国传奇》(New York: Columbia University Press, 2008),其中美国创始人的故事引自 1847 年 11 月 2 日的 *Boston Daily Advertiser*,凯利特付出的代价引自 1847 年 8 月 7 日 *Niles National Register*,船员合同的细节引自 1846 年 12 月的《中国丛报》。尽管相关刊物似乎只提到这艘帆船载着大约 60 名船员离开香港,其中中国人和欧洲人各占一半。凯利特的说法被 *London Morning Chronicle* (n.d.)引用,并且重新刊登在霍尔登(Holden)的 *Dollar Magazine* (1848 年 4 月)上。

② Benedict, *American Admiralty Law*,第 497 页,第一次指控。

③ 可能是现在的舟山(Zhoushan)。

航线,还涵盖了在同一时间范围内到达其他目的地的可能性。

更有甚者,据记载(毫不奇怪),中国船员签署的是中文契约。[①]而我们可以确信,这些欧洲船员或者我们知晓姓名的主要投资人,没有一个人会读写中文。他们同中国船员的交流靠的是"洋泾浜"英语,这种语言仅有素尹双喜及他的一两个帮手、三成和希生能理解;至于那些完全不懂英语的,就只能凭借手势、喊叫声、脸色,甚至手推脚踢来交流了。

我们还相当肯定,绝大部分中国船员都不识字。因此,船员们签署的中文契约很可能是仅在南中国海地区(被后来的船员称为"小三角")使用的"标准合同",因为在其他任何地方,我们都未见到类似的标准化的中文合同。这种"标准合同"加入"或其他任何港口"这种含义宽泛的条款,主要是以防因为这样或那样的原因,船只不得不偏离"小三角"以顺利揽取货物。

毋庸置疑,这类事情再正常不过了,但从严格的法律角度来说,则令人遗憾。这让人的脑海中浮现一句古老的格言:执法者的善意也无法为恶法开脱。但很少有人会再三考虑这句话的含义,因为90%的航行都没有出现问题,所以没有一个法庭会仔细阅读海员们签署的合同——纽约法庭亦是如此。此时离航运业日益复杂的规定和章程在全世界严格实施还有一段时日。类似情况在风云变幻的中国沿海地区尤其常见,这里的人几乎都在体制中钻营,以寻求成本和限制的最小化,从而达到利益和优势的最大化。

在评价这种相当令人困惑的局面之前,有两点值得深思。第一,8个月对于一次从香港前往欧洲海域的航行而言,是非常合理的时间。

---

① 见哈达德《中国传奇》一书。

根据亨利·怀斯(Henry Wise)的档案①,东印度公司的商船相同航程每100次航行的平均耗时为114天——4个月,误差在一天左右。查尔斯·凯利特给"耆英号"两倍于此的时间来完成这一航程(因为他不可能确切地了解,该船与西方船舶相比,究竟性能有何差异),这样的做法既公道又现实。无论如何,合法订立的"亚洲人条款"不久就在任何自亚洲(印度、东南亚和中国)始发的航线上确立了,这一条款规定航程期限不超过一年。这也说明类似航程所隐含的时间限制已经被广泛认同。

即便如此,我们也不清楚"亚洲人条款"的字面条文在香港被接受的程度,尤其针对一艘中式帆船上的中国船员而言。不过,作为那个时期一位典型的英国船长,查尔斯·凯利特几乎不可能按照与东印度水手签约的条款一样与中国水手签署合约。当时人们普遍认为,非欧洲籍水手的能力不如欧洲人——为他们的服务支付相同报酬显得毫无道理。

《1823年商船法》(*The 1823 Merchant Shipping Act*)②将工作在欧洲船舶上的东印度船员归入了海事劳工的最低等级(中国水手亦在此等级),他们只能获得更低的报酬、更差的住处以及更差的饮食。该法案还意味着,驶往英国的英国船上的上述水手在抵达英国之后不能再次签约或结清薪酬。这项法案的条款(为了确保东印度水手不会滞留在英国)要求,任何受雇的东印度船员都要被遣送回雇用地港口,

① Henry Wise, *An Analysis of One Hundred Voyages to and from India, China, &c. performed by ships in the honourable East India Company's service; with remarks on the advantages of steam-power applied as an auxiliary aid to shipping; and suggestions for improving thereby the communication with India, via the Cape of Good Hope* (London: J. W. Norie & Co and W. H. Allen, 1839).

② 这项被称为"东印度水手法案"的法规进一步明确了1814年首次立法中的"东印度水手"同其他所有水手的根本区别。1814年的法案和1823年的替代法案将水手中的英国公民和非英国公民加以区分。这项法案直到1963年才废止,令人深思。

要么乘坐雇用他的原来那艘船,要么借道另外一艘船,费用由原船的 ⁷²船主或租船人承担。简言之,"耆英号"船员签署的契约似乎与当时的英国海事条款完全一致。①"耆英号"是否还为这些中国船员配备了两套夹克和裤子、露指手套、帽子、鞋子以及包含三套缝在一起的毯子的寝具(东印度公司商船规定的供应品)就更值得怀疑了。②总之,所有在纽约法庭上显示出来的条款都表明,"耆英号"的赞助人是遵照当时的英国航运法律行事的。

此外,对于执行不定期航线的西方船只来说,从一个港口漫游到另一个港口是很平常的,这也是船长履行获取货物的职能所在,有时完成整个航程需要长达四年的时间。因此不可能在出发时就将要造访的所有港口一一列出——或许第一个港口除外。我们所了解的适用于亚洲水手的合同条款都对期限有明确规定,像上述那样长的航程不可能出现;在这一点上,凯利特的做法显然符合法律规范。然而,就停靠港口而言,来自纽约的记录清楚地表明,亚洲水域以外的航行并未被排除,尽管这种解读很难反驳对其含糊其辞、蓄意误导的指控。 ⁷¹

由于缺乏详细记载,要想知道在1846年的香港,一艘当地的中式帆船其雇用契约的中文条款究竟是什么,除去上述分析,我们一筹莫展。

不过,对"无辜的船员受到了无耻的英国殖民主义船长的欺骗"持怀疑态度是有充足根据的——比在船员雇用合同里挑字眼更充分。出发前,"耆英号"在香港停泊了大约7个星期,在此期间发生的事情

---

① Jonathan S. Kitchen, *The Employment of Merchant Seamen* (London: Croom Helm, 1980), p.179–181.

② 见 Rosina Visram 所著 *Asians in Britain: 400 Years of History* (London: Pluto Press, 2002)一书第二章。Visram 的著作主要是关于来自印度次大陆的水手的,不过同样的法律通常也适用于东南亚水手和中国水手,在该法案看来,后者也是东印度水手。

几乎不会使人(即使是最笨的水手)认为这艘船只不过是即将从香港出发,沿常规贸易航线到达马来群岛,再装上糖和鸦片等货物返回。

　　凯利特和素尹双喜两人在纽约都合理地指出了这一点,他们说,船员们一定从广州和香港海滨地区的传闻得知了此行的目的地在欧洲,因为这已经成了公开新闻。当然有人可以持不同意见,认为鉴于19世纪40年代香港的中西关系,"耆英号"船员对别人心知肚明的事情很可能是无动于衷的。不过,19世纪40年代香港海滨地区如同当代大多数沿海地区一样,是多种语言并存的。而且我们也讨论过了,"耆英号"起航之前要做很多准备工作并装载好货物。何况,居住在香港或黄埔港沿岸的中国居民不可能都是轻易上当的乡巴佬。他们很有可能都是无视中国法律多年的老油条了,即使未在西方人管理的船上工作过,至少也了解西方人的做法。①

　　让我们参阅一下1846年对香港滨海地区的欧洲居民和中国居民平均素质的一般看法。约翰·M.卡罗尔(John M. Carroll)援引了多名早期的香港人士的说法,他们似乎普遍认为当时在香港的普通的欧洲人和中国人都是应被绞死的恶棍。据称,广州当局将"每一个小偷、海盗、游手好闲的流氓无赖"都送到了香港。还有人声称,在香港的中国人大体而言都是"当地社会最底层的混混","身份和地位都是最低贱的",是"小偷和强盗";而欧洲人则是"罪犯、逃兵、不计后果的冒险家及投机者",是"伦敦周边的替罪羊和恶棍,因侥幸才没有被送到博

① 关于香港当代华人人口,见费正清《中国沿海的贸易与外交》(*Trade and Diplomacy on the China Coast: The Opening of the Treaty Ports 1842–1854*)(Cambridge, MA: Harvard University Press, 1964),第219–223页,以及 E. J. Eitel 所著 *Europe in China: The History of Hong Kong from the Beginning to the Year 1882* (Taipei: Cheng-Wen Publishing Co., 1968)一书,相关数据第221页中随处可见。

尼特湾"。①称从该地招募的这些船员是受邪恶的英国殖民者蒙骗的可怜的无辜者的说法,未免过于夸张了一些,很难让人接受。因为即使是在黄埔招募的水手,也一定了解当时香港的"臭名昭彰",知道自己在多大程度上违反了中国法律、因私通外国人而成了寡廉鲜耻的叛国者。

更重要的是,在"耆英号"起航之前,男爵、香港总督、约翰·弗朗西斯·戴维斯爵士阁下,驻防中国的海军总司令、海军少将托马斯·约翰·科克伦爵士(骑士,大英帝国司令勋章)以及"舰队的全部军官"都先后造访。在19世纪40年代的香港,即使是最缺乏经验的普通中国水手也不可能不问问,为什么如此显要的"番鬼"官员会去参观一艘仅仅即将沿常规航线前往马来群岛、之后可能再返回中国的商船? 更何况,这次贸易航行在黄埔和香港都未装载可能被送往巴达维亚或新加坡的货物。这艘船只装了一小批中国手工制品,假如他们是南洋贸易的老手,就会完全清楚这些东西没有市场——它们显然都是旧物件而不 ⁷⁴是新产品,在他们据称要去的地方的中国人社区里比比皆是。

第一段航程

起初一帆风顺

"耆英号"最初沿南中国海南下的航程还算顺利。不过,两年后T. A. 莱恩②在伦敦做了一场报告,其中偶然透露的信息表明,更大的船

---

① John M. Carroll, *Edge of Empires*: *Chinese Elites and British Colonials in Hong Kong*(Hong Kong: Hong Kong University Press, 2007), pp.41-42, citing Robert Montgomery Martin(殖民地财政司长), Robert Fortune, Oswald Tiffany, *the Economist*, Rev. George Smith, Rev. Karl Gutzlaff and J. M. Tronson。又见 Christopher Munn 所著 *Anglo-China*: *Chinese People and British Rule in Hong Kong*, *1841-1880*(Hong Kong: Hong Kong University Press, 2009)一书第二章。

②《每日新闻》,伦敦,1849年4月9日。

员问题此刻已经初露端倪。查尔斯·凯利特和大副伯顿、二副雷维特或许曾经在香港从事过鸦片贸易，因此他们都是在操作规范、纪律森严的鸦片船上历练出来的人。[1]鸦片船上的规则与"耆英号"形成了鲜明的对比，在这艘中国帆船上，人们偏爱保守的航行方法，看似民主，实则混乱无序的管理方式占了上风。

根据凯利特和莱恩的记载，"耆英号"驶离香港后的头几天，仍然按照中国船员们推测熟悉的方式航行（夜间减帆行驶，派一人值守）——如果强行推行规范性驾驶方式，肯定会造成冲击。在东北季风最猛烈的时候，南中国海会成为一片险恶的水域；鉴于中国水手比欧洲水手更熟悉中式帆船的操作，更为保守的驾驶方式似乎占了上风，因为驶向格拉萨海峡(Selat Gelasa)的平均速度相当缓慢。

我们知道，"耆英号"于1846年12月6日驶离香港，于12月25日航行至格拉萨海峡或附近，于次年1月26日通过巽他海峡。这样，从离开香港到通过巽他海峡，"耆英号"总共用了50～51天。从香港到格拉萨海峡是这段航程的主要部分，花费了19天时间；接下来的4个半星期(31～32天)，"耆英号"在微风中前进，白天航行，夜间抛锚。这一航程被当时的报纸描述成是"耆英号"为了等待顺风而抛锚了六个星期，这种说法是不够准确的。[2]如此算来，"耆英号"最初1950海里航程的平均速度只有4.2节。[3]在这段航程中，东北季风转为西北季风，[4]

75

---

[1] Basil Lubbock, *The Opium Clippers* (Glasgow: Brown, Son & Ferguson, 1933).

[2] 《格拉斯哥先驱报》(*Glasgow Herald*)，1847年7月16日；《汉普郡电讯报和苏塞克斯纪事报》，1847年7月10日；《布里斯托信使报》(*Bristol Mercury*)，1847年7月17日。

[3] 1海里相当于1852米，相当于经线（或纬线）弧上一分的弧长。它也被称作"节"，源于一种用间隔一定时间放置打结的计量绳测量船速的古老方法。在28秒内绳子上打了多少个结，船速就是多少。因此，航海时的速度被称为"节"，或"节/小时"，尽管这种说法从如今航海的角度看相当不专业。

[4] 东北季风转为西北季风是因为东北季风接近赤道时会减弱，而且开始反转成偏北风，最终反转大约90°，到南纬5°～10°变成西北季风。

"耆英号"顶着强劲的季风,航行速度相当缓慢。可能最初的1200～1400海里,也就是抵达相当于新加坡的纬度之前,"耆英号"航行的速度更快些,平均速度减慢是受到后面航程的严重拖累。

观察一下1月份的航路图①,我们就会明白最初的航行为何如此平庸了。大约在南中国海的北纬10°以北区域,75%～85%的时间里,季风都是平稳强劲的东风或东北风(风力4～5级,北部通常为6～7级)。由于这段航线是一条长长的弧线,而风又是从右舷后侧吹来(几乎对于任何帆装而言都是最佳方向),这意味着任何一艘船,甚至是船帆装备得不够好的船,都能从右侧获取足够风力,从而以最快速度航行。随着这艘船越过大约北纬12°线,风向就会逆时针偏转,从东北风偏向北风,而且开始减弱。因此,当"耆英号"抵达赤道时,遇到的便主要是3级左右的北风了,而且风向更偏向西北,慢慢地由北风转变为西北风,风力2～3级;等到越过格拉萨海峡北入口——当时称为加斯帕海峡(Gaspar Strait)——它会失望地发现风力又减弱了一大截。

这只是一个简要的说明,船上的生活可能并不像以上快速的描述所暗示的那样容易。20世纪中期何塞·玛丽亚·泰(Jose Maria Tey)和布莱恩·克利福德(Brian Clifford)讲述的故事,能让人真正体会到被全盛的东北季风追逐着沿着南中国海中部南下是什么样的感觉。

1月18日凌晨3点,大海更加暴躁了,海浪足有12～15英尺

---

① 航路图(美国称为 pilot chart,英国称为 routeing chart)是针对像印度洋或南大西洋这样的大面积海域每月一份的特殊图表,图上划分成大的方形区域,每块面积约10000平方英里,区域内标注一年中该月份有望出现的平均风速和风向。在查尔斯·凯利特生活的年代,这些航路图对于航程规划者的益处刚刚显现,它们是美国海军上尉马修·莫里(Matthew Maury)精力与远见的产物,他的第一本《北大西洋海风与海流图表》在1847年出版。

1846年10月19日

广州　黄埔

香港

1846年12月6日

海南

西沙群岛

交趾

昆山岛

婆罗洲岛

1846年
12月25日

① ② ③

明古鲁

勿里洞岛

巽他海峡

巴达维亚　爪哇岛

①邦加海峡
②格拉萨海峡
③卡里马塔海峡

1847年1月26日

地图2："耆英号"的第一段航程

高。风力也在增强,风速计显示的速度是31节,相当于蒲福风级（Beaufort Scale）7级。海浪持续冲刷着甲板,需要不停地将海水从船舱里泵出来。舵杆对于一个人来说太重了,需要两个人……我们盼望着天亮,其他的一概不想……黎明降临……我们疲惫的眼睛惊恐地注视着狂怒的大海……从船尾望去,海浪仿佛山峰一般……它们将船抓住,像羽毛一般抛来卷去……白天一点点熬过去。风势一再加剧,大海也更加狂虐。海浪高达20～30英尺,风力最高达到了蒲福风级10级（50～60英里/小时）……假如不能把握牢靠,我们简直寸步难行……①

布莱恩·克利福德记述的他1961年12月在"金莲花号"（Golden Lotus）上的经历更是惊心动魄。他那艘帆船的转向装置与"耆英号"一样,也是在舵柄上装了滑轮,当时也遇到了类似"鲁比亚号"（Rubia）经历的狂暴天气,结果船的舵柄断了。巨浪自船尾翻卷上来,达到了最强风势的典型的东北季风让船急剧地打起了转,婆罗洲柚木（牙卡鲁）②做的舵柄因承受过多的拉力而被折断。费了很大力气替换上的舵柄受天气影响,同样承受着巨大的压力。在它也折断后,第一个舵柄被匆忙修复后又安插了回去,显然,此刻再继续航行是不可能的了。很快,得救的唯一办法就是逆风停船,将拉力从过载的转向系统上卸除。由恶劣气候引发的困难持续不断,直到克利福德借着

① Jose Maria Tey, *Hong Kong to Barcelona in the Junk Rubia* (London: Harrap, 1962), pp.18-25。所谓的10级风几乎可以肯定是言过其实了,可能得到了出版商的示意。其出版商臭名昭著,就是他们要求对 John Caldwell 和 *The Desperate Voyage* (New York: Little Brown, 1949)一书添油加醋。

② 这是一种遍布东南亚的龙脑香科坡垒（Hopea）属硬木,在菲律宾和香港被称为"牙卡鲁"（yakal）；见 H. G. Richter and M. J. Dallwitz, "Commercial Timbers: Descriptions, Illustrations, Identification, and Information Retrieval", 2000年5月4日版, http://biodiversity.uno.edu/delta/, 查询日期2013年2月10日。

一线阳光抓紧时间调整午时船位,他才意识到船只有漂流到西沙群岛的危险。在船差一点被一个滔天巨浪掀翻以后,克利福德决定调整航线,前往马尼拉寻求避难。他发现(查尔斯·凯利特也将发现),帆船不能适应天气,即使风是顺着船舷吹的:

> 第二天中午(从香港出发后的第六天)我能看到……尽管我们已经尽可能地行驶进风带里,还是受到了水流的强烈推动,以至于实际航线比预期的更加向南。我们打算沿东南偏东的线路行驶,可是实际的走向却是南—南—东。

情况变得更糟了,第二天,"金莲花号"的航向充其量只能向南偏西一点点,而中沙群岛的众多浅滩和由此形成的错综复杂的海流正位于船的下风向。"金莲花号"从西沙群岛和中沙群岛之间的缺口穿过后,再次转向驶往新加坡方向,最后,航向终于调整得足够偏南,抵达了风力更为平缓、海面更为平静的海域。那七天真是身处地狱一般。[1]

我们不清楚"耆英号"究竟选择了哪一条从香港抵达目的地的航线。鉴于查尔斯·凯利特及其高级船员对自身航海经验的自信(我们不知道他们随船携带了什么样的经线仪或测量仪器),他们有别的选择。他们可以沿直线行驶,取道最短的航线。不过,他们那样做的可能性不大,最有可能的还是选择了老的航线。

从17世纪起的几百年里,东印度公司的商船在从事南洋贸易时选取的就是老航线。这条航线大致是从广东沿海向西南方向行驶,先是在海南岛南部附近近岸航行,到了亚龙湾(今天的三亚)的经度附近

---

[1] Brian Clifford and Neil Illingworth, *The Voyage of the Golden Lotus* (London: Herbert Jenkins, 1962), Ch. 6.

再向南—南—西,朝着越南岘港附近最东端的海岸线行驶,由那里再向南抵达昆山岛(Pulau Condor)这个古老的转折点。这条航线穿越西沙群岛的背风面,能确保安全——西沙群岛在几百年里已经成为许多船只的葬身之地。从昆山岛,商船再驶向今天马来西亚东海岸的刁曼岛或奥尔岛,为的是安全通过阿南巴斯和纳土纳群岛北端。这样做还能在船只转头向南、小心翼翼地接近三个海峡之前为它们提供一个可靠的地点以核对方位。这三个海峡分别是卡里马塔海峡、格拉萨海峡和邦加海峡,船必须通过其中一个才能抵达巽他海峡附近。

每一个海峡都有其危险之处。卡里马塔海峡比较长,它的危险之处在于船的背风面有勿里洞岛珊瑚围绕的浅水海岸,迎风面又零星分布着图载不明的小岛。格拉萨海峡的巨大危险,不仅在于其北方入口,还在于海峡本身以及它的出口——在10世纪"黑石号"沉没之前这里就已经成为船只的墓地。最后是邦加海峡,由于它的长度、强涌潮、狭窄、迂回曲折的航道以及无处不在的海盗威胁,因而很少有船只铤而走险。查尔斯·凯利特选择了航线最为笔直、不过也最富有挑战性的格拉萨海峡。①

查尔斯·凯利特可能将詹姆斯·豪斯伯格(James Horsburgh)著名的《印度指南》当作了他的"圣经"。②只有热衷冒险或鲁莽的水手才

---

① 我们是从1847年4月10日英国伦敦的《晨间纪事报》上的航运信息专栏获知这一情况的,该文收录了一份于12月25日在格拉萨海峡或附近目击到"耆英号"的报告。

② 这本书的实际名称完美体现了19世纪图书的命名方式:《印度指南——往来东印度群岛、中国、澳大利亚以及非洲和南美洲之间港口的航行指南:主要根据东印度公司船舶的原始日志以及在这些海域21年的航行经历所获得的观察和意见进行编辑》(*The India Directory, Directions for Sailing to and from the East Indies, China, Australia, and the Interjacent Ports of Africa and South America: Compiled Chiefly from Original Journals of the Honourable Company's Ships, and from Observations and Remarks, Resulting from the Experience of Twenty-one Years in the Navigation of those Seas*)(London: W. H. Allen & Co., 1843)。凯利特使用的可能是第五版的第二卷。

会无视智者的建议:

> 意欲前往卡斯帕海峡、邦加海峡或新加坡的中国船只需得在3月、4月选择途经中沙群岛的外沟航线(在这两个月,这条航线最为迅捷),离开中国后靠东航行,同时途经草鞋石的时候,它们应当朝向浅滩方向,因为在这两个月,这里的风力比西侧的路线更为有利。4月,"万西塔特号"(Vansittart)的航线比"赫里福德郡号"(Herefordshire)向东偏移了3°,一天之内航行的距离相当于后者10天航行的距离。其余时间,途经交趾沿岸的内沟航线是更好的选择。这条线路最短,其最大的优势在于船只航行更为轻松,只要从大莱德隆群岛立即转为顺风向即可,因为这时吹的是强劲的东北风;至于外沟航线,航向从中沙群岛转为南—南—东,常常会令船舷迎着风向和洋流,使得船只承载的压力过大。
>
> 许多船只承压过重,为了给动力系统减压,不得不改到内沟航线顺风行驶;另外一些船只不屈不挠地沿外沟航线继续前进,费尽千辛万苦,有些最终连同船员一起沉没;还有一些船离开中国后就失踪了,很可能遭遇了同样的命运。假如那些船离开珠江后,按照南—西南—1/2西或者南—西南—1/4西的直线航向走内沟航线,或许不会遭遇丝毫负担,都能平安抵达目的港。

豪斯伯格接着引用了一段话,以援证自己的建议,还补充说飞剪船的船长们也持同样想法:

> 皇家海军"拉恩号"(Larne)的布莱克船长在讲述自己的故事之余,还道出了几位"飞剪鸦片船"船长的经历,他是这么说的:
> "往来中国海的船只为了在强劲的季风中以'之'字形抢风航

行，或者为了借助风势，总是转到西沙群岛和沙洲的背风面……因为背风面始终有一股洋流……顺着东北季风从中国海南下时，最常采用的直航线路是海南岛和西沙群岛之间近乎中心的航道，并且更贴近西沙群岛一侧，在那里通常可见时速30、40和50英里/天的南向洋流；据我所知，在北纬14°至北纬11°之间，海流能够在24小时内流动60英里。从那里贴近交趾海岸，大约航行至巴雷拉附近再调整航向向南行驶，这样就可以在草鞋石以外大约30或40英里处通过，因为在距阿南巴斯约40英里的地方有一处泊位，此后前往新加坡的航线就一路顺畅了。另外，如有可能，一定要瞄准奥尔岛以确保航线推算正确——尤其是在多雾天气，需要时时注意水道的情况。"

依靠指南针、六分仪、航海经线仪以及英国海军和东印度公司绘制的详细海图（到1840年已经公开销售约30年了），更多的近代航线被开辟出来，它们更直也更快。不过，它们也更为危险，需要驾驶者清楚地掌握自己的位置，并且对自己的判断具有信心。豪斯伯格认为西沙群岛和中沙群岛之间接近100海里长的航路在较为平静的三四月份可以通航，可是那在海图上也只是看起来比较宽阔而已。就像布莱恩·克利福德的经历所展示的，假如东北季风非常猛烈，它是不适合航行的，因为船员一连几天都无法确定方位，更无法了解洋流的情况。发生在20世纪的"鲁比亚号"和"金莲花号"两艘船的故事就是这种危险的明证。假如一艘船在这个时候继续直行，而不是对准昆山岛方向行驶（假设它已经成功地穿越了西沙、中沙之间的缝隙），要再从阿南巴斯和纳土纳群岛之间成功穿越也需要具有超级自信，还需要帆船上有一位不知疲倦的船员操纵转向装置，需要一个19世纪中叶的操舵罗盘，外加不止一点点的运气。

80

尽管豪斯伯格的建议清晰明了,但是凯利特或许非常自信,也相信自己的运气。如果他如此鲁莽——考虑到他的船技,这是不可能的——他的意图不太可能得到中国船长的赞同,而他和他的欧洲同伴们都依赖于中国船长的善意和帮助。"耆英号"的中国船长素尹双喜是一位传统的中国水手,经验丰富。他可能曾使用过中式帆船船长们使用的航路图(我们知道存在这样的航路图并且被广泛使用①),也可能他是一个活宝库,传承了口口相传的智慧,熟悉500多年来诸多传统航线的线路和时间。查尔斯·凯利特如想要"推销"新的非传统航线,显然会非常困难。很有可能,"耆英号"通往巽他海峡的路线是一条传统路线,因此比19世纪70年代装备齐全的欧洲蒸汽轮所走的直航路线要长一些。②较长的传统路线与上述路线的距离大致相同——或许是100英里左右——但这并没有实质性地增加路线的长度。

行进缓慢,问题浮现

至此,"耆英号"即将开启一段漫长而令人不安的航程,穿越险象环生的格拉萨海峡,然后乘着微风沿着邦加岛(Bangka Island)和苏门答腊(Sumatra)海岸南下。接下来穿越巽他海峡的行程同样缓慢。这一段航程分为两个部分,虽然没有完整记录,但仍然值得我们花些时间去探讨。

---

① 一个现存的例子(也许有代表性)就是耶鲁大学收藏的一批地图。这批地图是1841年被皇家海军"先驱号"作为战利品从一艘从事贸易的中国帆船上取得的。这些地图是从韩国到泰国湾航线的航行指南,包括每一航段的书面说明,而且配有一系列海岸景观图来显示每一个主要转折点或航路点,差不多有120幅。见斯蒂芬·戴维斯撰写的文章"The Yale Maps and Western Hydrography: Influences and Contributions",载于 *Proceeding of the International Workshop on Maritime East Asia, 1433–1840* 以及 *The Chinese Navigational Map at Yale University and Its Significance*,2010年6月16—18日,新竹:交通大学。
② 从耶鲁大学收藏的地图可以推断,"耆英号"选取的很可能是传统航线。

经过马来西亚的廖内(Riau)和林加群岛(Lingga islands)之后，"耆英号"立刻遭遇了风力不足的情况。

> 在接近苏门答腊海岸线后驶往巽他海峡时，船不时抛锚。这与通常情况不一样，需要不分昼夜地工作，船员们开始有点不听话了……①

我们在接下来一页看到，"耆英号"至少用了5天时间才穿过巽他海峡。此时，船上中西船员之间的隔阂完全暴露出来，双方的鸿沟就像彼此在地理上的间隔一样宽广。随着"耆英号"行程放缓，船员们逐渐"不听话了"，西方船员联合起来，擅自密谋抢夺这艘船并武装自己。

很可能船员们由此突然分裂成相互猜疑的两个阵营，这不可避免地导致了工作效率的下降，这样才能解释为何这艘船用了4个半星期才航行了大约区区400英里。微风条件下，船只想要行驶得更快，就需要相应的团队合作，不停地调整、再调整船帆以适应风向。本已紧张的船员关系宣告破裂，让这种合作变成了不可能，尤其是在中国水手掌握如何顺应风向调整舢板的专业知识的情况下，这段早期航程成了船员分裂的牺牲品。

不管从东面进入巽他海峡真正需要多长时间，一旦到达那里，查尔斯·凯利特就让他的船员在五天的航行中努力工作，以便能按照标准指示沿着北岸穿越海峡。每当他意识到船毫无进展时，他就会决定抛锚，等待更有利的条件出现。

微风航行是漫长而又令人沮丧的，每天繁重的锚定、降帆、升帆工作都要依靠船上粗笨的传动装置来完成，这是对船员凝聚力的第一个

---

① 《"耆英号"档案》，第9页。

考验。例如,《"耆英号"档案》和《"耆英号"档案》中都记载说,该船主帆的重量是9吨,需要40个人耗费半天的时间才能将之升起! 在这个关键时刻,"耆英号"面临的唯一困难是有可能被自己的船员劫持,而这一事实,要等几个月后到达纽约才会被披露。

假如合同中确实规定了航程的终点是巴达维亚,船员们是受了蒙蔽才签约的,那么他们肯定不会在此时还如此愚蠢和无知,在长达近五个星期的时间里一直静待事情的发展,而且这段时间该船还不停地起锚、抛锚,逐步靠近和穿越巽他海峡(显然是想要通过海峡),而巴达维亚距此仅仅有不到两天的航程。少了他们的工作与配合,"耆英号"哪儿都去不了。他们只需罢工,逼迫船开往巴达维亚即可。但似乎没有迹象表明曾经出现过这样的威胁。

我们无须宣称19世纪中叶的普通中国舢板水手是航海和地理能手,就能发现这一点令人费解:航行长时间的间断似乎已经成功地过去了,但与此同时,船员们却抵制驶出东南亚水域。与南洋的帆船贸易可以追溯到宋朝甚至更早。在口口相传的传统中——就像大多数传统的中国航海技术一样——从甲地到乙地到丙地所涉及的粗略的航海知识,并不仅仅局限于这艘船的欧洲航海家或中国船长。

当然,船员们最初的争吵也是航程长时间的延误的另一个原因。这就让我们猜测,查尔斯·凯利特对于他所记载的事件进行了精心的编辑,或许航行长时间中断的原因更多地是在于需要说服心有不满的中国船员继续向前行驶,而不是担心海盗以及无风、逆流和逆风的不利情况。因为,假设披露在纽约庭审听证会上的故事是真的,那么巽他海峡入口处显然是解决船员诉求的当然之地。如果不穿越巽他海峡,"耆英号"就无法开启变幻莫测的横穿印度洋之旅——毫不夸张地说,巴达维亚近在咫尺,只要在拐角处转个弯而已。

船员们难以驾驭的事实在《"耆英号"档案》中得到了证实,不过

《"耆英号"档案》中却没有提到：

> ……能看到他们……三五成群地在一起议论，无论船上哪个欧洲人走近，他们都会相互做手势以示保持安静。
>
> 凯利特船长认为监视他们的举动是谨慎的做法，因为似乎那会威胁到航行，因此他准备了12把装了弹药的毛瑟枪，并将其中一部分放在船舱里。这样做到了预期的效果，没有再出现更多的混乱情形，尽管防御武器要寸步不离。
>
> 在海峡里的五天中，有一艘船与"耆英号"同行，似乎是要驶往巴达维亚。它的举动在某种程度上（与"耆英号"）类似，令凯利特船长非常警惕。

凯利特这里是在暗示部分船员可能在签约时心怀叵测，跟其他船上的人暗中勾结，在条件允许时，与外船联手劫持本船。鉴于中国沿海地区的不佳声誉，凯利特的这种想法不足为奇。不过，就像有关"耆英号"的许多事情一样，我们或许永远也不知道真相。

靠近和通过巽他海峡是一段漫长而乏味的工作，再加上穿越海峡的重重困难，以及对可能出现的海盗的顾忌，所有这些都说明了风帆航行时的一个关键问题：无论是中式帆船还是西方的横帆船，没有有利的风，船就寸步难行。

在西北季风盛行的最后几个月，巽他海峡始终是西向航行的重大障碍，因为主导风向和洋流都是逆向的，[①]"耆英号"漫长的等待在很大

---

① Stephen Davies and Elaine Morgan, *Cruising Guide to Southeast Asia*, vol. 2 (St. Ives: Imray, Laurie, Norie & Wilson, 1999), p.177.

程度上就是因为这个原因,^①当然了,船员们士气不稳,肯定也没有起到有益的作用。还有一点不那么明显的暗示——就其本身而言,是对将要发生的事情的一种预感——那就是当风力减弱或风向反转或洋流不利时,"耆英号"就会放慢速度甚至停止前进。

还有一种想法值得考虑,船员们对英国位于马来群岛的一处古老基地明古连(Bencoolen)——即如今的明古鲁(Bengkulu)——的模糊记忆诱使他们未曾充分考虑后果就决定穿越海峡,以为可以在那里长久逗留。该基地就在巽他海峡北出口的拐角处,22年前英国刚刚将其归还给荷兰。《"耆英号"档案》中直率而轻蔑地写道:

> "在中国,教育无非是一种政府的桎梏,让年轻人对其他国家一无所知……"^②

因此,尽管中国船员具有南洋贸易的相关知识,但这些知识也可能是零散的,是陈旧信息和新知识的混杂。有关本次航行的有效的中方记录的缺失,让我们永远无法得知到底是什么原因让那30或40名从黄埔和香港出发的广东人穿越了巽他海峡,踏上了前往非洲的漫长而艰苦的航程——假如他们确信自己签署的协议只是在中国海域内进行一次近海航行的话。

当然,除此之外还有一个简单的事实令人疑惑,那就是"耆英号"

---

① 同前,第25页。在 *Indonesia Pilot* 第2卷(Taunton:Hydrographer of the Navy, 1975)第22页有相关记录:"12月是西南西风,1月是西风,2月是西北西风……"文中进一步提到,假如风力迅猛,就有可能出现汹涌的海浪;同时该页又说,10月至次年3月存在一股东北偏北的逆流,速度为0.75节。另外,《世界大洋航路》(*Ocean Passages for the World*)第4版(Taunton:Hydrographer of the Navy, 1987)也认为,在这个季节穿越巽他海峡需要克服恶劣天气的影响(第218–219页)。

② 《"耆英号"档案》,第13页。

起航时,广州地区的中国水手签约为英国东印度公司的商船服务已经大约有50个年头了。①当满载着贵重货物的东印度公司商船准备返回英国时,疾病、逃逸和强制征用有时会令一艘船损失十多名船员。按照当时的惯例推算(在《"耆英号"档案》和《"耆英号"详解》中都有体现),两到三名中国水手才能填补一名英国船员的空缺。东印度公司商船的船长会与招募水手的当地人合谋,采取完全非法的手段(至少记载中是这么说的)先将中国水手转移至澳门(不在广东司法管辖之内),再在出发前签约雇用他们到船上工作。这样的船会雇用40名或更多水手,为他们提供衣物,并且反复教导他们英式横帆船的工作方式,不过,《"耆英号"档案》指出,中国水手通常不习惯高空作业。②

根据记载,船员的死亡率相当高,他们通常都是在船抵达北大西洋后死于感冒。最初,船只一抵达英国,可怜的船员在收到工钱后需要自行离开,回程无法得到保障。早期的这种做法招致了抱怨。到了1785—1786年,一些非公开措施得以实行,以纾解受雇船员的贫困;1795年,相关正规措施第一次出台,确保东印度公司船只负责遣返东印度水手。接着,英国政府在1815年颁布法令,要求东印度公司在遣返由他们带入英国的船员之前要为他们提供食宿。最后,1832年的《东印度水手法案》正式确认了上述义务,以确保它们能够得到遵守,而不是像此前那样被轻易逃避。例如,"白金汉郡号"1823—1824年的航海日志中就有记载,80名中国水手(他们的姓名像纽约法庭记录中"耆英号"船员的姓名一样令人费解)被送回了中国。③

---

① C. Northcote Parkinson, *Trade in the Eastern Seas, 1793–1813* (Cambridge: Cambridge University Press, 1937), Ch.7。Parkinson言下之意是每艘从中国返回的东印度公司商船上平均有15~20名中国水手。

②《"耆英号"档案》,第8页。

③ 香港海事博物馆保存有四副的航海日志的副本。

因此,有关巽他海峡更远海域的基本知识可能已是黄埔水手的通识了,尽管这些知识很可能被旅行者的故事修饰了。至少有些人可能在东印度公司商船上工作过,见识过更广阔的天地。那么,尽管有一个偶然案例让第一段航程看似是中国水手受到了英国高级船员的无耻欺骗,但是双方航海知识的差异并没有大到足以让这种说法完全可信。

还有最后一点需要说明:穿越巽他海峡大陆架的过程既漫长又迟缓,这是凯利特船长和他的船员们最不希望看到的。其原因不仅在于漫长的延误带来的无聊感和穿越海峡无果导致的挫败感,更在于在同一海域停留过长会给海洋生物在船底肆意生长提供绝佳的机会。

巽他海峡大陆架附近是世界上物产最丰饶的海域之一,海水富含营养,也充满了微小的海洋生物——藤壶、管虫、水草和海藻,以及小型甲壳类动物,它们的生长和繁茂都依赖于此处的营养物质。当笔者在新加坡航行时,海洋生物的聚集能让船锚的链环在短短两个星期之内完全贴紧、锁死。[1]简单说来,若是在这种富饶的水域待上几个星期而不怎么移动,未加保护的船壳("朱南"可以保护船壳不受海蛀虫这样的钻孔动物破坏,但对于阻止海洋生物的生长却几乎无能为力)上就会迅速聚集起厚厚一层藤壶、管虫和水草。它们一旦形成,就会越长越多,除非将船体倾斜,烧掉它们;如无法倾斜船体进行清扫,则只能采取西方的办法,沿船底纵向拖拽一段绳子或链条,把附着物最严重的地方磨掉,否则船底的附着物就一定会严重到让船完全无法移动——除非出现一阵狂风。这也许更进一步解释了接下来发生的事情。

1847年1月26日,在离开香港七个多星期之后,"耆英号"终于成

---

① 见 Davies 和 Morgan 所著 *Cruising Guide to Southeast Asia* 一书第 45-46 页。

功驶离了爪哇岛西端(丹戎莱雅)形状仿佛船帆一样的悬崖,越过了一个重要的航路点。不论这艘船的目的港是哪里,随着爪哇岛和苏门答腊岛的山脉离船尾越来越远,没有人会再认为它的航程仅限于南中国海了。

86

第二段航程

依旧迟缓

一旦通过巽他海峡,"耆英号"就将航向指向了南非的最南端。对于蒸汽船而言,这就是所谓"大圆环航行"(Great Circle Sailing)的一次练习——对于任何超过500海里长的航线,这样的航行距离是最短的。不过对于帆船而言,"大圆环"航线则不一定是最快,因为帆船总是会选择风力最连贯、洋流条件最有利的线路,同时会避开极端天气的威胁。1795年以东印度公司商船"皮特号"命名的航线就是典型的例证。当时威廉·威尔逊船长错过了季风,便借道摩鹿加群岛(Moluccas)经由菲律宾群岛东部从东侧到达澳门。从巽他海峡到澳门的直行航线大约是1800海里,而威尔逊船长所走的航线(后来被称作"皮特航线")大约有3725海里,但用时反倒更少。

对"耆英号"的第二段航程来说,最佳的航线不是大致沿西南方向径直驶向南非,而是尽可能对准信风,简单说就是先向南航行。

在查尔斯·凯利特所处的时代,大量的航海经验被记录在航海日志中,这些经验最终被"提取"到豪斯伯格的《印度航行指南》(很可能是第五版)中。豪斯伯格在该书中建议,向南航行,经过南纬16°、东经90°进入信风带,可以获得最佳航行条件。一旦进入信风带,凯利特应该直接驶往距罗德里格斯岛以南200英里的地方(南纬23°、东经63°),接着再向西南调整航向,从马达加斯加以南200英里处驶过。

如果要停靠开普敦,就必须贴近德班南部大约200英里的大鱼角(Great Fish Point)航行,直至进入强劲的阿古拉斯洋流(Agulhas Current)——它最快流速能够达到5节,平均流速也有2~3节——然后顺流而行,与阿古拉斯角(Cape Agulhas)谨慎保持距离,绕过它之后一直沿开普敦的海岸线向着莫塞尔湾(Mossel Bay)方向行驶。

这条长度为5150~5300英里航程的推荐线路是每年10月至次年4月东印度公司的传统航路,它会让船只抵达开普敦这座传统的中转地,并在此进行休整和补充给养。[①]不过,假如能借着良好的风力条件通过开普敦,而且其他条件也允许做出这样的决定——这在东印度公司商船航行的时代极为少见——船长便会让他的船继续向南行驶,绕过好望角进入南大西洋,抵达东印度公司商船的另一个停靠站——圣赫勒拿岛。"耆英号"就属于后一种情况。凯利特船长的记录告诉我们,他在开普敦附近遇上了顺风,于是利用良好的条件继续驶往圣赫勒拿岛。

结果却是进一步拖延了原本就已漫长迟缓的航程。

如今,即使在8月末和9月这样的最佳季节,驶出巽他海峡后的航程仍旧是出了名的不好走,航行相对缓慢,除非船只向南行驶得足够远,完全进入了信风带内。即使是在这样的最佳季节,前50英里左右的航程也非常艰难,因为帆船必须与从左舷涌上来的印度洋巨浪搏斗,它会抵消船帆上通常就很微弱的风力。[②]"耆英号"于推荐日期的四个月之后开始这段航程,远远迟于推荐的最佳时间,其航程自然会更加艰难。

---

① H. Whittingham and C. T. King, *Reed's Table of Distances between Ports and Places in All Parts of the World*, 11th ed. (Sunderland: Thomas Reed, 1929), p.87.
② 出处同上,第177页。

阿森松岛

圣赫勒拿岛
1847年4月17-23日

南大西洋

开普敦
1847年3月30日

毛里求斯

留尼汪岛

印度洋

明古连

巴达维亚
1847年1月26日

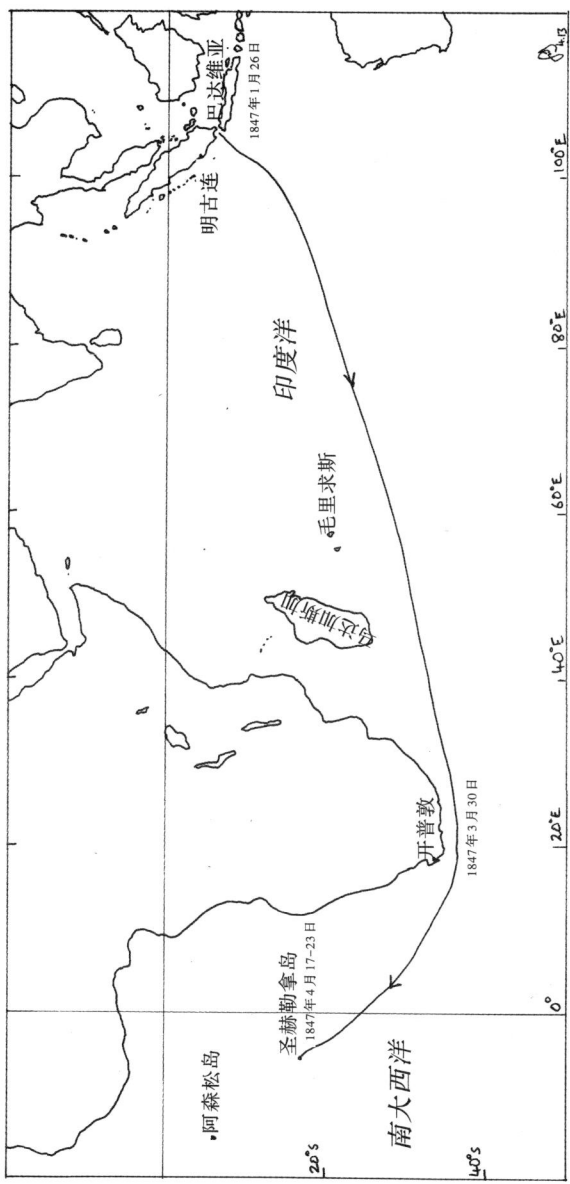

地图 3："耆英号"第二段航程

查尔斯·凯利特在《"耆英号"详解》中摘抄了自己的航海日志并加以总结,不过却让人感到迷惑:

> 最初的 17 天,("耆英号"的)航行时速为 2~8 节不等,接下来三个星期的大部分时间则处于抛锚状态,再往后一个星期,平均航速几乎不超过 2 节。1847 年 3 月 6 日,由于天气平静,风力太过微弱,它的时速几乎不超过 1 节,所有人手都被调动到船舵上去检查老舵绳、安装新舵绳。这是必要的预防措施,因为经过好望角时,它一定会遇上狂风巨浪。①

这样算来,"耆英号"一共行驶了大约 45 天,在越过爪哇岛西端 39 天以后仍旧受到了风力微弱的困扰。令人不解之处在于上文第二句话,它说"接下来三个星期"处于抛锚状态。假如"耆英号"已经以 2~8 节的航速行驶了 17 天,那么就该行驶了差不多 1600 英里,这时它应该已经将南印度洋的深海平原远远地抛在了身后——一丁点抛锚的机会也不会有。很有可能,这份小册子是由代笔人匆忙中拼凑起来的,它把第二段航程与第一段完全混淆了,第一段航程实际上花了 51 天。除此之外,其他描述都是吻合的。简言之,对第二段航程早期阶段的记述并不代表实际情况。我们能够从中获得的所有信息就是,"耆英号"在 39 天之后仍然没有如愿进入东南信风带。

因此,想计算出确切时间颇为棘手。从巽他海峡到好望角的航程一共是 63 天。对于"耆英号"来说,相当于平均每天只行驶了 81 英里,全程平均下来就是 3.4 节——这个速度是相当慢的。也许这段航程分作了两个不相等的部分,开始一段时间漫长且令人沮丧,可能有两到

①《"耆英号"详解》,第 8 页。

三个星期甚至更久,甚至可能足足花了39天才走完从巽他海峡到东南信风带区区几百英里的航程。

在1月,被我们称为赤道辐合带(ITCZ)的覆盖范围很广,其最南端能到达爪哇岛以南10°(400～600海里)。在它的北部,风力时断时续,风向相反,可能是从西北到西南之间的任意角度,还经常伴有雷暴和瓢泼大雨。对于"耆英号"而言,长满附着物的船底、在微风和危险海域条件下欠佳的表现会让它的前进非常迟缓——也许每天仅可行驶50英里,有些日子则寸步难行。实际上,在情况最为糟糕的日子里,可怜的"耆英号"甚至发现自己在倒退,因为爪哇岛南部海域的赤道逆流(在幅宽高达250英里的长条形海域内自东—南—东向东流淌,速度最快可达0.5节)会将船员们辛苦调整船帆、利用风力前进的一点点里程抵消。

笔者本人还记得20世纪90年代初在斐济与加罗林群岛之间经历的一次航行,当时也差不多是这个季节,更为强劲的太平洋赤道逆流推动我和同伴乘坐的11.8米长的快艇稳定地向东漂移,致使原本西北朝向的航路以5节多一点的船速日复一日地产生偏向,最终变成了以2～3节的速度驶向正北方。我们没有按计划到达波纳佩(Pohnpei),而是恰好遇上信风,抵达了马绍尔群岛的马朱罗(Majuro),它位于我们预期的目的地以东700英里。否则,我们只能在海上再漂泊三个星期,驶往夏威夷了。

不过,船一旦进入信风带和南赤道洋流而向西驶往非洲,查尔斯·凯利特的指挥在理论上将会更加稳健与轻松。但是时间已经迟了。当时已是南半球的初夏,是东南信风最弱的时节。而此时北半球已是 90

冬季,东南信风撤退到最南方,①平均风力只有3～4级(7～16节),间或还会出现微风或无风的情况。因此在那个季节,即使遇上信风,风力也是时断时续的。"耆英号"似乎就遇上了这种情况。

所以,"耆英号"在印度洋上一直到好望角附近的这段航程非常缓慢,这一点也被4月份《圣赫勒拿公报》上的一则报道证实(《格拉斯哥先驱报》转载这则新闻)。②该报道援引凯利特船长的话说,离开巽他海峡后,"耆英号"遇到的一直都是微风。他还说,毛里求斯南部的天气非常恶劣——那或许是一个正在形成的热带气旋,或者只是热带地区夏季常见的一个"超级单体"雷暴(通常也是气旋的前兆)。这与他身处南半球的夏季,正值热带气旋高发季节的情况相符。《"耆英号"详解》中的措辞虽然简练却不失生动:

> (3月6日之后不久)……强风吹拂,紧接着就是狂风天气。3月22日夜里,大风裹着罗盘打转,伴随着强烈的电闪雷鸣,突然之间西南方向天气稳定下来,吹起了猛烈的飓风;除了一半前桅帆,所有的船帆都落了下来,直到飓风变为稳定的强风,才能稍微多升上去一些船帆。在这种情况下,需要25个人来控制这艘船。③

一旦到达了好望角所在的经度,查尔斯·凯利特便交上了好运,这种情况或许也是他继南中国海至巽他海峡轻松的航程之后头一次遇

---

① 与此相关的3月份印度洋航路图见 http://www.nga.mil/MSISiteContent/StaticFiles/NAV_PUBS/APC/Pub109/109mar.pdf,查询日期2013年2月10日。它显示有50%～60%的概率会见到平均风力为4级的东风或东南风。同一份航路图显示,从巽他海峡出口到480英里(以2节的速度航行就是十天航程)之外的既定贸易航线之间极有可能是微风,风向不定,还有8%的概率无风。
②《格拉斯哥先驱报》,1847年7月16日。
③《"耆英号"详解》,第8页。

到。也许按照最初的航行计划,他打算短暂停靠开普敦以补充给养,同时也让船员们在海上航行多个星期之后暂时休息一下。几乎所有的船只都是这么做的,除非有紧急任务在身(例如要运送消息重大的官方急件)。可是,可能因为查尔斯·凯利特在开普敦附近遇上了道格特角(Cape Doctor)风(一种强烈的东南风),他选择了继续前行。后来他写道,正是因为那股好风,他才选择绕过开普敦。他自然有他的理由,不过另外两个因素可能也发挥了作用。

查尔斯·凯利特想要尽可能地将离开香港后一再耽搁的时间弥补回来。当时是3月末,北半球的夏季很快就要来临,那是他从北大西洋进入英吉利海峡的最佳季节。假如进一步延误(何况他驾驶的不是快船),他就不得不在秋分时节,而不是在夏季进入英吉利海峡。至少在19世纪,秋分被明确认为是天气恶劣的时节,在这之后,风暴、严寒和巨浪会随着北大西洋的冬季一起降临。

就时节而言,"耆英号"离开香港已经很晚了,它的行进又很缓慢。出于上述原因,船底附着物一定越来越多。在印度洋上的这段本就快不起来的航程,"耆英号"走得尤其缓慢。

尽管是从爪哇出发向东南而非向西南方向航行,但是新西兰人阿德里安·海特(Adrian Hayter)在1954年春天驾驶他的小帆船"希拉号"(Sheila)从巴厘海峡驶往澳大利亚西部弗里曼特尔(Fremantle)的经历很能说明问题。海特在泗水(Surabaya)被拘留了一段时间(被诬告证件造假),所以,像"耆英号"一样,他出发进入印度洋的时机已晚。在海上与漏水和顶头风艰苦地搏斗了四个星期以后,"希拉号"船底生长的寄生物越来越多,航行越来越迟缓。海特的食物开始不够吃了,而且由于船上的水箱受到了污染,缺水严重。最后为了生存,他将船上的家具劈碎了充当燃料,用一个原始的炉子蒸馏海水。这段1600英里长的逆风航程,本该需要三个星期左右,结果他却走了11个星期多。长满附着物的船底让船速慢到像是在爬行——就海特的经历而言,平均速度还不到1节。[1]

"耆英号"不是逆风行驶,因此没有那么慢。可即使是顺着信风航行,从离开巽他海峡到抵达好望角所在的经度也用去了63天,而它绕过好望角是在1847年3月30日,这样的速度远远算不上快。查尔斯·凯利特知道自己落后于"正常"进度,无论如何,只要有可能,他总想补回来。

当然了,凯利特轻易抵挡住了停靠开普敦的诱惑其实另有原因。回想一下,"耆英号"驶出巽他海峡的时候,船员们已经在船上待了51天,而且已有迹象表明船员有异动的苗头。而当"耆英号"终于抵达好望角所在的经度时,船员们已经在船上待了114天,也就是超过了16个星期。虽然这远未达到他们签约的最长期限(实际上相当于签约期限的一半),可是不难想象,船上不安的氛围越来越浓。因此,查尔斯·凯利特一定知道,如果他在好望角稍作停留,有可能会失去大部分船员。1846年的开普敦不是大都市,可同样也不是平静的村落,它有大约10000人,[2]是一个繁忙的海运中转港口。假如有人打算在此弃船潜逃,一点都不困难。"耆英号"上的全体船员都可以这么做。欧洲人可以弃船而去,要么到捕鲸船上工作,要么到另一艘船上当水手。中国船员本可以向当地小型的中国社区求助,帮助他们避开不可避免的

---

[1] Adrian Hayter, *Sheila in the Wind* (London: Hodder & Stoughton, 1959).

[2] 博迪利(Bodily)家族的历史见 http://www.rawlins.org/mormontrail/rbodily.html,该家族于1846年抵达开普敦。又见 Nigel Worden、Elizabeth van Heyningen 和 Vivian Bickford-Smith 合著 *Cape Town: The Making of a City* (Cape Town: David Philip, 1998)一书第164-165页。书中写到,1839年有532艘船到访开普敦——不考虑季节变化就是每周10艘——而且每年都在增加,到1860年达到600艘,其中30%是运载移民和印度、中国的包身工(或苦力)的船只,它们中途停靠此以获取补给。

搜捕。①因此,假如船员们不听指挥(几乎可以肯定是这样),那么绕过好望角驶往圣赫勒拿岛就理所当然了。想在圣赫勒拿岛弃船潜逃几乎是不可能的,因为那里太小了,几无藏身之所,只有约6000人,也没有腹地以躲避通缉。

从开普敦所在的经度到圣赫勒拿岛有1700英里,只有17天的路程,这显然有助于船员们重振士气。"耆英号"仍旧是悠闲地前行,不过比起离开巽他海峡后的行程,它的速度快了20%(每天航行差不多100英里或4.2节)。尽管在南大西洋的第一段航程中表现不错,"耆英号"在抵达圣赫勒拿岛时,也已经离开巽他海峡在海上航行近12个星期了。这段航程耗费81天,这个时间即使是在19世纪中期,也是一段很长的时间了——而且毫无回报,哪怕随船装载当季新上市的茶叶运抵伦敦也好。②它的平均速度只有3.5节,毫无疑问非常缓慢。"耆英号"一定是一艘非常可靠的远洋船舶,这一点得到了查尔斯·凯利特的认可:

> 经过整个单调漫长的航程,"耆英号"证明了自己是一艘令人尊敬的远洋航船。它遭遇了很多狂风暴雨,全都能很好地应对,对此,我的航海日志摘录可以证明。③

然而,能够在微风和中等风速下快速航行就是另一回事了。撇开其性能表现不谈,"耆英号"在圣赫勒拿岛抛锚时,船员们已经离开香

---

① Melanie Yap, Dianne Leong Man, *Colour, Confusion and Concessions: The History of the Chinese in South Africa* (Hong Kong: Hong Kong University Press, 1996), Ch.1。Yap 和 Leong Man 没有给出具体数字,不过据推测,1847年的华人社区大概有20或30多人。
② 15年后,运送茶叶的飞剪船从中国航行到伦敦的时间创下了90天左右的记录,最快仅用88天。大多数飞剪船的行程平均用时为100~110天。两地相距约15000英里,那么最快的飞剪船平均速度是7节,表现中等的平均速度不到6节。
③《"耆英号"详解》,第8页。

港,在船上生活了135天了,五个月的时间过去了一多半。何况原计划最困难的4512海里的航程尚未开始,对此,查尔斯·凯利特一定会越来越清楚。

93 **风力微弱,船底附着**

可能还有另外两个原因导致了"耆英号"行进得如此缓慢:风力微弱和船底的附着物越来越多。"耆英号"虽然有"朱南"做防护,但是这种混合物对于阻止船底滋生附着物的功效却从未得到科学验证,它防止船舶污底的特性只是传闻。木制船壳防护涂料有两种不同但同样重要的特性,即防止海洋生物附着船底,防止海蛀虫。

"朱南"中的桐油似乎毒性不大,因为人们经常使用它,只是偶尔会出现接触性皮炎或溃疡。这似乎表明它具有不受海洋生物欢迎的特点,尤其当它与石灰混合使用时(尽管考虑到石灰在动物和植物营养中的作用,这似乎不太可能)。①不过,倒是有大量的坊间证据表明,这种混合物相对而言作用不大,尤其是与铜皮或者现代防污涂料比较起来。②桐油的特性很可能没有经过类似的实验,即让一艘船底刷过桐油的船缓慢航行六个星期,并在抛锚后不对船底附着物进行清扫或

---

① 关于桐油的性能,见:http://www.mastergardenproducts.com/tungoil.htm。关于皮肤疾病见 C. H. S. Tupholme, "Dermatitis from Tung Oil", *British Journal of Dermatology* 51, no. 3 (1939): pp.138–140;更一般的介绍见:http://bodd.cf.ac.uk/BotDermFolder/BotDermE/ EUPH–16.html。关于石灰的性能见:Mel M. Schwartz, *Encyclopedia of Materials, Parts and Finishes*, 2nd ed. (Boca Raton, FL: CRC Press, 2002),网址 http://books.google.com/ books? id=aUJ5fVAVPfAC&pg=PA84&lpg=PA84&dq=is+lime+from+crushed+shells+ poisonous&source=web&ots=V3r3i93aPs&sig=QK0dJh_JgVE7kIShD4b3rDqEies&hl=en&sa= X&oi=book_result&resnum=3&ct=result。上述两个网址的查询时间都是2011年12月6日。

② 用铜包覆船底以起到防护作用是不是中国首创的另一项技术,让18世纪晚期欧洲同样的做法成了"后来者"?这个问题似乎永远都不会有答案。李约瑟给出了中国在4世纪就处于领先地位的证据,见李约瑟等著《中国科学技术史(第4卷):物理学及相关技术》(Cambridge: Cambridge University Press: 1971),第665、697页,不过这个说法也是模棱两可的;即使是真的,但似乎也没有形成常规做法。"耆英号"无疑就没有进行这样的防护。

焚烧——没有证据表明"耆英号"这么做了,当然也没有证据表明它没这么做。这艘船的船壳肯定没有包裹铜皮,而同一时期的西方远洋船都是包铜的。

"耆英号"行进缓慢还与中式帆船船壳的粗糙加工有关。水面下的船体不够光滑会引起水流扰动,产生憩流,海洋生物便会栖息在里面。船壳加工粗糙,即使表面刷了相对光滑的"朱南",粗糙不平的地方仍然数不胜数。一旦海洋生物开始生长,静水区域便会增加,繁殖速度又会加快。于是"耆英号"就会陷入双重麻烦。

不过,如果阻止海洋附着生物对木制船壳来说非常重要,那么防御海蛀虫则可谓生死攸关了。1974年,一艘汉朝帆船的复制品"太极号"试图横渡太平洋,事实证明,它仅仅依赖桐油的做法带来了灾难性的后果。因为单靠桐油,即使处理得很好,也无法在长达几个月的航程中保护船壳不受海蛀虫的破坏。"太极号"的第一段航程似乎相当顺利,可是在海上航行了3个月之后,到了1974年9月2日,海蛀虫的侵蚀扩大到了灾难性的程度,以至船壳木板严重穿孔,该帆船无法继续航行,只能被遗弃。[1]因此,对于远洋帆船来说,防止海蛀虫的传统做法就是双层处理。"万全之策"是增加一个(或多个)牺牲层的船板,西方船只在用铜皮包裹以前也通常采取这种做法。[2]"朱南"是第一层

---

① Kuno Knöbl 的著作 *Tai Ki: To the Point of No Return*(Boston: Little Brown, 1976)第 202- 204 页记述了这个问题是如何被发现的,以及桐油的传统应用。夏士德在其著作《长江之帆船与舢板》(*Junks and Sampans of the Yangtze*)(Annapolis, MD: Naval Institute Press, 1971)第 36 页中也提出了基本一致的观点,不过他谨慎地补充说,这种做法是相对于内河船(淡水和淡盐水)而言的,而非外海船。

② 见李约瑟等著《中国科学技术史(第4卷):物理学及相关技术》。西方船舶在万无一失的保护层之下通常还有第三层防护,那就是用柏油和麻絮做的基层,船的外铺板就钉在这上面。见 J. Richard Steffy, *Wooden Shipbuilding and the Interpretation of Shipwrecks*(College Station: Texas A&M University Press, 1994),p.156。此书描述了一艘沉船的修复品,就是按这种方式建造的。书中探讨了英国造皇家海军"达特茅斯号"的失事过程,该船建于1655年,于1690年沉没。)

保护。中国传统的航海实践起源于近海航行,航程最长也就三个星期到一个月。如果船只在此期间驶入或驶出淡水河流(海洋生物在那里无法生存)——大多数南洋贸易的航路都属于这种情况,那么即使有损害也不会造成灾难性的后果。

事实上,16世纪之前中国所有的航海活动(或许也包括西方绝大多数的商业航行)几乎都是近海航行。这些航海活动不仅航程短,而且使用的船只都较小,船只多在海滩附近工作,这样在潮汐间隙就可以自行干燥,也容易被倾斜清洗。因此,每次航行都能做到定期擦除或清理,附着于船底的海洋生物极少能聚集到妨碍航行的地步。最后,定期驶入淡水或淡盐水[1]的上游港口(如广州、南京、宁波或天津),也有助于减少船底附着物,这正如近滩和浅滩作业使得船底清理变得简单、定期一样。[2]

像"耆英号"这样传统工艺制造的船只通常用传统方法防御海蛀虫。如果它是用柚木造的("耆英号"或许就是),那么这艘船就具有了较好的防护能力,因为柚木本身就能抵御船蛆(也就是海蛀虫)——尽管其防蛀能力不是那么强。[3]这与防止水下的船壳附着海洋生物,完全是两码事。我们能获得的全部证据都表明,"耆英号"在这方面没有任何防护措施。

---

① 淡盐水,盐分界于河水、海水之间。——译者注
② Clifford Hawkins 对阿拉伯船只的研究令人着迷,他对定期清理船底和重新涂刷"朱南"(斯瓦希里语是 shahamu)做了详细描述,认为这完全起不到防止船底附着物的作用。见 Clifford Hawkins 所著 The Dhow: An Illustrated History of the Dhow and Its World (Lymington: Nautical Publishing, 1977)一书第87页,尤其是第34页和第56页上的插图。
③ C. R. Southwell and J. D. Bultman, "Marine Borer Resistance of Untreated Woods over Long Periods of Immersion in Tropical Waters", Biotropica 3, no. 1 (June 1971): pp.81-107. 这篇文章同其他许多资料都认为,柚木防御海蛀虫的能力远远达不到传言所声称的效果,不能因为柚木船体本身能防御海蛀虫就不进行适当防护。又见 J. R McNeill, "Woods and Warfare in World History", Environmental History 9, no. 3 (2004), 其中提到了古巴雪松抵御海蛀虫的优越性能: http://www.historycooperative.org/journals/eh/9.3/mcneill.html,查询日期2011年3月3日。

长时间缓慢行驶或停航抛锚,随后又在温暖的热带和亚热带水域里缓慢航行,"耆英号"这样的做法肯定会招致麻烦。事实上,热带海洋的海水几乎是无菌的——这有点出人意料。[1]因此,对于已生长于船底的附着物来说,自然无法获得充足的食物来源,也很难在行程中获取额外的有机物。唯一的新"乘客"可能是在近海出现的"狗爪螺"。不过,"耆英号"在巽他海峡附近滞留了六个星期,这使得船底附着物生长旺盛,达到了自给自足的程度。这些附着物尽管生长缓慢,但是一旦积累到足够的厚度,不仅会让船行驶得更缓慢,还会提供一个静水区域,让更多海藻和其他生物找到栖身之所。就我们所知,"耆英号"遇到的第三个麻烦是它只装了压舱物,却没有装载货物,即它是压载航行——按照现代水手的说法就是"载重线很高"。[2]在从巽他海峡到好望角的这段航程中,"耆英号"一旦驶入信风带,基本上就是顺风顺水航行。而这段海域的最大问题是(也是它的特征),一年到头十二个月都被信风控制,在信风的推动下,澳大利亚到非洲之间的广阔洋面上形成了长长的涌浪。当然,信风的强度时大时小,但只要风吹过浩瀚海洋的某个地方,涌浪就会在此产生。[3]

顺风航行的空载船极难驾驭,这是因为波浪斜穿过船底时,会导致船身左右摇晃。随着船身的摇晃,吃水线(船体与水接触的水平线)也会相应发生变化。当船向右舷倾斜时,吃水线的形状会促使船向左

---

① 在笔者驾驶一艘快艇开启50000英里的漫长海上之旅时,一位生物化学家告诉笔者的搭档(戴了隐形眼镜),一旦远离陆地,海水中完全没有有机生物,无须处理就可将之作为健康的生理盐水使用!她听从了上述建议,眼睛从未产生不良反应。

② 船舶载重线(它们的"标志线")的起源可以追溯到1876年的《英国商船法》,该法以一位国会议员的名字设立了著名的"普林索尔线"(Plimsoll Line),因为他曾为该法案极力抗争。有意思的是,直到近20年后的1894年,法律才规定这条标志线在船壳上的实际位置。见http://www.imo.org/TCD/mainframe.asp? topic_id=1034。

③ 波浪是由局部风引起的局部的水面起浮。与之相比,浪涌的定义是:由已经停歇的风或者远离浪涌所在地的风引起的水面起浮。

舷偏航,而从后方涌来的海浪会抬高船尾、压低船头,从而加剧上述趋势。当船向左舷倾斜时,情况则相反。显然,船行驶得越快,情况就会变化得越快,一旦舵手失控,损失就会更大。这种情况被称作船舶的突然横转,其后果可能是毁灭性的——1848年"耆英号"横渡大西洋时肯定会出现这种情况。这是一个令人担忧的原因,在第一段航程中,就曾有舵手因天气恶劣而放弃值守。"耆英号"行驶缓慢的第四个原因(附加性的,而不是选择性的),就是自南中国海南下的航程或许让查尔斯·凯利特感到了深深的恐惧。

帆船的转向系统

现在,我们需要将注意力暂时转移到中式帆船的转向系统上。坦率地讲,它们是在实践中不断改进的绝佳例证,然而也是原始的、易损的、极难操作的。

从《"耆英号"详解》中我们可以得知它极易损坏,这让凯利特担忧不已:[1]

> 1847年3月6日,由于天气平静,风力太过微弱,它的时速几乎不超过1节,所有人手都被调动到船舵上去检查老舵绳、安装新舵绳。这是必要的预防措施,因为绕过好望角时,它一定会遇上狂风巨浪。

在西方普及中心线舵技术之前几百年,中国的中心线型船舵就已经发展起来了。[2]不过,没有证据表明西式尾舵是从中国抄袭来的。

---

① 《"耆英号"详解》,第8页。

② Lawrence V. Mott, *The Development of the Rudder: A Technological Tale* (London: Chatham Publishing / College Station: Texas A&M University Press, 1997), p.121。该书提供了有可能是古埃及的中心线型船舵的证据。

这么说有两个充足的理由:首先西式尾舵最早出现在斯堪的纳维亚,这里最不可能成为中国航海技术向外传播的终点;其次,当西方悬挂于船尾的中心线舵真正出现时,它是为了在工程上解决完全不同的问题。[1]

大体而言,中式船舵是安装在中心线上的舵桨,它是旋转式的,直到变成垂直,后来又逐渐改进,变成了"耆英号"上安装的这种样子。据查尔斯·凯利特记载,它非常笨重,"耆英号"的船舵由铁木和柚木做成,重达7.5吨到8吨——安装也不够牢固。[2]西方船舵是用厚重的铁器安装在船尾支柱上(中式帆船没有这种结构),而中式船舵则安装在木制导向装置或钳口上,到了"耆英号"的年代,通常是封闭起来的,不过也有许多是敞开的,很像是装在横梁上的桨架。通过一个或多个高高立于艉楼上的水平绞盘系住舵叶的顶端,船舵被悬挂起来。舵杆装在导向装置上并能上下滑动,这样,在港口或者浅水区,船舵就能吊起来免遭损坏。到了深水区,它可以被降到清晰的水流之中,有时比船底还低好几米。例如,据《"耆英号"详解》记载,"耆英号"的船舵被吊起时,船身吃水12英尺(3.66米),当它被降下时,船身吃水是24英尺(7.3米)。[3]一旦船舵被放下,为了保持其位置稳定,会从船的前下方(舵板根)将草编和竹编的舵绳在船底沿着龙骨两侧向前拉,然后再向上连到一个可以自动调节的绞缆机上——船头有两个高高耸立、向前伸展的"翼",可以自动调节的绞缆机就安装在这两翼之间。我们从现有的一些图片中能看出船舵的这种装配,虽然不是很清晰。

从流体动力学角度来讲,清晰的水流中众多朝向船尾的舵叶让中式船舵成一个异常高效的转向装置。它的另一个优点是可以起到中

① 见 Mott 所著 *The Development of the Rudder* 一书第七章以及其他各处。

②《"耆英号"详解》,第17页。

③《"耆英号"详解》,第16页;以及《贝尔法斯特新闻通讯》,1848年5月26日。

插板的作用,有助于纠正偏航(船只在借助风力航行时容易被风吹向一侧)。

然而,从机械角度来讲,"耆英号"的船舵极端脆弱,因为用来固定它的只有舵绳和横梁上不怎么牢固的木制导向装置。它也没能很好地解决摩擦力的问题,为了固定船舵,舵绳就要将它拉向与木制导向装置相反的方向,从而增加而不是减小摩擦。虽然有证据表明用油脂降低摩擦的做法是存在的,但很少有文献提到可用润滑导向装置解决这个问题。"耆英号"面对的问题是,它在海上待的时间太久了,海水一直冲刷横梁,涂上去的任何润滑剂都会被定期冲刷掉。

对于"耆英号"而言,这些明显的问题可能会由于另外一个结构上的缺陷而显得更加严重。我们见到的所有图片都表明"耆英号"的船舵虽然是有孔的(可以通过降低水压卸掉一些拉力,从而不会过多削弱回转力矩),但却是不平衡舵。这是一个专业术语,是将像"耆英号"上这样的船舵与所谓的平衡舵进行对比——中国船工在10世纪或11世纪就发明了平衡舵,不过似乎主要用在了近海或内陆航行的船只上。①平衡舵与不平衡舵之间的区别在于转动舵叶的舵轴位置不同。假如舵轴位于舵叶导边之后的距离超过了从头至尾长度的1/3或更多,那么这样的船舵就称为平衡舵。假如舵轴位于舵叶导边处,那它就是不平衡舵。简单说来,平衡舵帮助转向的人或机械做了一些工作,让船舶在开始改变航向和再次转正航向回到中心线时相对省力。相比之下,不平衡舵——或者说几乎所有的中式远洋帆船上安装的船舵,操作起来都非常费力。

我们再回头说说"耆英号"。它的甲板上有两个舵柄(上舵柄和下

---

① 人们常说,西方人用了近800年才赶上中国,直到1865年皇家海军"柏勒罗丰号" (Bellerophon)建成,他们的第一个艉柱平衡舵才出现。Mott指出,希腊和罗马的侧后船桨采用的是平衡和半平衡的设计(*The Development of the Rudder* 第3章)。

舵柄),操纵船舵左右转动,船的舵柱顶端就连接在其中一个舵柄上。
在甲板下的露天甲板上,有一个由滑车组辅助的长舵柄。为港口和浅
水区准备的短舵柄也要借助滑车组使用,当船舵升起时,它高高地立
在裸露的艉楼甲板上。在漫长的顺风航程中,也许正是不平衡舵和
它娇气而又不能消除摩擦的支架系统,让查尔斯·凯利特提高了警惕。

根据船舵的尺寸和船舶的吃水线,船的舵柄也有一个最佳长度。[1]
对于"耆英号"这样大小的船来说,舵柄的最佳长度大概是 10 米或
者更长——但这个长度是不可能实现的。因此,就像大多数帆船一
样,"耆英号"的长舵柄比理想长度要短。为了便于操控,甲板上坚固
的支撑点或舷墙上都安装了多组件滑轮或滑轮组,与舵柄尾部保持水
平。舵手负责掌舵,他用力拖拽迎风面的绳索以左右转动舵柄。与此
相关的描述有些混乱。大多数新闻报道都引用《"耆英号"详解》的说
法,称在天气晴朗的时候至少需要两名舵手。有一则报道这样写道:

> (船舵)降到最大深度时,有时需要 15 个人才能移动长舵柄,
> 即使这样,还需要借助一个绞辘起重装置和最好的专利滑车组。
> 不然的话,就需要 30 人。[2]

像这样操作是非常辛苦的工作。就像我们从《"耆英号"详解》中
得知的,天气恶劣时,绞动和拖拽每一个滑车都需要动用全体船员,每
一侧 15 个人,同时还需要船员配合默契。无论天气是好是坏,这套系
统的反应都非常迟钝。想象一下,一个四重滑轮组需要绞进多少绳索
才能让舵柄在甲板上移动足够距离,让船舵移动 10°?

---

[1] Dave Gerr, *Boat Mechanical Systems Handbook: How to Design, Install, and Recognize Proper Systems in Boats* (Camden, ME: International Marine/Ragged Mountain Press, 2008), p.200。
[2]《贝尔法斯特新闻通讯》,1848 年 5 月 26 日;《"耆英号"详解》,第 17 页。

我们还记得"耆英号"是压载航行的,或者说航行时船身很高。任何顺流航行的船只都有向航道左右偏移的倾向,会有节奏地起浮(即被海浪垂直地上下推动),同时,海水从船底流过时,会将它们不断变化的动力传递给不对称的船底形状,船体也会因此产生有节奏的晃动。航行时船身越高,船体的重心和浮力中心就越高,这两个中心之间的关系是影响船体稳定的关键因素。这里还涉及与稳心高度等因素有关的更多技术性细节,不过,我们可以肯定地讲,笨重的索具再加上船身过高,伴随着从船尾吹来的海风,"耆英号"顺流航行时一定极难操控。[1]

将上述所有因素叠加起来,就能很好地理解,为什么查尔斯·凯利特不想让"耆英号"任意驰骋,在被信风吹涌的大海上横冲直撞,那样的话,很可能一个横转,就会酿成大祸。顺着洋流行驶、转向系统又效率低下的轻载船很难控制,因此需要谨慎行事。

中国船员的传统驾驶习惯也是影响因素之一,这从关于本次航行的新闻报道中也能看出来。中国船员在夜间行船时习惯性地采取保守做法(就像好的水手通常能意识到黑暗带来的危险一样[2]),对此,查尔斯·凯利特不可能听之任之。素尹双喜一定比凯利特更了解这艘船,凯利特肯定也明白这一点。因此,尽管凯利特在从事鸦片贸易的船上工作过,习惯于快速行动和严格管理,对航程有更迫切的期待,但

99

---

① 与此相关的精彩讨论以及全面的技术分析可以在 C. A. Marchaj 所著的 *Seaworthiness: The Forgotten Factor* (London: Adlard Coles, 1986)一书中找到,尤其是第 8 章和第 10 章。

② 热带地区尤其如此,在没有月亮的夜晚,一阵强烈的风暴能在黑暗中对一艘船发起可怕的突袭。如果船帆升起太多,可能会被刮破吹跑。据称,东印度公司商船常在夜间减帆航行,这种保守的航行方式被人广为诟病。不过 Jean Sutton 提出的观点也非常正确,这种方式并不是铁律,只要能从快速航行中赚钱,许多东印度公司商船的船长随时能做改变。见 Jean Sutton, *Lords of the East* (London: Conway Maritime, 1981), pp.94–95。

面对中国船员关于安全的传统做法及期望,他也不得不有所妥协。①

或许是在这一段航程中的经历(包括在巽他海峡遇到的困难),船员们开始对一艘从事南洋贸易的传统帆船在离开了本国水域后,以极为反常的方式航行时的性能极限产生了怀疑。接下来的航程还很漫长,距离伦敦还有4512海里,其前景一定谈不上诱人。至少欧洲水手们一定知道接下来将是一段艰苦的航程,包括在季节转换(冬/夏转换为春/秋)达到最高潮时穿越赤道无风带,这对一艘已经在微风中缓慢行驶的船来说,将是漫长而又令人气馁的。即使克服了上述障碍,这艘船接着还要北上北大西洋,需要绕过亚速尔高压区进入西风盛行带。等他们进入这一航程时,可能正好遇上东北向的顶头风,风力通常不大,大概在纬度上跨越15°～20°,这将是900～1200英里最为轻松的航程,占接下来4512海里长航程的1/3。鉴于目前"耆英号"的表现,仅这一段航程就至少需要耗费2～3个星期。按照最佳航线计算,剩下的行程加起来还需要60多天,同时还要精心算计,以保证饮水和储备充足。考虑到船可能遇到无风的情况以及船迫于逆风、逆流绕了远路,在海上多耽搁70～80天也在意料之中。

中式帆船的性能

现在我们来简单谈一谈"耆英号"的帆装及其性能潜力。它是一

① 说凯利特在鸦片船上工作过显然只是推测,不过,仔细查看一下1841年8月到1843年1月在香港港口停靠过的船舶名单,就会发现差不多80%的船都装载了鸦片。上述名单由驻广州的法国领事 M. Forth-Rouen 根据港务局局长的报告编辑,该报告出现在他的书信册里,现存于法国外交部档案馆。见笔者所著 French Ships, Friendship (Hong Kong: Hong Kong Maritime Museum, 2008)一书第35页。直到第二次鸦片战争(1856—1860)解除《虎门条约》(1843)对中国港口贸易的限制之前,鸦片一直是主要的贸易货物。我们不知道查尔斯·凯利特在成为"耆英号"项目的合伙人之前与谁一起航行过,船长又是谁,不过他的职业很可能与运输鸦片有关。Frank Walsh 引用1851年3月8日的《经济学人》的文章,在大篇论述香港开埠前十年在贸易方面没有任何发展时写道:"这座岛(香港)就像一座保税仓库……为鸦片贸易而设。" Frank Walsh, A History of Hong Kong, reviseded.(London: HarperCollins, 1997),p.197。

艘传统的有桅船,一根巨大的前桅明显向前倾斜,位于船中的一根主
桅稍微前倾。船尾和右舷是较小的后桅,像大多数帆船上的后桅一
样,它不是真正的驱动桅帆,而是主要起到保持桅杆平衡的作用,从而
为始终处于脆弱状态的船舵部件减小压力。因此,"耆英号"的主要动
力来源就是前桅帆和主桅帆。它们都由篾席制成,这种传统"帆布"有
许多优良特征,不过空气动力性能却并不突出。

　　"耆英号"不是快速船,只是符合其建造目的的一艘坚固可靠的近
海工作船。虽然它在性能上无法与同一时期西方最快的横帆船出色
的表现相提并论,但是,与严格意义上的对标物——构成帆船全盛时
期主力工作船的18世纪末的双桅横帆船——比较起来,它却毫不逊
色。即使是刚刚登场的无与伦比的极速飞剪船,①在风力不佳的情况
下从中国出发,艰难航行15000英里,也需要近140天,这比"耆英号"
的平均速度只快了大约1节。我们需要记住这一点。

　　然而,从圣赫勒拿岛再向前,尤其是赤道以北的航程,是令查尔
斯·凯利特劳神的第二个问题。也就是关于航行点的方向——与风向
相关的船只前进方向。如果经验丰富,19世纪中期横帆装备的帆船能
够与正风向保持68°左右的角度航行。②这一角度不能再小了,因为桅
杆的静支索妨碍了帆桁调整,帆桁上悬挂的帆离船的艏艉线很近。由
此可知,从理论上讲,中式帆船的帆装应该能做得比这更好,因为它无
支撑,与艏艉线一致,又是全板条的平衡吊耳支索,不会受到静支索的

---

① 归属于 Howland 和 Aspinwall 的第一艘极速飞剪船"彩虹号"(Rainbow)于1845年建造下水,
是由 John Willis Griffiths 设计、在纽约的 Smith and Dimon 船厂建造的。D. R. MacGregor,
Fast Sailing Ships: Their Design and Construction, *1775–1875*, 2nd ed.(London: Conway
Maritime Press, 1988),p.124.
② 基础文本见 John H. Harland 的杰作 *Seamanship in the Age of Sail: An Account of
Shiphandling of the Sailing Man-of-War*, *1600–1860* (London: Brassey, 1982)。关于横帆
船能在多大程度上近风行驶,见第62–66页。

妨碍。的确,无论过去还是现在,经常有人声称中式帆船的帆装在空气动力学上都大大优于西方的横式帆装。可是,理论与实践之间存在着巨大的鸿沟。[1]

"耆英号"已经有了几千英里的航行经验了,即将在北大西洋逆风行驶,查尔斯·凯利特自然关注"耆英号"将会有什么样的表现。尽管理论家们坚称自己对想象出来的普通帆装的看法是正确的,凯利特想必也不会受其影响。假如"耆英号"在巽他海峡附近逆着微风航行都遇到了困难,那么他对于前途的忧虑自然是有切身体会的。有什么理由相信"耆英号"在风力更强劲、海浪更汹涌的北大西洋会表现得更好呢?

有人(例如李约瑟[2])声称,不管风力大小,"耆英号"装备的船帆(特别是在传统船体压载航行的情况下)完全可以让它在近岸航行时逆风行驶——这样的说法有些鲁莽了。获得李约瑟称赞的帆船的空气动力特性(即全板条的平衡吊耳帆)其实只是就理论而言。毫无疑问,基于精巧的多部件挡板设计,这种帆装异常灵活,有利于根据风向调整以适应风柱上产生的自然风弧。[3]但是,在亲眼看到这样的风帆在现实中升降调整之后,对于它是否能让一艘帆船在波涛汹涌的海上借助风力驱动逆风前进,自然就另当别论了。

这些又长又重又不灵活的板条似乎并没有被设计成任何形式的翼型截面——即从上面看横截面时形成的一条曲线。即使是这样,独立片状的竹编船帆也不是最具延展性的织物,缺乏帆布具有的众多特点;而且也没有证据表明竹帆在编织或剪裁时考虑到了任何空气动力

[1] Stephen Davies, *Coasting Past*: *The Last South China Coastal Trading Junks Photographed by William Heerin* (Hong Kong: Hong Kong Maritime Museum, 2013), pp.35-64.
[2] Walsh, *A History of Hong Kong*, pp.595-599.
[3] 这就是说高度增加和表面摩擦力降低导致真正的风的速度增加,作用在船帆上的视风风向会逐渐偏离海平面上的风向。因此,从甲板至桅顶的船帆必须逐渐向下风向偏转,以便获得相同的入射角,起到类似机翼的作用。

学的理论。在评论中式帆船的船帆制作时(有人指出这是帆布做的船帆),夏士德这样写道:

> 在中国……制作船帆在很大程度上是一种家庭工作,不依赖任何制帆图。一旦确定了船帆的大体尺寸,便把帆桁杆和板条铺到地上,用帆边绳连接起来做成框架,然后在这上面铺设帆布。亲朋好友和妻儿老小——事实上,任何一个懂得缝制的人都行——都被劝说或强迫加入这种劳作……①

传统的船帆技术含量不高,而且几乎总是(尤其在近海)在有风时使用。②如果帆船具有在大海中顶风航行的显著特点,那么帆船贸易肯定不会在长达几百年的时间里都局限于只能借助季风开展季节性航行,从而形成了有中国特色的海洋航行通道。横帆的帆桁能够向前转到何种程度,就明确限制了船能在多大程度上近风航行。对于能够将船帆调整到与正风向呈45°甚至40°夹角的帆船而言,这种限制不会存在。

那么,为什么它们的实际表现不如横帆船呢?答案很简单,远洋航行的船只不仅要解决空气动力问题,还要解决流体动力问题。③许多帆船的问题在于(除非是一些由宁波设计的船只或由广东设计的受西方影响的船只),尽管船帆本身具有优异的空气动力特征,但是船体在流体力学方面却未能提供实质的帮助。中式帆船只是一个大而无

① G. R. G. Worcester, *Sail and Sweep in China: The History and Development of the Chinese Junk as Illustrated by the Collection of Models in the Science Museum* (London: HMSO, 1966),p.20.
② Worcester, *Junks and Sampans of the Yangtze*(《扬子江上的帆船与舢板》), p.86.
③ C. A. Marchaj, *The Aero-hydrodynamics of Sailing*, 3rd revised ed. (London: Adlard Coles Nautical, 2000).

当的运载工具,设计时丝毫没有考虑速度和顶风航行能力。其目标是建造一种低成本、低技术含量的船体,具有良好的内部载货量,能够在传统季节里成功而经济地为传统航线提供服务。总的来说,这个目标是明显达到了的。

中式帆船的逆风航行能力不佳。郑成功(Coxinga)①就有过这样的经历。2008年"太平公主号"(第一艘完成环北太平洋航行的中式帆船)也有同样的遭遇。"太平公主号"是明朝"赶缯船"(小型战舰)的复制品,只有16米长,尽管比"耆英号"明显要小得多,但两者的结构大体是一致的。②"太平公主号"从日本出发自西向东横跨太平洋,预计的终点是温哥华。这艘船被阿拉斯加洋流推向南方,洋流的推动作用不仅让它一点点地远离温哥华,而且失去了停靠温哥华或西雅图的机会——两者都是原计划的停靠港。船长刘宁生尽了最大努力利用风势以使船向北航行,结果却毫无成效。经过几天逆风逆流的缓慢航行,他能做到的最好结果就是将船停靠在胡安·德富卡海峡(北纬48°15′)以南大约445海里的加利福尼亚州尤里卡(北纬40°50′)。③"太平公主号"装备的是现代帆布,并粉刷了防污涂料,因此,虽然它在排水量和长度上比不上"耆英号",难以对付顶头风,但是其经历对于理解"耆英号"在逆风航行时的欠佳表现很有参考价值。如果中式帆船总体上在波涛中逆风航行的性能不佳,那么,在同样条件下,压载航行的污底船就会像是没有了脚掌的鸭子。

---

① Coxinga,也写作"Kocksinja",是荷兰殖民者跟随闽南百姓对"郑成功"的称呼。郑成功原名郑森,后被明绍宗赐国姓"朱",赐名"成功"。清朝因忌明讳朱,才称其为"郑成功"。他本人从来都是以"朱成功"自称。——译者注

②《"耆英号"档案》,第4页:"('耆英号')集商船和战舰的特点于一身。"

③ 参见刘宁生船长的私人通信。

在圣赫勒拿岛

"耆英号"在1847年4月17日抵达圣赫勒拿岛。或许是预感到最后一段航程中将要发生的事情,船员之间的关系在此地进一步恶化。"耆英号"在岛上停留了一个星期(不可思议的是,在此期间似乎有3000人上船参观[①]),很明显,欧洲船员有了反叛情绪,而中国船员则急于离开。事实上,这艘船的航程差一点就在此提前结束了。

参观人数没有太大意义,水分很大,原因很简单。任何到达圣赫勒拿岛的船只必须在岛的西北近海处抛锚,或者被拖拽到此处,与岛上的任何交往都要通过小船进行。假如一个星期内有3000人参观,考虑到首尾各花半天的时间用来办理手续等,那么六天中每天都有500人乘坐渡船往返于"耆英号"和海岸。渡船一定是用桨划行的,而一艘长船能装载的乘客不超过10~12名;算上下船的时间,一次往返行程将费时23~30分钟。每天往返40~50次,每次花费半个小时,就需要20~25船次的运力。要将3000名参观者送到"耆英号"上,至少需要三艘渡船在它停靠期间的白天几乎毫不间断地往返。与此同时,岛上的大部分正常生活肯定会中断!许多与"耆英号"有关的数据都显示出对简单的数学计算漫不经心的忽视——也许是出于无知。

与此同时,查尔斯·凯利特还要担心其他问题。大概一年之后,他在从波士顿写给维多利亚女王的一封信中提到"我的伙伴"(三名欧洲船员)——弃船而去,提到岛上的一位中国居民用鸦片和"烈酒"盛情款待他的中国船员,[②]还提到他对其他欧洲船员的不满。 很明显,凯

[①] 这个数据很有意思。"1851年的一次人口统计显示岛上共有6914名居民。"(http://en.wikipedia.org/wiki/Saint_Helena)

[②] Yap 和 Man Leung(*Colour, Confusion and Concessions*,第13页)指出,1830年前后,岛上有接近200名中国居民。到了1834年,随着圣赫勒拿岛成为英国殖民地,不再为东印度公司所有,官方政策规定将中国居民送往开普敦。截至1847年,岛上仅余少数中国人。最后一名中国居民死于1875年。

利特和他的高级船员无法解决问题。直到事情被申诉到圣赫勒拿岛的治安法官巴恩斯少校和英国蒸汽护卫舰"佩内洛普号"（Penelope）的舰长那里，[①]这些船员才返回各自的工作岗位。

这让情况更加恶化。严格说来，查尔斯·凯利特完全是在自己的法定职责范围内行事。按照英国海商法，一名船员一旦签署契约到船上工作，[②]就要遵守现行的规章制度，因此，他或多或少会丧失一些作为自由人在普通法律上的权利。所以，法律和执法官员必须支持查尔斯·凯利特。但是，他求助法律解决问题的事实也表明，西方高级船员和中国高级船员的个人威望已经完全丧失，无力控制局面。

因为个人威望才是将全体船员维系在一起的最终纽带——尤其对"耆英号"上的这群混搭船员而言。按照西方海洋法规定，"船员不能按照契约规定履行自身义务的会被追捕，被抓获后可被实施监禁，以迫使他完成自己的承诺"[③]。与此类似，"这是已知普通法中唯一一种规定由成年的自由人提供的服务，雇主可以因雇员失职或违反义务自行对其施以处罚"[④]。中国船员极有可能不知道西方的这条法律，或者即使知道也根本不会接受。

一旦一名水手真的按英国条款签署了契约，就会有规定限制船长或船主想把船开到哪就开到哪。柯蒂斯（Curtis）这样写道：

104

---

① 这封信被重新刊登在 1848 年 2 月 17 日的《加勒多尼亚信使报》上。"佩内洛普"号最初是一艘风帆护卫舰，1829 年下水。1832 年，通过增加长度为 63 英尺 4 英寸的中段，它在查塔姆（Chatham）被改造为明轮船。Lyon & Winfield，见前引书，第 152—153 页。此时，"佩内洛普号"由皇家海军上校 Henry Wells Giffard 指挥，名义上是非洲西海岸总司令 Charles Hotham 准将的旗舰。

② 英国和美国的海商法在这一点上区别不大，George Ticknor Curtis 的 *A Treatise on the Rights and Duties of Merchant Seamen according to the General Maritime Law and the Statutes of the United States*（Boston：Little and Brown，1841）一书的内容与我们考察的案例密切相关，可以告诉我们接下来的情况。

③ 出处同上，第二章，第 11 页。

④ 出处同上，第二章，第 12 页。

它也是一个默示义务,即航程必须确切、肯定,且不能偏离。对于船抵达目的地的外港后船长自行决定继续前进的情形,古代海洋法有许多不同条款涉及水手的相应义务。有些法规规定解除水手的契约,如果没有新的约定,他们就没有义务继续前进。另外一些法规则规定船长必须向船员提供额外补偿,而他们必须接受,没有权利选择解除契约。不过,现代法规一致支持严格遵守合同条款对于航程的描述,并且规定描述必须诚实详尽。①

凯利特在此地被迫借助法律和武力威胁才能将他的船员维系起来,这不是一个好兆头。就像纽约庭审案件所表明的那样,"耆英号"上的生活是依靠纪律来维持的,这样的情形就中国习俗而言是根本不可想象的。

第三段航程

慢上加慢

1847年4月23日离开圣赫勒拿岛以后,"耆英号"再次缓慢地驶向赤道。圣赫勒拿岛与赤道相距大约1180海里,这段行程耗费了15天。因此,在这段航程中,尽管部分航段有东南信风的推动,"耆英号"的平均航速也只有3.3节。

¹⁰⁵ 根据新闻报道和《"耆英号"详解》对凯利特航海日志的概括,"耆英号"于5月8日穿越了赤道,位置在西经17°40′,正好位于东西半球分界线的西边、非洲突出点西南方570英里的地方。这个穿越点与船

---

① 出处同前,第24—25页。

舶在这个季节中穿越赤道的最佳位置相距很大,两者相差了440～740英里。

凯利特想到过咨询比他自己更熟悉帆船驾驶的人,别人告诉他不要对帆船的逆风航行能力期望过高。因此,他解释了自己选择这个穿越点的原因,那就是担心"耆英号"遭遇东北信风时表现不佳。

> 为了正赶上顶风,利用东北季风……我们越过了赤道(水手们都认为对于这种级别的船来说,这是最困难的一段航程)。①

毫无疑问,在穿越赤道无风带的漫长过程中,赤道逆流也让船产生了额外的漂移。②两种因素相加,"耆英号"穿越赤道的时候,正位于东西半球分界线的东方,假如凯利特的判断没错,那是进入北大西洋一个相当好的位置。

凯利特一度想要效仿东印度公司商船的做法,停靠位于南纬8°、西经14°15′的阿松森岛(Ascension Island),那里东距"耆英号"从圣赫勒拿岛至赤道穿越点之间的航线最多只有150～180英里。该岛只有英国海军驻守,没有其他居民,因此不用担心船员潜逃。还有一个充足的理由,岛上的海龟可作为船员的主要食物来源。这个问题一定曾令凯利特颇费思量。

我们知道访问阿松森岛至少是有可能的。但是,在圣赫勒拿岛发

---

① 《加勒多尼亚信使报》,1848年2月17日。
② 《"耆英号"详解》,第7页。英国水文局档案馆存有一幅由爱好者合成的海图,显示了在1865年扣人心弦的"茶叶竞速大赛"(当时五艘破裂的飞剪船比赛谁先从福州抵达伦敦)中,参赛的五艘船都在西经22°附近穿越赤道,尽管当时是8月,而不是5月。香港海事博物馆收藏了该图的一份副本。《世界大洋航路》(第191页)建议在西经25°～30°之间穿越赤道。

纽约,1847年7月9日抵达

查尔斯顿

1847年6月16日
与"乌拉尼亚号"通话

北大西洋

亚速尔群岛

马德拉群岛

加那利群岛

佛得角群岛

赤道

1847年5月8日

亚马逊河

阿松森岛

1847年4月23日

圣赫勒拿岛

南大西洋

40°N

20°N

0°

20°S

180°W   160°W   140°W   120°W   0°

地图4:"耆英号"的第三段航程

生的分歧显然还在继续：

> 然而，既然出现了船员叛逃的情况，我就不能在无法确保安全的情况下冒险踏足阿松森岛，因此便与航道保持了相当距离，但变换的风向却导致我们向阿松森岛驶去，不过还没有近到被人觉察的程度——除了高级船员；船员们仍旧多一点忙都不肯帮；不过这只是猜测，不采取严厉的惩罚是断没有人承认的，我们竭尽全力安抚他们的情绪；但是有一次，部分船员出于服用鸦片后的兴奋，断然拒绝履行职责。有必要实施处罚以进行警示了，因此我惩罚了闹得最凶的人，用绳子的一头在他身上抽了几个口子。他跳海了。将他捞上来之后，我认为应当把他铐起来。这起到了预期的效果，暂时而言，似乎一切顺利。①

航行一开始，中式航海及船员之间的协作方式与西方的差异就表现出来了。有了这次的"叛逃情况"与凯利特的应对措施，再加上西方人对于中国人的"松懈"所持的态度，弥合中西方船员管理差异的困难再一次凸显出来：一边是中国船员看似平等，甚至民主的做法，另一边则是英国人军队般严格的管理方式。

这不仅是截然不同的权力行使方式的问题。中国船员作为一个团队进行工作时，任何成员出现问题都会在内部解决。船上的管理体系看上去多是很随便、敷衍任务或临时安排的；任何非常规工作的负责人都是在工作过程中应运而生的，而不是按照正式的等级事先指定的。同样，T.A.莱恩记述的中国船员们夜班值守的方式也表明，中国

107

---

① 凯利特1848年1月14日在波士顿写给维多利亚女王的信，刊登在1848年2月17日爱丁堡出版的《加勒多尼亚信使报》上。

船员完全没有把其当成一件程序化、规律性的事情来对待。

船员制度对比

我们有必要暂停一下，尽可能清晰地比较一下"耆英号"船员们截然不同的海上生活方式。先让我们看看英国的船员制度演化到19世纪40年代时是如何运作的。

英国船员被严格分为四组。级别最高的是高级船员，以船长为首，由大副和二副协助（在大型船舶上可以一直排到六副）。相应地，协助大副和二副的是下级船员（在"耆英号"上，是否存在下级船员尚不确定），他们以小组的形式负责船舶运行与值守。最后一级是负责警戒和站岗的船员。也就是说，每一名船员都属于"船的一部分"——大型船舶分为四部分：前甲板、前桅楼、主桅楼和后甲板；中型船舶分为前甲板、桅楼和后甲板三部分；小型船舶则只有前甲板和后甲板。考虑到"耆英号"的大小，凯利特很可能将它分为三部分，并相应分配欧洲船员，可能也包括中国船员。三个部分都会配备值守，要么在左舷，要么在右舷。第四组人员，是像修帆工、木工、厨师和水手长（当然还包括乘客）这样的"闲人"，这些人很有可能在同一侧，他们不必参加轮流值守。

正是根据这样的划分，西方船舶上的日常生活才建立了秩序。

工作分配基于船的各部分划分，由不当值的人在白天（工作日）完成。例如，二副可能指着前甲板船员下命令，不值班的"你，你，还有你"，去给起锚绞盘上润滑油，将库存从船头仓库搬到厨房备用，更换一下前舱口的捻缝材料，把艏楼的舷墙再涂一遍，等等。

不过，在行驶过程中，船还需要掌舵和驾驶，这项工作通过值班制度来完成。每天24小时，值班人员要专心掌舵，全方位瞭望，调整船帆以及更换动索上的夹子。^①值班期间,能力最强的船员^②会在船舵旁担当值守(通常2小时左右),或是担任观察员(极少超过1小时),或者随时待命,看值班的高级船员、下级船员或者组长有什么任务分派。这一体系的工作节奏完全依照时钟而行,在船上以遵照按严格规范响起的钟鸣声为标志。

　　每一天都被分成四小时一轮的值守时段:^③第一班(20:00—23:59)、中班(00:01—04:00)、晨班(04:00—08:00)、上午班(08:00—12:00)、下午班(12:00—16:00)、早夜班(16:00—18:00)和晚夜班(18:00—20:00)。每个值守时段中每隔半小时,船上就会按既定的模式和节奏响起长长的钟声。钟声"八响"就是要换班了,"八响"是四次双响:"叮——叮,叮——叮,叮——叮,叮——叮"。半个小时后,铃声再次响起,并在4个小时的值守时段里如此反复,直到再响八声。单数时刻的响铃模式为:响三声就是"叮——叮,叮",响五声就是"叮——叮,叮——叮,叮",以此类推。记录时间也以这套体系为准,某某事情发生在"上午班三响铃"的时候——也就是陆地上人们说的09:30。

　　商船通常在绝对必要的情况下才配备相应数量的船员,它上面没

---

① 举例说明,就是将一根吊索收紧或放松一点,以改变摩擦点的位置,减少局部磨损。这样可以减少磨损,延长绳索的寿命并减轻混乱及绳索断裂的危险。

② 在英国体制中,这些能力更强的手被称作"熟练水手",其经历证明他们具有"整理、收卷和转舵"的能力,意思是说:他们能在甲板上整理绳索,这对迅速安全地调整船帆至关重要;能爬到空中收卷船帆或者将收起的船帆展开;还能操纵船舵。其他水手都是见习生(实际上就是学徒,尽管在英国商船上,只有未来的高级船员才能接受正规的学徒训练)或普通水手,在监督下负责日常维护、保持警戒以及执行其他任务(包括爬到空中)。Peter Kemp, *The Oxford Companion to Ships and the Sea* (Oxford: Oxford University Press, 1976), pp. 1, 373, 695–6 and 831。

③ 严格说来是分为七个四小时时段和两个两小时时段,后者也被称为"夜班",分别是16:00—18:00和18:00—20:00,目的是避免总在同一时段值守的单调,这种做法从17世纪就开始了。尚不清楚这种更为复杂的系统在"耆英号"这样的普通小船上被应用到何种程度。

有军舰上那种额外的仪式和系统化的管理（其特色就是水手长用叫喊声或口哨声等声音传达明确的指令）。船员们理应了解自己的职责，并且以最简单的方式迅速、正确地响应并履行它。一句"准备转向"的叫喊——准备好改变航向所需的一切，好让风从另一侧吹到船帆上——就足以令值班人员（在恶劣天气情况下则是全体船员）完成所有不同的任务——准备好船帆和转桁索、释放帆脚索等——以确保命令下达时所有的索绳都能运行流畅，不会卡住，"预备，转变航向！"

按照西方组织有序的做法，每位船员的值守和在船上归属的部分决定了他的生活安排；他的日常活动被安排成了一个清晰的、涵盖24小时的时间表，日日重复。

据我们所知，这跟中国船舶上的做法完全不同。我们已经看到了，中式船舶在驾驶时需要众多人力，可是它们精巧的帆装却与西方船只上复杂的多帆、多控制索的设计不同，不需要精心调配众多人手就能控制。与此类似，中式帆船上的组织结构也远没有那么正规和等级分明。与其说是命令这个、指挥那个，不如说是大家一致同意下一步该做什么，然后协力完成。

至于船舶的工作部件，似乎也与上述情形大致类似。中式帆船看似极端经济（一个子儿也不能浪费）的运行方式似乎意味着其故障率会大大高于进行了日常保养的船只。船上"某一部分"的工作更有可能是间歇性的，由突然断了一根绳索或折了一块板条引起，而不是日常的大修、检查、修理和更换。零件很贵，许多帆船除考虑到某些因素携带一根备用船舵之外，库存备件的数量很少。不过，我们还要多考虑一点，中式帆船是"低应力"设计，相比同等大小的西方船只而言，风对它施加的压力以及由此对船体和索具产生的压力要小得多，因此，更换和维修的需求就少得多。还有一点需要注意，那就是恰恰因为中式船帆的基本设计和结构特点，中式帆船在千疮百孔时的性能与完好如初时相比几乎毫不逊色,根本不会遇到西方船只船帆破损后急需维修的情况。

举个例子就能说明这种对比。许多西方船舶会准备两三套船帆,一套修补过的旧帆(或许还有少许备件)用于遇到热带较为温和的天气以及信风带风力稳定、极少狂暴的情况时航行。还有一套崭新的船帆,是为高纬度风力更强劲、波涛更汹涌的情况准备的。[①]很快,中式船舶上难觅踪影的一系列工作程序就会展开。撕裂的船帆需要修补、展平、卸到甲板上,再把替换的船帆摇上去、卷好——想象一下修补和替换用几根绳索捆绑在甲板上方35米高的帆桁上的顶桅帆,需要什么样的技巧、组织和配合? 当船驶出信风带进入中纬度海域——或者反过来——全体船员都要工作起来,卸下一套船帆,换上另一套。那意味着要将重达五六吨的帆布降到甲板高度,再将同样重量、紧紧捆成"香肠"一样笨重难看的帆布摇上去。例如,在与"耆英号"大小相当的西方船舶上,一面顶桅帆至少重350~400千克。

因此,西方船舶上的钟声、指令、需要完成的任务以及完成的速度和步骤都应当采取特定形式,还要以此来塑造从事这些工作的人的思维模式。一名船员"应该"怎么工作也就相应有了章法。 *110*

中式帆船则是另外一个世界。船上不仅没有钟声来对时间的推移进行标记,而且工作节奏也是完全不同的,以截然不同的任务作为间隔。

中国水手使用一种非常古老的计时方法,与12个两小时构成的计时制度(即中国陆地时辰中的"更")有很大区别。中国水手的时辰是十进制的,分成100个相等的时段,称为"刻"(大概是14.4分钟),每

[①] Derek Lundy, *The Way of a Ship: A Square-rigger Voyage in the Last Days of Sail* (London: Ecco Press, 2004)。船员工作的基本内容见 Harland 所著 *Seamanship in the Age of Sail* 一书。

一刻有60"分"(大概是14.4秒)。①每个"十进制"的一天是6000"分",因此,船上的一"更"是600"分",即2.4小时,令人迷惑的是它与陆地上长度为500"分"的"更"有着相同的称呼。对于中国水手而言,一天有十"更",所以说,对于"耆英号"上船员关系的评论就很有意思了,查尔斯·凯利特似乎从来没有解释过哪个制度占了上风……甚至没有表达过他知道有一种值班体系与西方的不一样,无法对应起来。

是不是欧洲船员采用欧洲的值班制度,而素尹双喜和他的手下采用中国的"更"? 抑或是任何一方对对方的做法都不甚明了,也不感兴趣? 我们无从知晓。不过我们可以猜测,那些水手可能已经在帆船上工作多年,一直沿用传统的船员组织体系管理船上的日常生活,他们会发现钟声和它所传递的不甚明了的指令是一种新的、陌生的语言,似乎没有什么必要去掌握——他们是在帆船上,不是吗?

实际上,欧洲人很可能完全忽视了中国船员的存在,只有笨重的、显然不愿意从事的体力活才叫上中国船员,比如用力拖拽舵柄滑轮和升降索,其他方面的事则任由素尹双喜对他们进行管理。也许与此同时,欧洲人把"耆英号"当作西方的双桅横帆船来实施日常生活管理:船上的钟声报时了,半数欧洲船员向另一半揉着睡眼的船员交班,大副、二副也交接值守——而闷闷不乐和迷惑不解的中国船员则被呼来喝去:"李,船帆放到那去! 嗨,家伙,我让你拖绳子你就拖。拖走!"其余的事则随他们的便。

最聪明的做法并不是考虑是否要按照西方船舶的管理方式管理中式帆船,欧洲人没有那么做,而是找到了更简单的办法。中国船员都是"懒虫"。他们"一吃鸦片就兴奋"。他们"拒不履行职责"。他们

---

① 我很感激魏根深(Endymion Wilkinson)的著作《中国历史研究手册》(*Chinese History: A Manual*),修订增补版(Cambridge, MA: Harvard University Asia Center, 2000),第六章,第198-219页。魏根深是穿越这座迷宫的可靠向导。

必须受到惩罚,已经有例在先了。桀骜不驯的闹事分子被"拘以铁链"。随着"耆英号"艰难地驶向北大西洋,食品也消耗殆尽,只是"暂时而言,似乎一切顺利"就毫不奇怪了。

蜗行牛步,驶向西北

我们不知道"耆英号"继续以迟缓的速度前进是否因为赤道无风带引发的问题持续不断,尽管这种可能性是存在的。不过,到目前为止,我们一直以来的怀疑也会对其产生影响——船底的附着情况一定愈发严重。我们知道,除非有劲风吹拂,否则船底附着物能够严重到让船几乎无法动弹的地步。一则偶然的新闻报道显示,"耆英号"可能遇到了这种情况。在它抵达纽约后,一则报道(据说最早刊登在《纽约快报》传到了英国,称"船底附着非常严重,对它的航行有所影响。它不得不被放到分段式船坞上进行清理"[1]。

还有一个事实,"耆英号"是在压载航行,即船身很轻,吃水很浅。我们知道它的桅杆、船帆和索具都很重(尤其是主桅重量达到了9吨左右——假如公认的看法没错[2]),也许查尔斯·凯利特一直让船减帆航行,不是想防止船过度摇摆从而产生危险,就是想避免被一阵狂风叠加罕见的大浪掀翻——这两者是同一个问题的两个方面。无论出于什么原因,"耆英号"向北穿越赤道,接着继续向北,在遇上迅疾的、对它不利的东北风之前,它的行进速度一直很慢。

到了5月底,水和食物必须定量配给了,也许船接近圣赫勒拿岛

① 《格拉斯哥先驱报》,1847 年 8 月 9 日。"分段式船坞"是一种浮动式的船坞,截至 1847 年,纽约已经有了几座。H. Johnson 和 F. S. Lightfoot 所著的 *Maritime New York in Nineteenth-Century Photographs*(New York: Dover Publications, 1980)一书第 80 页中特别提到两座,一座在 41 号码头以南,另一座在派克街(Pike Street)。J. H. Morrison(*History of the New York Shipyards*, New York: Wm. F. Sametz, 1909, p.61)写道:"纽约分段式船坞公司在 1839 年根据菲尼亚斯·伯吉斯(Phineas Burgess)和丹尼尔·道奇(Daniel Dodge)的规划修建了一座分段式船坞……它的位置就在东河上其他浮船坞的附近。"
② 《"耆英号"详解》,第 19 页。

时就这么做了。据《"耆英号"档案》记载,按照一定方式限量分配是早期必须采取的措施:[1]

> （驶出巽他海峡后）有必要对船上的政策以及物资和水的分配做出一些调整。中国人每天定量分配4夸脱水,欧洲人3夸脱。这么做绝对有必要,因为前者到目前为止实际消耗的水量是每人每天4加仑,他们还烧掉了1330磅木柴。

"耆英号"似乎并不是在奉命进行一次豪华的探险活动,公用物资短缺也许很正常。

果断抉择

随着5月临近,查尔斯·凯利特知道他的船遇上麻烦了,他必须修改计划。于是,他放弃了英国这个目的地,驶向美国。[2]当他们行驶到北纬12°、西经42°时,水和食物都快耗尽了,凯利特声称最初的打算是驶往南卡罗来纳州的查尔斯顿（Charleston）,那是距离他们最近的港口。将这个地点与后来"耆英号"更接近美国时的另一个地点放到一起比较,就能反映出假如查尔斯·凯利特坚持原来的计划,他将在本质上面临什么样的问题。

各种信息渠道都引用劳合社的记录,披露了在航程中看到过这艘

---

① 《"耆英号"档案》,第10页。
② 有些刊登了这条新闻的报纸将"耆英号"抵达纽约归因为导航错误（见1847年8月9日《格拉斯哥先驱报》、1847年8月14日《普雷斯顿卫报》）。我们不知道有什么线索致使他们得出如此草率的结论,与其说领航员缺乏经验,不如说他是彻头彻尾的无知,才能犯下如此惊人的错误;到目前为止,这艘船的航行表唯一能证明的就是凯利特船长扎实的能力。

帆船的报告。①"弗罗拉·基尔号"(Flora Kier)首先在4月9日见到了"耆英号",当时"耆英号"位于南纬26°、东经11°,还在驶往圣赫勒拿岛的途中。其次,"乌拉尼亚号"(Urania)在6月16日见过它,此时"耆英号"报告"一切物资缺乏,可能驶往美国"。"乌拉尼亚号"报告的相遇位置是北纬29°12′、西经61°59′,此地正是北上大西洋的位置,航船在这附近有望发现东北季风开始减弱,会被迫选择西方亚速尔高压区周围更长的航线,那里的风力更小,也更多变。

一方面,按照西方传统,凯利特拥有船长的特权,另一方面又是中式的船舶管理方式。考虑到上述情况,看一看改变航程驶往美国的决定是如何做出的,就很有意思了。我们知道原因,但是不知道凯利特是做了决定以后秘而不宣,还是自作主张后告知了船员,抑或是在一定程度上征求了他人意见。由于船长特权受到一定限制,此时的西方船舶通常受到制定好的航行计划的约束。不过,船长在实践中似乎具有相当的自由裁量权,尤其对不定期航行而言。无论是何种情况,如果船只偏离预定航路,出于必要而提出的请求总会得到支持。

中国船舶的管理与此不同。据了解,任何变动都要经过船员同意。假如查尔斯·凯利特动用了西方船长的特权而没有征得中国船员的同意,那么这种差异可能就是造成后者紧张和不满的另一个原因,并且终于在纽约浮出了水面。

这与清朝初年的一次航行形成了对比,那次航行被一名乘客——僧人大山——记录了下来。大山叙述了船接近越南海岸时的情景,以

① 1847年7月23日《晨间纪事报》、1847年7月26日《加勒多尼亚信使报》、1847年7月28日《阿伯丁日报》。《海员镜报》(*The Mariner's Mirror*)上刊登的H. H. Brindley的文章《"耆英号"》对其中一些报道进行了总结。1847年7月24日的《汉普郡电讯报和苏塞克斯纪事报》等报纸上登载了含混的报道,称"耆英号"在百慕大附近,并推测它曾经在那里停靠——这是19世纪中期完全不了解船只去向的一个绝佳的例子。

及停靠哪个港口的决定是如何做出的：

> 船长兼船主及众商贾欲入会安，以利易货与售卖。一众僧侣欲往清化，更易拜谒国主及其臣属。相持不下，请余裁夺。余曰："吾等岂非急于靠岸乎？"众人皆曰甚急。吾请顺风张旗为代言，曰："如今吾等便看风作何主张。彼向会安，便去会安。彼向清化，便去清化。"既已定，吾等自不必选。众人皆曰如此甚好。然舵工不断转向会安。恰逢此时，风向右吹，张满船帆，更易抵达会安。少顷，风向渐向清化。船工收卷风帆，向风停船。山顶犹可见而不可及……
>
> 早膳将尽，吾问曰："往会安？往清化？"众人答曰："风向会安，清化反之。"吾笑曰："既如此，今便往清化。"[1]

将"耆英号"在这一困难阶段的航迹绘制出来很有必要。从圣赫勒拿岛北上赤道的路程行驶缓慢，"耆英号"的航向已经被查尔斯·凯利特转向东方。然而，凯利特最早决定前往查尔斯顿时给出的位置（"耆英号"穿越赤道位置的西—北—西偏北 1880 海里）表明，在他们穿越剩下的赤道无风带并且向北航行找到稳定的东北信风之前，已经在洋流的携带或推动下向西偏移了大约 24°20′（大约 1450 海里），向北只偏移了 12°（大约 720 海里）。当时，凯利特发现自己所处的位置是亚马孙河口北—北—东方向 760 英里。

114　下面是《世界大洋航路》上推荐的从圣赫勒拿岛出发的航线：[2]

---

[1] 查尔斯·惠勒(Charles Wheeler)，《僧侣纪事——17 世纪一个中国人赴越南海上旅行的回忆录》(*A Chinese Memoir of a Sea Passage to Vietnam in the Seventeenth Century*)，未出版，第44 页。由惠勒博士提供，并经其同意摘录。

[2] 出处同上，第 191 页。

直航驶向阿松森岛,从任一侧经过皆可,在西经25°～30°之间(为了获得更好的风力条件,七月份在西经20°～25°之间)通过赤道。然后向北行驶以尽快抵达并穿越东北信风带(七八月份穿过西经30°以西至北纬10°的平行区域)。东北信风很可能在北纬26°～28°、西经38°～40°附近消失、西风出现,到达这里后就可以调整航线驶往英吉利海峡了。

在我们推测"耆英号"发现东北信风的地点(大概是北纬7°、西经37°),查尔斯·凯利特将会发现:为了从推荐的经度前往英吉利海峡必须先抵达西风带,而这已经不可能了。推荐的离开信风带进入西风带再前往英吉利海峡这条航路的最西端离"耆英号"第一次发现信风带的地点不远。根据推理,我们可以计算得知:一般的西方船只若按推荐的位置通过赤道,其航向偏西将减少10°～15°,而偏北将增加26°～28°。相比之下,"耆英号"抵达信风带北部边缘的时候,已经在西向上减少了接近80°,是推荐的4～5倍,而且用去了54天,差不多相当于东印度公司商船从香港出发到达英吉利海峡整个航程最短平均耗时的一半了。正如查尔斯·凯利特形象描述的那样:

尽管大多数时候刮的是东北风,可最好的时候船也只能向西偏北行驶,有时甚至更糟……让我们极为沮丧,几乎绝望地以为再也无法穿过东北信风带了。在行驶到北纬12°、西经42°的时候,我们检查后发现,食物似乎支撑不到航程结束的那一天了……

可是,假设"耆英号"很快遇上了猛烈的西风,掉转方向驶往英吉利海峡,结果又会如何? 由于航行缓慢外加之前的延误,不可避免的结果就是"耆英号"北上北大西洋的时间不是一年中的最佳季节。那很可能是一段极其漫长的航程。再考虑到食物储备情况,他们显然不可能抵达英吉利海峡。由于想要借助风力得到拯救几乎是毫无希望,查尔斯·凯利特做出的决定是他唯一的选择。在这方面,就像在"耆英号"上展现出来的众多航海和领航技术一样,凯利特被证明是一位精明的、非常能干的船长,无论他作为跨文化沟通的大使有哪些缺点——或许他从来没有希望或者假装充当后一个角色。

从我们推测"耆英号"遇上东北信风到它与"乌拉尼亚"号相遇,两地之间相距大约 1525 英里,"耆英号"的航迹基本上稳定地指向西北方,没有迹象表明它行驶得更接近盛行风,因为就像凯利特所说的,它没有能力那么做。相反,考虑到东北信风的风向多变,而且在 6 月间风向更偏东,而不是东北,①"耆英号"在大多数情况下更有可能是后舷风行驶,在风偶尔向前刮时正侧风行驶,风向偏转为东北时则是横侧风行驶。②"耆英号"在 6 月 16 日与"乌拉尼亚号"通过话,那是在它离开圣赫勒拿岛 54 天之后,也是穿越赤道 39 天之后。因此,从圣赫勒拿岛算起,它 54 天航行了 3060 英里;从赤道算起,39 天航行了 1880 英里。航行速度分别是 2.4 节和 2 节。可以说,"耆英号"简直是在爬行,即使是在有"横侧风"的情况下。

接下来的局面听起来更加糟糕:船员们拒绝履行职责,风向也不配合,每日配给只能借助他们能够捕到的"大量"鱼类勉强维持。凯利特采用了"最温和的方式"说服船员进行合作——据推测,当其他劝说

---

① 6 月份北大西洋航路图上显示如此, 见 http://www.nga.mil/MSISiteContent/StaticFiles/NAV_PUBS/APC/Pub106/106jun.pdf.

② 海军上将史密斯(Smyth)精炼地称这种风"忽左忽右,让航行摸不着方向"。W. H. Smyth, *The Sailor's Word-book: An Alphabetical Digest of Nautical Terms, including Some More Especially Military and Scientific, but Useful to Seamen; as well as Archaisms of Early Voyagers, etc.* (London: Blackie and Son, 1867).

手段都以失败告终,他会偶尔再动用一下绳子头。幸运的是,他们偶然遇到了一艘美国双桅横帆船,获得了一些物资,还获得了"一张海图和一名海岸领航员",[1]尽管我们不知道这次幸运会面发生的具体位置。双桅横帆船的船长建议凯利特前往纽约,尽管他们途中又遭遇了狂风,蒙受了损失,包括两根桅杆开裂,船帆破损。[2]

我们也可以将这段航程的航迹绘制出来,假设"耆英号"驶往查尔斯顿,直到在距离该岛几百英里处才转向纽约(或许此时仍位于墨西哥湾流外缘的东方),于是便形成了急转弯(或称作"之"字形)的航线,即从一边转向另一边。"耆英号"在遇到"乌拉尼亚号"时位于查尔斯顿的东南稍微偏东方向,那么问题就是,在最后这段时间里,风力是如何作用的。让我们再看看推荐的航线,有意思的是,"耆英号"与"乌拉尼亚号"相遇时,正位于驶往纽约的最佳位置:"前往纽约,先要尽量抵达北纬30°、西经70°,从那里尽可能地正对纽约行驶。"[3]"耆英号"的位置已经足够靠东,这是必要的吗?在这个季节,从美国东海岸到墨西哥湾流东侧广阔区域内的主导风向一般是西南风,因此,"耆英号"的前行就获得了有利于左舷转帆的风向,一路上还得到了墨西哥湾流稳定的助力。

"耆英号"漫长航程的最后一个航段长度大约1080英里。当他们最终于7月17日接近纽约港的时候,[4]时间又过去了21天,其间平均

---

① 这被称为航行指南,自从15世纪出版以来,覆盖的水域越来越多,细节也越来越丰富,这种做法从18世纪末开始加速发展。

② 见《"耆英号"详解》,第8页,以及凯利特写给维多利亚女王的信——《致最尊敬的女王陛下》,1848年2月17日再次刊登在《加勒多尼亚信使报》上(不过署名却是凯利特1848年1月4日写于波士顿)。这件不幸事件的定义是:"开裂:桅杆或帆桁的任何部位横向或斜向的裂缝或缺口,致使再升挂通常数量的船帆变得不安全。"William Falconer, *An Universal Dictionary of the Marine* (London: Cadell, 1780)。

③ 《世界大洋航路》,第192页。

④ 细节摘自凯利特《致最尊敬的女王陛下》的书信。

速度大概是2.1节。由此可知,离开圣赫勒拿岛以后,"耆英号"用75天的时间航行了大约5535海里,平均航速是3.1节。

航海世界的变化无常、船长肩上责任的艰巨以及责任要求的严苛,都突出地体现在了"耆英号"的航程上。伦敦距圣赫勒拿岛4512英里——大概70~80天的航程,其他条件都一样。但是,前往纽约的航程就是一个明显的例证,说明其他条件大不相同。在理论上,无论不切实际的航海者认为传统帆船具有哪些潜在的性能极限,实践中的证据却表明"耆英号"不太适合超远距离航行或逆风航行。这其实并不奇怪。几百年来,传统的中国航海船舶是为了另外一种类型的航海,即为了在平静水域里相对较短的航行设计的,其航程最长或许只有1500~2000英里①,而且还是在有利的季风条件下顺风顺水地航行。

实际上,有关"耆英号"的记述还有另一个未道明之处令人好奇。在海上航行75天就是两个半月。相关的标准参考书上都会提到,在海上航行一至三个月后就会出现坏血病的症状——一种由饮食中缺乏维生素引起的衰竭性疾病,最终可导致死亡。②中国的航海者似乎很早就掌握了这个问题的解决办法,不过人们并不清楚他们到底是怎

---

① 这差不多是从中国出发进行传统海上贸易时一艘帆船所能面临的最长的行程了;可能是从印度西海岸的南部港口——卡利卡特(Calicut)或柯枝(Cochin)——前往也门南部的一个沿海港口(大约1700海里),或者直接穿越阿拉伯海抵达现代肯尼亚的某个地方(大约2000海里)。我们从记载中得知,15世纪初以后,就很少有中国船只再这么做了。绝大部分航路都要比那短许多——不到1000海里,即使按照"耆英号"的航速行驶,很可能也不会在海上航行超过两周。

② Kenneth J. Carpenter, *The History of Scurvy and Vitamin C* (Cambridge: Cambridge University Press, 1986).

么理解这种疾病的,又是怎么防治它的。[1]

西方人对坏血病的理解通常被归功于英国海军外科医生詹姆斯·林德(James Lind)1753年出版的《论坏血病》一书,尽管林德根据经验观察到的相关性实际上别人也注意到了(包括荷兰物理学家约翰·巴克斯托姆,而且要早20年)。林德的书并未造成广泛影响,坏血病直到19世纪末还持续困扰着英国人。例如,19世纪中期探索西北航道[2]的一些倒霉的英国指挥官就相信良好的卫生习惯、经常锻炼和良好的士气就可以对抗这种疾病。

坏血病的一个常见症状是身体疲乏、呼吸短促,特别是在劳累的情况下,还伴有明显的身体不适。由于"耆英号"在这75天的航程之前已经航行了81天,只在圣赫勒拿岛短暂停留,船员们很可能已经明显出现了饮食缺乏性营养不良的症状。凯利特或许已经明白了问题可能是由食用"大量新鲜鱼类"造成的。新鲜鱼类不像某些富含维生素C的特定水果和蔬菜那样能够防止坏血症发生。

凯利特及其合伙人对这艘船的要求远远超出了其设计初衷。假如凯利特坚持按原计划从圣赫勒拿岛前往伦敦,其结果可能是一次痛苦而漫长的航行,前进不了多少距离。他在位于北纬12°、西经42°时做出的改道美国的决定是一名优秀而又明智的海员应该做出的决定。他不仅让船员们免于进行一次漫长的航行——比他们实际完成的更

---

[1] M. Torck, "The Issue of Food Provision and Scurvy in East and West: A Comparative Enquiry into Medieval Knowledge of Provisioning, Medicine and Seafaring History", in *East Asian Maritime History I: Trade and Transfer across the East Asian "Mediterranean"*, edited by A. Schottenhammer et al. (Wiesbaden: Harassowitz Verlag, 2005), pp. 275–288。事实上,从遗传角度来讲,中国水手可能更容易受到坏血病的威胁。见 J. R. Delanghe, M. R. Langlois, M. L. de Buyzhere and M. A. Torck, "Vitamin C Deficiency and Scurvy Are Not Only a Dietary Problem but Are Codetermined by the Haptoglobin Polymorphism", *Clinical Chemistry* 53, no. 8 (2007): pp.1397–1400。

[2] 指由大西洋经北极群岛至太平洋的航道。——译者注

长,很可能还拯救了他们的生命。

或许除了"耆英号"的大副和二副、伯顿和雷维特(也许还有中国船长素尹双喜),船上没有人对此心存感激。从巽他海峡出发以来漫长而缓慢的航程中,船员们依靠船上的配给在海上度过了156天——没有迹象表明有任何一个人在船只停靠圣赫勒拿岛期间上岸了。算上在巽他海峡附近的漫长等待和辛苦工作,自这艘船离开香港以后,他们在船上已经度过了210天,或者说将近7个月。"耆英号"的船上生活并不快乐。现在它抵达了一个避风港,将要在此停留很长一段时间,同时会麻烦缠身。

119

第四章 停留纽约,遭遇麻烦

抵达

在海上航行数周之后,靠近海岸总是一个激动人心的时刻,此时精神会彻底放松。几个星期以来,人的思想一直集中在载着他穿越了浩瀚海洋的小小世界里。他那小小的船上世界就是他的整个世界。船上的声音、气味、风格和节奏就是生活的全部,是他日日夜夜熟悉得不能再熟悉的伴奏。不熟悉的噼啪声或其他声响,船体运动的轻微变化,飘来的奇怪气味……任何变化都会让他产生警惕,发出质疑。天气发生变化了? 舵手打瞌睡了? 船帆被卷走了? 他的感官完全锁定在这艘船的航行上面。船成了自我的延伸,以及自我的化身。

他的水手同伴就是他的整个社会,由于不可避免的近距离接触,来自同伴的安慰和冒犯都被放大了。借用欧文·戈夫曼(Erving Goffman)现成的说法,这种"全控机构"(total society)造成的后果有好有坏。[①]一艘幸福的航船就是一个密切协调的有机体,每一名船员都是他人的安慰,他或她的个性完全被全体船员的单一个性吸收了,成了它的一部分。船上的生活自成一体,这也是为什么众多船员上岸后会不知所措,无法适应环境,与周边社会格格不入,直到他们再次踏上甲板,再次拥抱熟悉的船上世界,才能恢复正常。

恕我不恰当地引用托尔斯泰的名言,[②]假如说所有幸福的航船都是相似的,每艘不幸的航船则各有各的不幸。随着驶近安布罗斯(Ambrose)海峡[海峡南面的标志是1828年建成的75米高的双子灯塔"内维辛克"(Navesink)、桑迪胡克岛(Sandy Hook)上一座1764年建成的高26米的灯塔以及1838年建成的一艘灯塔船],"耆英号"成了一艘极其不幸的航船。[③]它特有的不幸源自贯穿本书的主题,即正在工业化的、自信的西方社会与地球上其他社会之间产生的并正在扩大的理解与认同方面的巨大鸿沟。

对于细节,我们几乎一无所知,因为查尔斯·凯利特的航海日志似乎已经遗失,而《"耆英号"详解》和《"耆英号"档案》对此又只字未提。在圣赫勒拿岛,船员中的欧洲人像不听指挥的中国水手一样让凯利特担心。在大西洋航段经历的坎坷以及同中国船员愈发紧张的关系让他们为了展示文化团结而回心转意了吗?

---

① 欧文·戈夫曼的 *Asylums*：*Essays on the Social Situation of Mental Patients and Other Inmates* (Garden City, NY: Anchor Books, 1961)一书是最常被引用的权威著作,尤其是"全控机构的特征"(第3–124页),第45页也特别将船队囊括在其中。戈夫曼在前言中将"全控机构"描绘成"一个居住和工作的场所,其中有大量境遇相似的个体,他们与外部世界长时间隔绝,共同过着一种封闭的、被形式化管理的生活"。

② 原文是《安娜·卡列尼娜》开篇的第一句话。

③ 第一艘灯塔船1823年就停泊在桑迪胡克附近,但后因要建造内维辛克双子灯塔,1829年被拆除了。1838年,这里又安置了一艘新的灯塔船,仍被称作"桑迪胡克","安布罗斯灯塔船"的名字直到1852年在更偏北的安布罗斯海峡入口建起了一艘新的灯塔船以后才启用。因此,当"耆英号"抵达纽约时,引导它进港的导航设备还有待完善。见 George R. Putnam, *Lighthouses and Lightships of the United States* (New York: Houghton-Mifflin, 1917)。

我们不知道。

媒体和凯利特的记述中都没有提到"耆英号"上全体船员的普遍不满。根据现存的航行记录以及查尔斯·狄更斯在伦敦写下的文章推断,欧洲船员留在了船上。真正感到不幸的可能是一部分中国船员,特别是那批近九个月前最初在黄埔签约的船员——鉴于他们签署的条款,对于这段时间的长度,这些不幸的人估计早已心知肚明。

查尔斯·凯利特内心一定非常感激那次与不知名的美国横帆船的偶然相遇,对方不仅建议他前往纽约,不要去查尔斯顿,①还提供给他"一张海图和一名海岸领航员"。像"耆英号"这样从东南方进入纽约港,如果没有任何形式的导航辅助,将会是要求极高、风险极大的做法。因为当一艘船从佛罗里达和安布罗斯海峡之间的任一点靠近美国东海岸的时候,它几乎看不到任何东西,除非距离海岸不超过几英里。

新泽西海岸的地势很低:长长的海滩前方没有多少高于海平面15~20米的地方,直到能看见位于新泽西州海兰兹(Highlands)、高达75米的内维辛克双子灯塔。当你知道从安布罗斯海峡南入口到佛罗里达,整个美国大西洋沿岸的最高点是内维辛克双子灯塔时,就能勾勒出此地海岸的清晰画面。②

这片绵延于开普梅(Cape May)和长岛之间的海岸是航海世界中的"海岸墓地"之一。据估计,德拉瓦河(Delaware)入口与哈德逊

---

① 人们不禁要问,这位深思熟虑的美国船长是否意识到了南北战争之前南方所持的不同态度,因此认为对于一艘船员大部分是中国人的船舶而言,查尔斯顿不如更加国际化的纽约受欢迎。

② http://www.nps.gov/history/NR/twhp/wwwlps/lessons/131lighthouse/131facts1.htm.

河入口之间大约有4000～7000艘沉船。[1]记录显示,在1848年之前的十年里,有338艘船在长岛和新泽西海岸沿线失事,几乎是每个月三艘,月月如此。[2]仅凭一张航海图和一位来历不明的海岸领航员就驶近这片未知的海岸,这对查尔斯·凯利特的航海技术将是一次巨大的考验。

最有可能被采用的导航手册是由埃德蒙·M.布朗特撰写的第12版或第14版的《美国海岸航行手册——包括北美洲和南美洲海岸的主要港口、海角和陆岬:描述灯塔的测深和方位以及设在岩石、浅滩和岩礁上的信号浮标等,还包括盛行风、洋流流向等以及主要港口和海角的纬度和经度,并附潮汐表》[3]——其书名令人惊叹。这本书最初于1796年由劳伦斯·弗隆(Lawrence Furlong)船长编纂,由布朗特(Blunt)出版,后者从此承担了对它进行更新的任务。

布朗特描述的从南方进入港口的方法占据了五张密密麻麻的页面,令人生畏,但却非常有用。按照当时流行的做法,领航员应该更多地通过探测水深和海底性质来确定方向,就像给出的例子那样,而不是小心地依靠罗盘导航和视觉定位。至于原因,布朗特说得也很清楚。一方面,有的海岸非常低,除非你已经决定取道那里前往目的地,

---

[1] 见 http://njscuba.net/sites/index.html。该网站有许多详细的图表显示沉船的密度。当你意识到,未在图表上标示出的沉船数量,或者还未被发现的沉船数量可能是标示数量的15倍或20倍——甚至更多,这些发现就更加令人震惊了。

[2] 见 http://www.uscg.mil/history/articles/CGNorthAtlantic.pdf。美国海岸警卫队提供的相关历史资料服务堪称典范。

[3] 埃德蒙·M.布朗特(Edmund M. Blunt),《美国海岸航行手册》(*The American Coast Pilot*: *containing directions for the principal harbors, capes and headlands, of the coasts of North and South America: describing the soundings, bearing or the lighthouses and beacons from the rocks, shoals and ledges, &c. with the prevailing winds, setting of the currents, &c and the latitudes and longitudes of the principal harbors and capes, together with a tide table*),第14版(New York: Edward and George Blunt, 1842)。水手们通常送信,所以没有第13版。

否则几乎看不出来。另一方面,各处海底具有明显的规律性,其结构都有详细记载。从巴尼加特(Barnegat)到桑迪胡克,我们一口气读到,第一个地方是黑白色的细沙,第二个地方是泥浆、贝壳和砾石,第三个地方则是铺着黑白细沙的非常坚硬的海底。

假设查尔斯·凯利特站在高出海平面约12米的艉楼上,那么直到距海岸不到15海里,低矮的海岸才能进入他的视野。直到距离海岸25英里(以"耆英号"的航速,就是7～8个小时的距离),他才能看到内维辛克灯塔[①]和上面六年前才安装的法国产菲涅耳(Fresnel)透镜。低矮的海岸在他的背风面,15米深的等高线在离岸2.5～3英里的地方,他一定会让测深员在"耆英号"狭窄的通道上忙得不可开交。

像大多数经验丰富的航海家一样,凯利特一定是决定先接近美国海岸再登陆,这样,只要一看到海岸线,他就知道该往哪边走才能找到桑迪胡克灯塔。简单点说,要么从足够北的地方靠近海岸,然后左转;要么从足够南的地方靠岸,然后右转。考虑到凯利特所走的路线,后一种情况适合他,这也正是布朗特所建议的:

> 如果你从哈特拉斯角(Cape Hatteras)附近入港,就要沿桑迪胡克的南岸航行,当心它的浅滩,航行方向北—北—东,这样就会到达泽西海岸的水深测量点。当你在北纬40°测得20英寻(36.6米)的深度后就可以靠岸登陆了,这样,你就可以避开海岸的险情,避开更靠近海岸的浅滩……要像前面所说的,在夜间要小心,不要驶入浅于10英寻的水里。[②]

---

① 布朗特给内维辛克(Navesink)起了个快乐的名字——"永不沉没"(Neversink)。
② 布朗特,《美国海岸航行手册》,第213页。

凯利特必须确保从长滩北端巴尼加特灯塔的北侧接近海岸,当然,他还必须保持谨慎,不让船离海岸太近,以便能看到灯塔发出的微光。①最合理的方案是从巴尼加特灯塔和桑迪胡克之间靠岸,这样或许可以在最后几个小时的黑暗中看到内维辛克的灯光,为自己最后靠岸提供信心。如果凯利特采用了布朗特的建议(很有可能),他还得确保,在夜间缓慢向海岸靠近时,"耆英号"必须保持在水深30米以上的水中——如果有必要的话,还会向上浮——这样就能保证"耆英号"离岸至少5英里。这样,他就能在晨光乍现时最终靠岸了。

随着低矮的海岸缓缓地在地平线上一起一伏,"耆英号"上沮丧的船员们终于看清了这些稀疏的地标,这说明查尔斯·凯利特已将他们安全带到了港口,此时这些分歧严重的人们在思想感情上一定是五味杂陈的。对于查尔斯·凯利特和他的高级船员而言,这或许证明他们被迫改变了最初的计划。对中国船员来讲,这或许意味着苦难的终结。对于每一个人来说,这都意味着令人担忧、令人疲惫的漫长旅程终于结束了,他们可以上岸了。

不过,"耆英号"首先得在桑迪胡克灯塔船附近顶风停船漂航,并向岸上发送信息,进行"接洽",要求提供帮助,好让它穿过海港入口不断变化的浅滩,并上行最后12~13海里,穿过纽约湾海峡到达曼哈顿岛西南端炮台外的检疫泊位。

布朗特在手册中非常有把握地认为,在顺风顺水的情况下,船长完全可以将船顺利驶入港口。但是,凯利特不熟悉水况,而且这艘船桅杆开裂、船帆破损、船底附着严重,船员又不听指挥,出于谨慎,他一定会寻求一切可能获得的帮助。

没有记录提到"耆英号"在此需要等待多长时间。记录上说它是

① 见 http://www.uscg.mil/history/weblighthouses/LHNJ.asp。1857年,光线得到了改善。

被拖进纽约的。不过,可以肯定的是,"耆英号"首先需要一名领航员,而且此时领航员就已经在船上了。[①]领航员是一种非常危险的营生,仅仅在前十年,就有400多人丧生。[②]

1835—1836年的冬季对沿海航运而言,是一个特别灾难性的季节。那年冬季的一个下午,两艘移民船(当然是指船而言)靠近了桑迪胡克灯塔船。当时的风向是东南偏东,风力很大,近乎狂风。这两艘班轮在灯塔附近顶风停船漂航,发送旗语要求提供领航员,并鸣枪以进一步引起港口巡防队员的注意——他们的救生艇就停泊在桑迪胡克湾内。我们刚才说过,这一年纽约港的领航效率不高,这两艘搭载了移民的班轮无法得到带领它们穿过纽约湾海峡的领航员。它们的船长不得不将船头向着海岸逆风停船,由于不能顶风航行,最后他们被吹到了长岛的海岸上。其中一艘在罗卡韦(Rockaway)东岸搁浅,另一艘在如今被称为琼斯湾的东岸搁浅。每艘船上都有150~300名乘客,到第二天天亮时,船上的人几乎都死了。

"耆英号"进港时,纽约州和新泽西州在桑迪胡克大约有40名领航员可提供领航服务,他们工作在四艘领航船上,其中三艘近岸巡航,一艘驻扎在桑迪胡克灯塔船附近。1845年,当局已经宣布,领航员不能在桑迪胡克湾或其附近等待,必须到距桑迪胡克灯塔船15英里的

---

① Edward L. Allen (ed.), *Pilot Lore: From Sail to Steam and Historical Sketches of the Various Interests Identified with the Development of the World's Greatest Port* (New York: National Service Bureau, Sandy Hook Pilots Benevolent Association, 1922)。这本书一开篇就列出了 1852—1922年在履职时殒命的51名领航员的名单。

② 出处同上,第6页。

地方巡航,以便更好地拦截船只,并在它们在近岸安全地停泊时为它们提供领航服务。①如果有领航员登船,那么他可能是在"耆英号"离桑迪胡克还有几英里远的地方遇到的。船上有了领航员,"耆英号"就一直自行航行到了纽约湾海峡的南入口,然后在那里遇到一艘拖船,并被拖到纽约港炮台,于1847年7月9日抵达了城堡花园外的泊位。②

¹²⁴"它驶入(自行驶入)港口的时候,到处是招展的旗帜,港口内聚集的一大群船只向它致意。"③

几年之后的1853年,塞缪尔·沃(Samuel Waugh)创作了一幅水彩画《纽约湾和纽约港》,这幅画碰巧描绘了"耆英号"此刻的位置。这幅画的主题是塞缪尔·沃从意大利的"盛大旅行"(grand tour)中归来。画面的前景里有一艘爱尔兰移民船正在当时位于炮台的边防站下客;"耆英号"则停泊在画面中间稍远的地方。这件巨幅画作以"意大利"的全景为结尾,正作为公众娱乐设施进行展出。④据说在"耆英号"停留纽约期间,P. T.巴纳姆(P. T. Barnum)建造了它的复制品并进行展出,还谎称是由心怀不满的"耆英号"船员亲自表演的。⑤然而,即便是相信有这么一艘船的学者也认为,巴纳姆的复制船上不可能有中国水手进行表演,因为根据当时的报道,无论巴纳姆展出的是哪一艘船,其船员都是以欧洲人和美国有色人种为主的。另外一些学者则否认"巴纳姆船"的存在,尽管尚不清楚这两个故事是如何调和

---

① 出处同前,第9页。

② John Kuo Wei Tchen, *New York before Chinatown: Orientalism and the Shaping of American Culture, 1776–1882* (Baltimore: Johns Hopkins University Press, 2001), p.63.

③《伦敦新闻画报》,1848年4月1日,第222页。

④ 这幅画的摄影复制品见纽约市立博物馆网站。

⑤ P. T.巴纳姆的一个好朋友名叫纳撒尼尔·柯里尔,他创作的版画或许刻画了"耆英号"最真实的面貌,见www.oldprintshop.com/artists/currier-ives-nat.htm。假如巴纳姆复制了一艘中式帆船用于街头表演的说法有丝毫真实的成分,那么柯里尔细致的制图很可能充当了一个有用的数据库。

的。同时期的材料很明显相互矛盾。凯利特观察到的一件事情提供
了一个可能的答案,他声称,那些关于"耆英号"根本不是中国船,而是
在缅因州建造的英国船的传闻,只不过是故意抹黑的谣言。①

娱乐大众

"耆英号"在纽约停留了大约四个月时间,其间一定有所盈利,因
为有些报道称它每天有4000人参观,每人须交费0.25美元。诗人沃
尔特·惠特曼(Walt Whitman)也在参观者之列,不过他对这艘船的
看法未见报道。游客还包括美国最杰出的骨相学家(如今不像1847
年时那么受推崇了!)奥森·斯夸尔·福勒(Orson Squire Fowler),他
比较了西方人和中国人的人文类型,得出了令人伤心的预言。②

关于参观人数的说法存在明显差异。假如我们采信最大的数字,
即每天4000人,那么"耆英号"每天就有1000美元的收入,或者说差不
多一个月30000美元的收入。换算成2007年的钱数的话,则绝对是
一个巨大的数目。③这个数目实在太大了,反而说明它一定被严重夸大
了。从另外一个角度也能得出它肯定被夸大的事实。卫三畏在"耆英

125

---

① 凯利特写给维多利亚女王的信件。
② 约翰·罗杰斯·哈达德,《中国传奇》(New York: Columbia University Press, 2008)。
③ 经济史的网站上(http://eh.net/hmit/)提供了五种不同的比较方法。其中最具有参考性的
是,假如参观者数量正确无误,那么则意味着展览获得了相当于今天7000万美元的收入。
同时,考虑到1847年纽约人口介于371223和515547之间(Ira Rosenwaike, *Population
History of New York City*, Syracuse NY: Syracuse University Press, 1972, p.36, 表6),如果四
个月内有480000人参观了"耆英号",那么则意味着纽约市近乎100%的居民都乘坐小船
登上过这艘抛锚的船。两种分析都表明,参观者人数被夸大了。

号"停靠纽约期间发生的故事中扮演了重要角色,他在一封信中提到,[①]"耆英号"整个逗留期间的净收入为 20000 美元,参观者总数为100000 人。显然,这个更大的数字是经过夸大的,实际上,卫三畏给出的数据说明价格上存在一定的折扣。即便如此,20000 美元在 1847年也是一笔大数目,按今天的价值计算,相当于 500000 美元。然而,无论"耆英号"赚了多少利润,查尔斯·凯利特和他的合伙人似乎都没见到多少。为了在城堡花园外预先集结参观者,并安排他们乘坐摆渡船往来"耆英号",场地的所有者查尔斯·海泽(Charles Heiser)和菲利普·弗伦奇(Philip French)可能向"耆英号"收取了高达总收入80% 的费用,这一比例相当高,看起来有点离谱。据报道称,"耆英号"一天的典型收入为 274.24 美元(8 月 7 日),这意味着当天的参观人数是977人。"耆英号"大概于 7 月 16 日向公众开放,持续到 9 月初,开放日差不多是40天。假如 8 月 7 日的收入相当于平均数,我们便可算出其总收入大约为 11000 美元,参观人数约为 39000 人。[②]

因此,这次访问或许并未取得经济上的成功。这个结论与一直笼罩在该商业计划上的贫困氛围相吻合。这似乎也是最终导致这艘具有开创性的帆船的悲惨命运的主要原因。财务问题或许也能解释在 8月出现的船员薪酬问题。最后,有证据表明,《纽约先驱报》(*New York Herald*)上几乎每天刊载的关于"耆英号"的系列报道,这些报

---

① 卫三畏(1812—1884)在当时以及他早期传教活动时期(他于 1833 年首次到达广州)同中国和西方侵略者都保持了长期的联系。1845—1847 年他回到美国,在此期间与莎拉·沃尔沃思(Sarah Walworth)结婚,并在"耆英号"事件中起到了主导作用。第二年,他回到香港,成为当时最重要的新闻报纸《中国丛报》的编辑。他密切参与了打开日本贸易的尝试,并在1837 年首先搭乘"马礼逊号"(Morrison)前往日本。1853 年,在离开《中国丛报》的编辑位置两年以后,他成为佩里将军(Commodore Perry)的官方翻译。1855 年,他成为美国驻华公使团的秘书,在不平等的《天津条约》的谈判中发挥了关键作用,随后作为美国代办在北京度过了 15 年。他于 1875 年辞职,并在 1877 年成为耶鲁大学第一位中国语言文学教授。
② 数字引用自 Tchen 所著 *New York before Chinatown* 一书第 64 页。

道是它额外收入和免费宣传的必要来源。这些报道在当时是带有典型的种族主义倾向的,有些观点认为,这些报道可能由凯利特所写。当然,无论是"耆英号"的财务状况,还是这些文字的作者,我们或许永远都无法得知真相。

"耆英号"被自己的船员扣押

到了8月,即"耆英号"抵达纽约后大概一个月(也就是船员签署合约近乎整整11个月以后,并且在这一个月内,他们作为稀罕物的一部分被凯利特用来"展览"①),26名船员试图让他们的船长遵守他们所认为的合约内容。他们声称,中国船长——也许是凯利特——没有付给他们钱(各种渠道的消息对于所指何人不太一致,不过1847年7月8日《环球报》上的报道明确指出诉讼是针对素尹双喜的,1847年10月21日《加勒多尼亚信使报》的报道也一样),②他们只签了为期8个月的契约,如今他们希望离开这艘船,按照约定讨回返程路费。从一些报道来看,英国高级船员似乎一直在逃避与船员们进行任何会谈,最后,船员们抓住雷维特的胡子,并堵住所有出口,试图强迫他听取他们的意见,于是雷维特报了警,7个人因袭击他人而被逮捕。③

也有一则新闻称凯利特带着钱登上了"耆英号",支付了船员的部分薪水——或许是后来在庭审中提到的每人12美元,但是船员们在鸦片的作用下逐渐失去了控制。凯利特报了警,于是这次攻击的7名主谋被逮捕,其他人便偃旗息鼓了。考虑到鸦片有致人昏睡的作用,这则报道未必可信。不过,考虑到纽约新闻报道的基调,及其一贯表

126

---

① 哈达德,《中国传奇》。
②《加勒多尼亚信使报》,1847年10月21日。
③ 哈达德,《中国传奇》,引自《纽约先驱报》(1847年8月4日)。

现出的嘲弄和轻蔑态度,外加长期兜售种族主义的刻板做法,它们对于由鸦片引发的暴行的谴责更有可能是一种描写性的修辞手法,而非准确的事实报道。

在随后的法庭审判中,杰出的纽约律师丹尼尔·洛德免费代理上述七名水手出庭。[①]介入案件之后,洛德逐渐意识到同时代水手的生活贫困,这些人需要救助,于是他找到了卫三畏,后者在中国做了12年传教士,对中国足够了解。在其纽约房客、信仰基督教的中国朋友林景州(Lin King-chew)的帮助下,卫三畏确保这些水手从自身的角度讲述了事情经过。他们翻译了船员的口头证词和在香港签署的书面契约。[②]

似乎卫三畏很快就确信查尔斯·凯利特是罪魁祸首,而中国船员则是受害者。这究竟是从明确的证据中得出的最终结论,还是结合了证据和卫三畏本人对查尔斯·凯利特好恶的结果,显然很难说得清楚。卫三畏是一位传教士,而且对鸦片贸易深恶痛绝。[③]如果像我们猜测的那样,凯利特和他的高级船员都参与过鸦片贸易,卫三畏很可能有所了解。这不会让他对他们产生好感。还有一种可能,那就是像许多

①丹尼尔·洛德(W. Daniel Lord, 1794—1868)是耶鲁毕业生,1817年获得纽约律师资格,并且于1845年与其子丹尼尔·德·福雷斯特·洛德(Daniel de Forest Lord)和女婿亨利·戴(Henry Day)一起成立了"洛德-戴-洛德"律师事务所。*Obituary Record of Graduates of Yale College Deceased during the Academical Year Ending in July, 1868 including the record of a few who died a short time previous, hitherto unreported* (New Haven: Yale College Alumni, 1868),p.267。1849年9月26日,理查德·亨利·达纳(Richard Henry Dana)在纽约拜访了丹尼尔·洛德。鉴于达纳支持水手的权利,也就说明洛德很可能与达纳持大体相同的观点,这也解释了洛德为何热心接手"耆英号"的案子。

②有一份称作《船舶条款》的单独文件,是预先打印好的空白表格,由船长根据上面的说明进行填写。

③Michael C. Lazich, "American Missionaries and the Opium Trade in Nineteenth-century China", *Journal of World History* 17, no. 2 (2006): p.52. http://www.historycooperative.org/cgi-bin/justtp.chi? act=justtop&url=http://historycooperative.org/journals/jwh/17.2/lazich.html,查询日期2012年6月26日。又见哈达德,《中国传奇》,第六章。

在中国生活过的美国人一样,卫三畏对英国人没有多少好感。因此,对"耆英号"上的高级船员而言,这两点都是不利因素。①

公平地讲,卫三畏的观念无疑走在了时代前面,他强烈地反对查尔斯·凯利特、"耆英号"上的高级船员以及整个"耆英号"项目,这种做法并不让人感到意外。凯利特这些人所持的是缺乏教养者、民粹主义者、恐华分子、平常之辈和凡夫俗子的那一套观念,这些观念不仅仅是针对中国的,而是针对任何不同的或非欧洲的事物。这并不意味着凯利特和他的高级船员不能对外国人产生好感,不能与之相处或者对他们提供帮助和支持。他们无疑能对某个人生出好感,而且对方对他们也有好感——就像素尹双喜。但是他们对中国和中国人却抱着传统态度——随着19世纪缓慢向前推移,这种居高临下的态度愈发严重。他们在展览中传达的基本信息和基调是一种带有明显优越感和贬低意味的诋毁。而卫三畏在1833年返回美国之前一直在为《中国丛报》撰稿,是美国和欧洲公认的汉学家,1846年他刚刚着手《中国总论》的写作。对他这样真正热爱、真正了解中国历史的人而言,"耆英号"项目及其组织者一定会被他视作对中国的侮辱。可怜的查尔斯·凯利特像是身处另一个场景、身不由己的汤姆·林嘉德,从卫三畏那里得到了报应。

案件于1847年9月3日继续审理,至此,船员们已经至少在船上待了271天——将近9个月,比合同规定的延长了1个月。我们应该关注一下案件的结果。实际上,如果从他们在黄埔签约的时间(即

---

① "在中国有许多仇视英国人的美国官员和商人……"见 Robert Bicker, *The Scramble for China: Foreign Devils in the Qing Empire, 1832-1914* (London: Penguin Books, 2011), p.173, citing + Eldon Griffin, *Clippers and Consuls: American Consular and Commercial Relations with Eastern Asia, 1845-1860* (Ann Arbor: Edwards Bros., 1939), pp.180-182。哈达德,《中国传奇》,第六章。这篇文章尤其与卫三畏有关,它表明卫三畏只是把英国人当作中国重大变革的偶然催化剂,对他们毫无好感。

1846年9月14日)算起,并且假设他们从黄埔登船到离开香港没有上岸休假,那么他们在船上的时间就是差11天整整一年,这几乎超出了合同规定的50%。因此,无论实际条款的细节如何,从英国控制的中国海域的标准操作惯例来看,纽约法庭审理这类司空见惯的案件并不费劲。由于法庭记录已经找不到了,我们不得不利用新闻报道和二手记录,才能将接下来发生的各种诉讼程序拼凑起来。①

丹尼尔·洛德很快指出,凯利特和雷维特不应被当作可信的证人——这是因为,作为辩护律师的他,在法庭上对抗表现粗俗的水手们显得绰绰有余,尤其是他对船员契约条款的翻译内容了如指掌,而凯利特和雷维特则很可能知之不详。一位关键证人声称(似乎并未被成功反驳),希望离开的船员们试图与查尔斯·凯利特对话,要求获得自己应得的报酬,但凯利特拒绝对话,并起身离开船舱,而且爱德华·雷维特还试图强迫他们签署收款收据,其实他们并没有收到钱。于是他们进行了反抗,阻止他离开,并希望继续与凯利特对话。冲突由此产生,直到有人报警。②

通过对逮捕7名船员的理由的成功质询,丹尼尔·洛德令法庭召开了一场更全面的听证会,以听取"耆英号"上大多数心怀不满的中国船员的申诉。考虑到当时的情况,以及反映在新闻报道中的公众态度,审理该案的纽约地方法官驳回了对船员提起的人身攻击起诉,申斥了凯利特,并同意审理船员们为证明扣押船只的正当性提起的诉讼,这一做法值得赞扬。

这是海商法中一个很好的例子,有必要简单解释一下。一旦凯利特和雷维特就船们实施人身攻击的起诉被驳回,船员们便可自由地

① Tchen, *New York before Chinatown*, p.67.
② 出处同上,第67-68页。

通过扣押"耆英号"来表达他们的不满。在海商法中,申诉是针对船舶的,船舶实际上是索赔的担保,因此要求船舶的代理人对扣押进行抗辩。

在第二次听证会上,查尔斯·凯利特和高级船员又没能让法庭信服他们的申辩。地方法官命令"耆英号"——也就是该船的负责人查尔斯·凯利特——遵守船员雇用条款,包括支付船员们的返程费用。 通常的结果可不是这样的。[①]不过,尽管我们会赞同这个结果有利于伸张正义,但也不妨留点同情给凯利特。想一想,凯利特失去自己的好名声,可能仅仅由于简单的文化冲突(一般意义上的冲突和船员管理方法上的冲突),而且差不多是在与他长期分居的年轻妻子坐船抵达纽约港的时候。想必他一定非常难受。凯利特只是19世纪中期一名典型的恃强凌弱的船长,就像他同时代的人那样,习惯以拳头行事,而且所持有的大部分观念也是他的家世和时代所特有的。如今,我们或许会抨击他,但是,查尔斯·凯利特并非生活在今天——这一点我们要牢记。

凯利特对法庭裁决提出异议,并且拒不支付给心怀不满的船员们以路费和拖欠的工资,相反,他只愿意付给每人20美元。在写给维多利亚女王的信中,凯利特声称,在从中国出发以前,"他们拿到了四个月的预支工资,而我们一到纽约,就将应付工资全额支付给他们了,但是他们仍想拿更多的报酬"。我们不清楚为什么法庭不相信凯利特。考虑到他的合伙人对他的信任,似乎事情就不仅仅是令人感到奇怪了,因为他居然选择公然撒谎——不仅在法庭宣誓时,而且在写给其女王的公开信中。我们有理由假设查尔斯·凯利特像许多恃强凌弱的

129

---

① 船员们很幸运,能有卫三畏充当他们的翻译。在写给未婚妻莎拉·沃尔沃思的信中,卫三畏称凯利特是一个奸诈残忍的船长。见哈达德,《中国传奇》,第六章。

船长一样喜欢夸大其词,却没有理由认定他是一个无耻的说谎者。添油加醋和公然说谎完全是两码事。

应当指出的是,在美国(其实英国也一样)海商法的历史上,19世纪40年代无论如何不可能出现法庭偏袒船长的情况。1840年,理查德·亨利·达纳(他可能在1849年之前就认识丹尼尔·洛德)出版了那本航海经典之作——《航海两年》(*Two Years Before the Mast*),记述了他在1836年乘坐双桅横帆船"朝圣者号"(Pilgrim)从纽约经合恩角(Cape Horn)抵达旧金山,又于1837年随"机警号"(Alert)返回纽约的经历。这本书最重要的特点就是以直白的语言凸显了普通美国海员生活的残酷。到1840年,达纳已经取得了律师资格,专攻海事法,并公开表示要改善美国海员的境遇。1841年,在"耆英号"抵达纽约之前六年,他的《海员之友》(*The Seaman's Friend*)出版,这本书在随后许多年里一直是一本标准指南,告诉水手他们拥有的权利,达纳在法庭上也代表众多水手维护了他们的这些权利。①

与此相关,1840年7月21日,国会通过了一项法案——《对于规范海员雇用和解雇以及领事职责的几项增补法案》②,这是促进普通船员(无论那些船员来自何方)生活和命运发生"巨大转变"的因素之一。简单说就是,几个世纪以来一直有利于船主和船长的西方海商法(中国没有同类法律)正开始为期50年的迅速转变。年轻的查尔斯·凯利特正赶上了这种转变。

那么,问题的关键是什么? 说起来没那么简单,尤其是考虑到以下事实。首先,"耆英号"的船员是中国人,并且是在黄埔和香港通过近乎惯例的方式受雇上船的,他们顶多也只是事后才知晓英国商船条

① Richard Henry Dana, *The Seaman's Friend* (New York: Scribner, 1841).
② 美国国会图书馆,http://memory.loc.gov/cgi-bin/ampage? collId=llsb&fileName=026/llsb026.db&recNum=1563;查询日期2009年5月13日。

款的严格规定。其次,他们签约时要么使用的是一种标准格式,要么
使用的是已经被称为"亚洲条款"的某种变体,有人怀疑这种格式针对
中国海域内近海航行做出了具体调整。在1846年,"亚洲条款"还没
有完全正规化,但是在许多重要方面已经与"英国条款"有所区别,其
充分的法律意义对于查尔斯·凯利特和大副雷维特来说,也许并不如
我们了解得这么明显——毕竟我们有后见之明。无论如何,就像我们
在介绍航行伊始的情形时注意到的那样,对于用中文写就的条款,船
上任何一名高级船员了解其确切措辞的可能性都微乎其微。因此,这
就让以下几点之间出现了巨大的认知差异:查尔斯·凯利特认为船员
们相信自己签署了什么条款,凯利特认为船员们实际签署了什么条
款,船员们认为自己签署了什么条款——这是有可能的,因为充其量
也只有少数人能够真正阅读他们所签的条款——以及船员们实际上
签署了什么条款。

　　这就重申了卫三畏自己的一项研究内容。他知道水手们几乎都
不识字:

　　　　在南海区(广州城的组成部分之一),一项不完善的调查发
　　现,几乎所有人都识字,除了渔民、农夫、苦力、船家和矿工……对
　　于宁波一家医院的住院病人进行的调查……识字者……不超过
　　5%……①

　　因此,那些心怀不满的船员自己是否熟知条款的细节? 而这在19

---

① 卫三畏,《中国概论:中华帝国的地理、政府、教育、社会生活、艺术、宗教及其居民概览,附
帝国的新地图》(*The Middle Kingdom: A Survey of the Geography, Government, Education,
Social Life, Arts, Religion &c. of the Chinese Empire and Its Inhabitants, with a new map of
the Empire*)(New York: Wiley & Putnam, 1848),第1卷,第544—545页。

世纪40年代末期美国海商法的严格审视下又意味着什么？这些都是值得思考的问题。因为,这一事件最终提交给美国的法庭复审,而美国法庭根本不知道"亚洲条款"为何物,对诞生该条款的背景也毫无概念。实际上,这让纽约的法庭拥有了更大的权力。

还有一个问题,那就是:到底谁应该负责？为什么事情负责？关于纽约庭审案件的大多数报道对此都语焉不详,不过,当时一份英国报纸在其新闻中做出了强烈的暗示。假设这则报道是真实的——我们没有理由怀疑它,因为至少还有另外一份报纸进行了转载——那么,查尔斯·凯利特和素尹双喜都充当了辩方证人。[①]有必要将此新闻报道完整摘录如下:

> 据来自纽约报纸的消息,这26名中国水手驾驶一艘中式帆船抵达纽约,在没有收到报酬的情况下扣押了船只,他们的律师洛德先生在地区民事法庭上为他们进行辩护。这些船员首先要求索回自1846年9月就被拖欠的工资,其次要求由船长出资将他们送回广州。按照水手们的陈述,他们只签订了为期八个月的合同,而且最远只会到达巴达维亚和新加坡。中国船长So-Yu-Sang-Hi(原文如此)的辩护律师回应称,这些在船上工作的水手不可能假装自己是在不知情的情况下被迫横渡了印度洋和大西洋的。至于工资,船长答应过在他们返回广州后,用返程时运载美国货物的收入支付给他们。他又补充说,他不认为水手们有任何权利提出控诉,他们收到的大笔补偿金已经完全弥补了应该支付给他们的款项。

---

① 《汉普郡电讯报和苏塞克斯纪事报》,1847年10月16日;伦敦《时代报》(*The Era*),1847年10月17日;《环球报》(*The Globe*),1847年7月8日。

　　我们见不到"耆英号"的船员条款。不过,假如我们仔细考察一份19世纪的典型条款,例如1831年美国双桅横帆船"联盟号"(Union)的船长埃德蒙·纳森(Edmond Nason)签署的条款,就能深刻体会到"耆英号"的船员可能签署了什么样的条款。①它值得我们详细摘录如下:

　　　　兹有双桅横帆船"联盟号"及其船长埃德蒙·纳森与船员或水手双方同意:该船现停泊于波士顿港,欲驶往彭萨科拉(Pensacola),或美国的任何其他港口,或其他地方,为期六个月。鉴于支付到下列每一名船员或水手名下的月薪或其他薪水,他们各自应当、并且愿意执行上述航行任务,上述船长在此同意此次航行雇用上述船员和水手,并按所述月薪或价格依照本协议、美国国会法律以及波士顿港的习俗和惯例进行支付。上述海员或水手在此承诺并责成自己承担自身职责,同时遵守上述船只或其救生艇上高级船员发出的合法命令,由此成为善良、忠诚的船员或水手;在约定航期内该船航行或停泊的任何地方,都会竭尽全力保护该船及其货物,无论白天黑夜,都不会疏于职守或拒绝履行职责;在上述航程结束、船舶卸下所装货物之前,未经该船船长或其他指挥人员同意,不得离开该船登上其他任何船只或以任何借口登陆;否则,他们将按照海商法的规定负担一切罚没金——针对管理和规范商船上的船员而制定的海商法规定:"假如任何船员或水手未经该船的船长或高级船员许可,擅自离船,大副或

_132_

---

① http://library. mysticseaport. org / initiative / PageImage. cfm? PageNum=2&BibID=28969, accessed on 22 April 2013。斜体字是手写的,其余是印刷的。

负责航海日志的其他高级船员应当在该船员或水手离开之日记录其姓名;假如该船员或水手在48小时内返回岗位,那么他每离岗一天,就应当被罚以三天的薪水,从其工资中扣除;但是如果任何船员或水手一次性脱离岗位超过48小时,就应当没收其全部应付工资,同时,他在该船上的全部私有财物,或者在他开小差期间存放在任何地方的私有财物,都应归该船的船主调用;除此之外,对于船主不得不雇用其他船员或水手来顶替他而可能遭受的全部损失,他还有义务将相应费用支付给该船船主。"双方进一步约定,今后,上述船长为了有效管理该船、抑制各种不道德行为而认为必须发布的每一个合法命令都应当得到严格遵守,违反者将被没收全部工资报酬以及其在该船上的所有财产。

上述双方一致理解并同意在*1831年1月*(空白)日或之前登上上述*双桅横帆船*。

双方进一步约定,该船上的任何高级船员或船员在船只抵达上述卸货港并交付货物之前都无权索要或享有工资。此外,该船的船长和高级船员还同意,归属于该船并交由他们管理的任何服装、家具和物品,在返航时都要报账;假如由于他们的粗心或失职造成上述物品丢失或损坏,应当由该高级船员或船员自行赔偿给该船的船长或船主……任何一名船员或水手,在上述航行期间表现良好、忠诚,倘若对船上货物或物品始终没有盗窃、侵吞或其他非法行为,则有权依据本协议获取应得的工资或报酬,其姓名已各自在本协议中签署并列明。为了充分履行上述各项条款和协定,同时为了证明我们是出于自愿、未受强迫、未私下采用其他手段、由我们本人同意并签署的本协议,我们每个人都已经在下面列好的名单上签署了姓名和日期。

133

这一份由九名美国水手签署的详细条款,随后又在条款的末端由每名水手单独签署了姓名:

> 我们在这一栏签署姓名并且承诺,参与这次航行并在同一行的第一栏签名的人,将遵照航运协议完成此次航行,否则要将预付款退还给*丹尼尔·W.洛德*,或遵照指示。

这将是年轻的丹尼尔·洛德亲眼见证的公平正规地签署的早期条款之一。

认真阅读一下以上条款,我们就会明白"耆英号"的船员们签署了什么样的协议,以及该如何解读。我们几乎可以肯定,其文本是根据"亚洲条款"和计划中复杂多变的航程而相应调整的。除了个别词语,其他文字都是预先打印好的,这一事实说明这些都是相当标准的格式。关于航程的具体说明可以添加上去,例如这样的措辞"彭萨科拉,或美国的任何其他港口,或其他地方,为期六个月",查尔斯·凯利特就很容易将其替换成"新加坡,或马来群岛的其他任何港口,或其他地方,为期八个月"。

像这样顺序的措辞对于"耆英号"上的船员签署的中文文本来说,或许是一种负担。阅读这些合同措辞,并体会一下在西方船员雇用体系之下,一艘典型商船上的高级船员和水手之间的关系,尽管无法窥见那些中国船员的心态,但却可以很好地揭示查尔斯·凯利特的工作心态。合同措辞如此周密、详尽,年轻的查尔斯·凯利特自然会以为正义站在他这一边,而不会站在他所认为的懒惰、不合作、不值得信赖的中国船员那边。

这篇新闻报道在结尾确认了不利于"耆英号"的判决结果,这个结果上面我们已经讨论过了。可有意思的是,其中提到代表被告(我们

134

已经从海事法中得知该案件的被告是这艘船,而非它的高级船员)出庭的人是中国船长,而不是任何一名英国高级船员。从这里我们能看出来,在素尹双喜的认知中(上文已经讨论过),无辜的船员被无耻的"番鬼"欺骗才签约登船的说法根本经不起仔细推敲…… 只有在纽约,才会将任何事情都解读为"阿尔比恩"(Albion)①的背信弃义。

不知根据什么理由做出的裁决,法庭立即命令纽约地区的联邦警察局局长扣押了这艘船。与此同时,26名希望离开的船员被安排住在"纽约海员之家",由林景州和卫三畏照顾,费用则由"耆英号"承担。最终,法庭命令凯利特支付船员们的船票费用和拖欠的工资。显然,凯利特若拒绝,就会失去"耆英号"——它将被卖掉以偿还所有债务。他不得不服从判决。素尹双喜与凯利特可能曾达成某种口头协议(这在中国的帆船交易体系里很常见),船员们在该船返回出发地之前不会离开,但是西方法庭不接受这样的说法。在中国海域内能被接受的做法,在1847年纽约的法庭上是不被接受的。

然而,仔细阅读申诉书,就会发现,"这些可怜的中国水手受到了无耻的欺骗"这种论断很难站得住脚。申诉书本身就承认全部26名船员至少收到了3个月的预支工资,其中一人至少收到了4个月的。抵达纽约后,他们又每人一律12美元的标准全部收到了1~2个月的额外工资。②因此,船员们抱怨的实际上是航程超期的问题。他们的合同签的是8个月。8个月已经过完了,他们应该多拿3~4个月的工资,因此总额介于585~780美元之间,外加返程路费(大约150美

---

① 阿尔比恩(Albion),大不列颠岛的古称。——译者注

② Erastus C. Benedict, *The American Admiralty Law: Its Jurisdictions and Practice with Practical Forms and Directions* (New York: Banks, Gould & Co., 1850),第七条申诉书。支付给其中1名船员11美元/月,2人9美元/月,11人8美元/月,13人6美元/月。实际上平均每人7.5美元/月。

元）。^①这样算来，无论"耆英号"在纽约赚了多少钱，它都要被扣掉近4680美元，也就是门票总收入的25%～50%。在向场地所有者支付了必不可少的费用之后，即使它在纽约停留期间赚了一些钱，可能也所剩无几了。

　　1847年10月6日，这些船员乘坐"坎迪斯号"（Candace）被遣送回香港。^②伤心的是，事已至此，凯利特仍然不愿承认法庭做出了判决，不愿承认自己必须支付船费，不愿承认承他、素尹双喜和他们的辩护律师（某位巴先生^③）没能说服地方法官。帮助过船员的那些人自然不该受到谴责，他似乎也不能接受这种说法。凯利特让林景州因一项被认为完全是捏造的偷窃指控而被捕。不过，他似乎没有提出指控就离开了纽约，林于是也就被释放了，因此，即使双方存在敌意，这种敌意似乎都是短暂的。或者说，对于查尔斯·凯利特和"耆英号"而言，纽约太热了，他们不能再待下去了。

就灯塔税上诉国会

　　与此相对应的是，有证据表明，查尔斯·凯利特根据一项国会法案

---

① 1848年美元与英镑的汇率是4.87∶1。从墨尔本到纽约的统舱票大概是38英镑，因此，假如有类似后来的"亚洲统舱"，从纽约到香港/广州的最低档船票大概是110～200美元。

② *American Lloyd's Register of American and Foreign Shipping*（1864）一书记载着一艘双层甲板的三桅帆船"坎迪斯号"，排水量398吨，117英尺长，27英尺宽，1845年在罗德岛州的沃伦（Warren）建造，母港是汉堡的阿尔托那（Altona），所有者为1800～1850年间参与西印度群岛贸易的一家名为"J. C. D. 德雷尔"的公司。早期劳氏名单上的所有权细节并非总是可靠的——无论英国的还是美国的，因为在电报出现之前，信息的传播很零散。哈达德的一篇文章提到"交趾支那"（也就是越南）的帆船是一个很奇怪的细节，为"耆英号"的来源增添了更多谜团。见Haddad, "Sailing of the Chinese Sailors, belonging to the Cochin China Junk", *The American Magazine*, 13 November 1847。

③ New York Tribune, 8 September 1847, Law Courts, United States District Court, The Chinese Junk.

退还船只抵达美国时收取的吨位税和灯塔税的要求未经调查就获批了。在第30届国会第一次会议上,一项以此为目的的提案被提交到众议院,凯利特显然得到了国会的足够支持。很明显,尽管有纽约法庭案件在先,但并非所有人都认为他是个坏蛋。

该项提案1847年12月22日在众议院顺利通过。①经过参议院两次宣读,它于12月26日被提交到参议院商务委员会进行宣布。三天后参议院的记录是这样写的:

> 商务委员会的迪克斯(Dix)先生宣布了一项未经修改的提案,这份此前提交给他的提案(H.R.368)要求退还查尔斯·凯利特在中国帆船"耆英号"抵达纽约时缴纳的吨位税和灯塔税。②

到了这一阶段,这项提案通常会经过誊抄进行第三遍宣读,然后发回众议院获取一致同意。很奇怪,记录至此便沉默了,或者说清晰的记录(鉴于其偶尔会言简意赅)消失了,直到1848年3月28日才有记录再次提到它。众议员格林内尔(Grinnell)代表众议院商务委员会提出请求,认为该提案已经过两读,需要提交给众议院全体委员会:

> ……退还向"耆英号"征收的吨位税和灯塔税:
> 呈交参议院和众议院全体通过,授权财政部长向查尔斯·凯

---

① 《众议院期刊》(*Journal of the House of Representatives*),1848年12月22日,第144页。http://memory.loc.gov/ammem/amlaw/lwcr.htm 以及 http://www.gpo.gov/fdays/browse/collection.action?collectionCode=CREC。

② 《参议院期刊》(*Journal of the Senate*),1848年12月26日,第83—84页和第91页,网址同上。

利特或其代理人退还其可能向纽约港收税人员缴纳"耆英号"帆船进港的五百美元左右的吨位税和灯塔税;该笔款项据此由财政部而不是其他部门拨付。①

凯利特此时身处波士顿,我们不知道他或者"耆英号"的哪个纽约代理人有没有真正收到这笔退款。不过,凯利特显然是不受官方欢迎的人,这就是他在纽约经受苦难的结果。

体察背景

有关这次事件的一个版本将查尔斯·凯利特描绘成一个不折不扣的恶棍,我们能在多大程度上对这个说法信以为真呢?相信这个版本的故事,就意味着完全相信卫三畏在信件和其他地方所写的一切,毫不质疑。我们不知道卫三畏受到反英观念(这种观念在旅华美国人中一点都不少见)的多大影响,也不知道他对粗俗的航海世界的憎恶又在多大程度上左右了这位传教士和牧师的判断(在去世前三年,他被任命为美国圣经协会会长)。

毫无疑问,卫三畏的动机是高尚的,那些中国船员当然需要帮助,这些帮助也是他力所能及的。但是,正如我们看到的,船员们声称自己只是签署了一个前往巴达维亚的近海航行协议,对于其他可能性毫不知情,这个说法是很难让人相信的。洛德、卫三畏和林景州(还有法庭)都支持船员们的说法,就好像再没有其他令人信服的可能,这种天真轻信的做法和查尔斯·凯利特恃强凌弱的行径一样都是自视高明的。我们没有更多理由证实卫三畏笔下对凯利特与中国船员之间的 *137*

---

① 出处同前,第30届国会第1次会议,H.R. 368(宣读号:416),1848年3月28日。

关系的描述是唯一的,就像我们不能以同样的态度对待凯利特的说辞一样。

查尔斯·凯利特是个年轻人,他在获得"耆英号"指挥权时只有26岁。我们不知道他在"耆英号"远航之前有哪些指挥经验。不过,考虑到他的年龄,他的指挥经验估计算不上出众。肯定是他拥有的某些品质——无论作为一个人,还是一名海员——打动了他的香港合伙人。在法庭上,他得到了素尹双喜的支持,还有多达14名中国船员似乎很乐意留在船上,希生、三成和大约12名欧洲船员似乎也是如此。因此,凯利特无疑能够与他的另一半船员友好相处。

把"耆英号"开到纽约是件了不起的成就。他一定非常仰仗中国水手长(准确说是副船长)的能力、航海技术和经验。假如凯利特是法庭调查结果暗示的那种人,那么很难理解素尹双喜为什么对他如此忠诚,就像我们推测的,无论是在抵达纽约之前经历各种考验时,还是在后来横渡北大西洋时,素尹双喜都坚定地支持他的船长。即便船员们的不满在一定程度上是由凯利特引起的,他们也都是成年人了,而且都算不上是出类拔萃的人物。正如我们看到的,他们声称自己受到欺骗,并不知道这艘船的真实航程,这简直是让我们把他们当作十足的傻瓜。考虑到凯利特年纪轻轻又相对缺乏经验,英国船员的权利和"亚洲条款"上规定的权利存在冲突,凯利特又几乎肯定不知道中文条款具体是怎样表述的,外加"耆英号"面对的种种困难,所以他在纽约感到力不从心、处置不当,我们也丝毫不会感到奇怪。

为了全面看待凯利特与船员之间的矛盾,我们有必要考察一下中式帆船上的船员是如何组织起来的。①我们需要掌握的核心问题有三个。第一,中式船舶与西方船舶上船员的组织结构没有共同点。第二,中国船员的效率似乎不是受清晰的船上指挥系统作用的结果,也不是受任何一种规范体系作用的结果——无论这种规范体系源自一艘船,还是类似西方的整个商船队。第三,中国水手受到地域因素的强烈影响,并据此严格划分,这样的沿海小团体之间的关系常常十分紧张,以至于演变成为大规模的暴力冲突。第四,中国的海商法缺乏等同于具有普通法传统的《海事法》那样清晰的体系。

一艘帆船,两种管理

船主,火长,舵公,财副,总杆,航工,一碇、二碇,大僚,一迁、二迁、三迁,押工,择库,箱工和水手,②还有岸上的诸多工种,这就是中式的航海世界。他们在航海中扮演的角色无法与其西方同行的角色一一

① 以下内容我非常感激下列资料来源:Mark Elvin (ed.), *Transport in Transition*: *The Evolution of Traditional Shipping in China*, translated by Andrew Watson (Ann Arbor: Centre for Chinese Studies, University of Michigan, 1972); Hans van Tilburg, *Chinese Junks on the Pacific*: *Views from a Different Deck* (Gainesville: University Press of Florida, 2007); K. F. Gützlaff, *Journal of Three Voyages along the Coast of China in 1831, 1832, and 1833* (New York: J. P. Haven, 1833), p.95; Jennifer Cushman, *Fields from the Sea*, *Chinese Junk Trade with Siam during the Late Eighteenth and Early Nineteenth Centuries* (Ithaca, NY: Cornell University SEAP, 1993), especially Ch.3。

② 大体而言,前四个是高级船员:船主兼行政船长兼押运人,火长是航行船长兼领航员兼大副,舵公是事务长兼大副兼船长秘书,装卸长兼水手长,舵手兼务长。第二组是下级海员:第一和第二司锚、大僚掌管主帆升降、一迁二迁三迁各掌管一桅索、押工是船上管家兼木匠、机械师兼铁匠、船上牧师兼计时器管理员,还有就是通常粗鲁愚昧的普通水手(而且似乎普遍如此)。肯定不是每艘中式船舶上都有这些角色,但是这在出海的南洋贸易商船上相当常见。在 Cushman 所著 *Fields from the Sea* 一书第 100—105 页中,尤其是在 Elvin 编辑的 *Transport in Transition* 一书中某些日本研究人员 20 世纪三四十年代针对中国北方所写的论文中,这些角色能够很好地加以区分,尽管我们不能清晰地了解他们如何协同工作。

对应,在结构、组织、期望和等级上与查尔斯·凯利特的航海世界形成了鲜明对比。

中国传统帆船上的船员体系有三个或四个平行但不一定具有等级次序的指挥要素。"船主",翻译成英语大概是"船长",近似于西方船舶上的押运人。他实际上是船主,或者是船主的代理人;他负责监督与货物及货物管理有关的一切,可能也包括目的地的选择。

船长之外还有火长,即领航员,但他不是船长的下属。火长可以给船长出主意,船长也可以给火长出主意。不过,他们决定做什么都各自取决于自己,在他们的专有权限范围之内会得到尊重。这就是为什么既有的社会关系在传统船舶的运行中可能起重要作用。

高级船员还包括财副,他似乎扮演了介于事务长和船长秘书之间的角色,同时还承担一些低级助手的职责。

与船长、火长和财副并肩工作的还有两个人,这两人是实际上的驾船人,即他们负责船只的操作、驾驶、维护和日常管理等各项事务,他们同样独立于上述三人。这两人就是总杆和头工。前者相当于装卸长兼水手长,后者曾经被我们翻译成"水手长",[①]尽管他兼任了水手长、舵手和司务长的职务。头工手下的确有些人可以由他指挥,但在实践中,他的地位和其他人是平等的。

在中式帆船中,重要性次一等的船员是"熟练"水手,大概介乎西方船舶中中下级船员和桅楼瞭望员之间的职位(这种类比,或许仍有点勉强)。

船夫中一部分熟练水手是"头目",即工头。他们是一碇、二碇,大僚,一迁、二迁、三迁,押工,择库,箱工和水手。他们负责船只的不同

---

① 通常被翻译成"舵手"(helmsman),但是这样做无法表达这一角色更深层的含义,除非我们回忆起毛泽东被称作"伟大舵手"。

部分(同样与西方意义上的情况不同)。例如,一个人负责抛锚作业,另一个人负责起帆收帆。他们下面(再强调一下,更侧重于分工合作而非上下级区分)是"伙计",即同伴,或者说是船员团体中的普通一员,他们通常不具备相应技能,主要做一些船上的重活和其他体力活。

也许最为重要的是,传统中国船舶上的全体船员(包括最底层的杂役)都是航海贸易的参与者,尽管有记载,工资制早在18世纪末期就已出现,并在19世纪的前几十年里得到了进一步发展。在运作更为传统的中国船舶上,大多数船员都没有工资,不过,甲板上的船员至少能分配到一定货舱,往返能装载933.33磅(7担)货物。作为在船上工作的报酬,他们可以出售该舱位,也可以自己使用。

很难说凯利特和素尹双喜到底是怎样弥合这种预期和管理上的巨大鸿沟的。显然,1845年的香港海滨一定出现了不少临时船员,这些人要么在西方船舶上工作过,要么在采用了付薪制的中国船舶上做过有偿水手。不过,即便"耆英号"上一部分船员可能属于这一类情况,这样的经历也不会很普遍,不是很多人都有的。1780—1830年,大约有一两千人在东印度商船上工作过,他们或许充当了消息来源,但影响未必非常广泛。对于那些曾在西洋船舶上工作过的人来说,有些东西在西洋船舶上是可以接受的,但是否适用于"耆英号",就难说了——即使它作为一艘中式帆船有许多特别之处。

在一艘普通中国船舶上,全体船员可能都是由一名"把头"(帮派头目)招募来的。这兼具了后勤效率(比如饮食习惯相同等等)、运营效率(方言和工作方式相同)与组织效率(既定的社会等级)。"耆英号"上的中国船员在纽约分成了两部分,一部分"离开",另一部分"留下",这说明船上的中国船员可能本来就分成两派。如果"耆英号"的船员不是来自一个宗族、地区或群体,而是从人员流动频繁的黄埔和新兴的、通行多种语言的香港招募而来的,那么发生上述分裂也就不足为

140

奇了。再加上"耆英号"是由外国人管理的——回顾一下我们前面引用的西方船舶标准条款所揭示的船长和船员各自的权利与义务,因此,不满的种子很可能在出发时就已经种下了。

鉴于现实情况,"耆英号"发生意外是早晚的事情。在通常情况下,确保中国船舶有效运行的一部分社会凝聚力源自从船长到水手长到全体船员都来自同一个地方,这些人受到其地方、小团体甚至是家族忠诚的约束,他们驾驶熟悉的当地船只,也熟悉船的构造和装备,并沿着熟悉的路线驶往众所周知的目的港,按惯例装载着常规货物。这种航海活动不存在西方船只上那种指挥体系和要求下级服从上级的公认的航海法则,何况这种法则还有可能受到陆地执法官员的影响——就像我们在涉及圣赫勒拿岛那一章看到的。实际上,据郭士立(Gützlaff)观察,中国船员只在感觉对自己有利时才服从舵公和其他上级的命令。他们从来没有服从或不服从船长和领航员的问题,因为在传统中式体系中,这两者都与船只的管理没有任何关系。郭士立写到,船员们"完全控制了这艘船,反对一切在他们看来有可能损害其自身利益的措施"。他还说,船长和领航员常常求着船员们做事,如果后者闹事,还要好言相劝以缓和他们的情绪!

"耆英号"在黄埔和香港究竟是如何招募船员的,这一点非常重要——尽管我们很可能永远不知道真相。我们能想象一群出处不同的中国船员同正常编制内的中国高级船员一同在一艘中国船舶上服役的情景,但是再加上一些西方高级船员和少量欧洲船员,事情就有点超乎想象了。这也部分解释了为什么在纽约会发生那样的事情,即使不考虑凯利特对待他们的方式或者西式合同的法律细节。而且这还完全忽视了以下两个因素:一是迄今为止"耆英号"极端漫长、艰苦的航程带来了不可避免的后果,二是案发时"耆英号"的航行时间早已超出合同约定。

　　按照西方的观点,查尔斯·凯利特在"耆英号"上的地位很不正常。他应该是扮演了两个角色,但是这两个角色与他在西方的经历没有任何关联。更糟糕的是,在"耆英号"这个特殊语境里,这两个角色都不会赋予他在西洋船舶上所拥有的权威或权力。他是船长,在某种程度上也是船主。但是,在中式船舶上,这两个角色与船只的运行毫不相干。同样地,凯利特很可能起到了"火长"(领航员或大副)的作用,这个角色对水手长而言不具有任何权威,后者可以采纳他的建议,也可以对他置之不理。如果我们把这一点对应到这一事实,即"耆英号"拥有通常意义上的一整套欧洲高级船员(船长负责全船及运行,大副负责船只操作和维护,二副负责导航),那么很容易就能明白,这艘船的组织管理将会是一场噩梦。

　　纽约庭审的整个过程表明,上述因素被完全忽略了。卫三畏可能同样没有意识到这一点,他的《中国总论》是一本不朽巨著,在其1882年的版本中,有整整十页是论述"各种各样的船只"的,有两页是关于"水上谋生在中国"的,还有两页是关于"官印船①与中式帆船"的。而在1848年版中,相应内容所占篇幅则明显减少了。而且这两个版本都未涉及这些船舶的船员配备、资金来源、管理运行等细节。②如果说这会让人们对于他知识的广博程度产生误解,那么他显然也没有提供任何想象空间,让人相信他知道得更多。

　　因此,我们可以将"耆英号"在纽约的遭遇解读为,一批不谙社交和文化交流的船员,被英式船舶上冷酷的组织、权力结构和凯利特的个性(以船上的欧洲同伙和他们的武器为后盾)脆弱地维系在一起——其中的中国船员凝聚在素尹双喜周围并听从他的指挥——最

---

① 清朝广州口岸出现的一种中型货运船,外国文献认为这是唯一具有官方执照的货物驳接船,因此称其为"官印船"。——译者注
② 卫三畏,《中国总论》,第2卷,第八章。

终不得不分崩离析。在法庭听证会上出现的一个零散证据,证实了船员间存在嫌隙的想法;实际上,这一嫌隙令中国船员产生了分裂。据称,希生在圣赫勒拿岛站在西方高级船员一边,他从登陆地点回到船上,告诉中国船员,要是他们不闭上嘴巴、好好合作,就会被枪毙。①

因此,凯利特在通常情况下可用来团结全体船员以正常工作的结构、程序和期望(在前文标准西式条款中清晰列明的)统统不起作用。他所能依靠的就是通过水手长进行劝说(因为没有证据表明他能说粤语),劝说不起作用,他就只得诉诸暴力和威吓。这种希斯·罗宾逊(Heath Robinson)②式的权宜之计让"耆英号"撑到了纽约,在那里,它的船员最终还是分裂了。

两派船员中,人数较多的一派与另外一派分道扬镳,后者可能出于对宗族或对以素尹双喜为首的团体的忠诚而留在了"耆英号"上。素尹双喜船长/水手长是一个非常重要的人物,我们希望对他能有更多了解。他很可能以前与查尔斯·凯利特或G.伯顿、爱德华·雷维特——甚至是道格拉斯·林柏——共过事,也能充当招募船员的"把头"。与此相对的是中国船员来源的双重性,其中人数占优的26人是在"耆英号"被购置时就签约登船的。这又留下了一个问题,即素尹双喜船长/水手长是第一批签约的人(在购船同时),还是像我们推测的那样,他是因为结识凯利特(或其他人)从而被吸纳进来协调中方船员,并招募14名船员以补齐船员队伍的?后募的这14个人可能以前就与素尹双喜有过联系,这也能解释为什么他们在纽约保持了忠诚。无论真相如何,有一件事情似乎很清楚,"耆英号"缺乏使传统中国船员保持效率最基本的先决条件。而且还有一个事实被忽视了,即它没

① Tchen, *New York before Chinatown*, p.70.
② 希斯·罗宾逊(1872—1944),英国漫画家,以绘制极端精巧复杂的结构而闻名。后被用来形容过分复杂而功能单一的机械装置。——译者注

有采用将船员与船舶维系起来的惯例——让他们明确分享航行成果。①

　　与在纽约被披露出来的故事相反,凯利特写给维多利亚女王的那封被认为充满自私的信件则提供了另外一个视角。转换视角还关涉另一种可能性,即卫三畏先天性地看不到的争论的"另一方",就像凯利特无法认识到他在船员中的权威早已可悲地荡然无存一样。最终,凯利特和他的高级船员完全没有想到,他们的计划和该计划所代表的一切,在某个全面深入了解中国的人看来,简直是对中国文化的粗俗歪曲。纽约人成群结队地买票涌上"耆英号"参观,嘲笑中国船员,这无异于用事实佐证了查尔斯·凯利特及其高级船员的观点,这自然令卫三畏反感不已。凯利特他们的观点无疑让现代人感到惊讶,但却代表了当时的主流思想。②

143

---

① 有意思的是,关于这一点,George Ticknor Curtis 在 *A Treatise on the Rights and Duties of Merchant Seamen according to the General Maritime Law and the Statutes of the United States*(Boston: Little and Brown, 1841)一书第 13 页中谈到,欧洲法律中任何类似的做法都会使这些船员在整个航程中成为合伙人。尽管在中世纪欧洲的航海贸易中,这种做法似乎很常见,但是到了 19 世纪反而很少见了——除了在一些沿海运输中;只有在某些欧洲大陆法系的司法辖区才会赋予船员作为合伙人充分和正常的权利。

② 卫三畏的愤怒在哈达德所著《中国传奇》的第六章中有清晰的表达。

第五章 最后一段航程——驶向终点

离开纽约

纽约的庭审案件既已结束,"耆英号"载着剩余的英国船员和不超过14名的中国船员,在11月启程前往波士顿——或许也是为了摆脱这个城市。我们不知道它在离开纽约之前是否又雇用了一些中国或欧洲船员,也不清楚它有没有在分段式船坞清理船底的污垢,尽管它继续航行之前肯定要花费一定时间进行重大维护。这艘船不仅船底附着严重,还有断裂的桅杆、撕裂的船帆需要修补,而且它的动索、单个木料、舱面用具等在之前漫长艰辛的航程中积累了一大堆小问题。不过,对比于因开放给公众有偿参观和庭审造成的重大日程和财物混乱,维修工作肯定算是次要的。

我们不清楚"耆英号"是自行驶离纽约还是由拖船牵引离开的,也不知道它离开纽约的确切时间——只知道大概是在11月初。我们知道它在1847年11月18日抵达波士顿,并在此度过了入冬前和初冬季节的3个月时间。令人惊讶的是,接下来它竟然离开了这个安全的冬季避风港,不可思议地在一年中最糟糕的季节出发前往英国,以完成自己的航程。

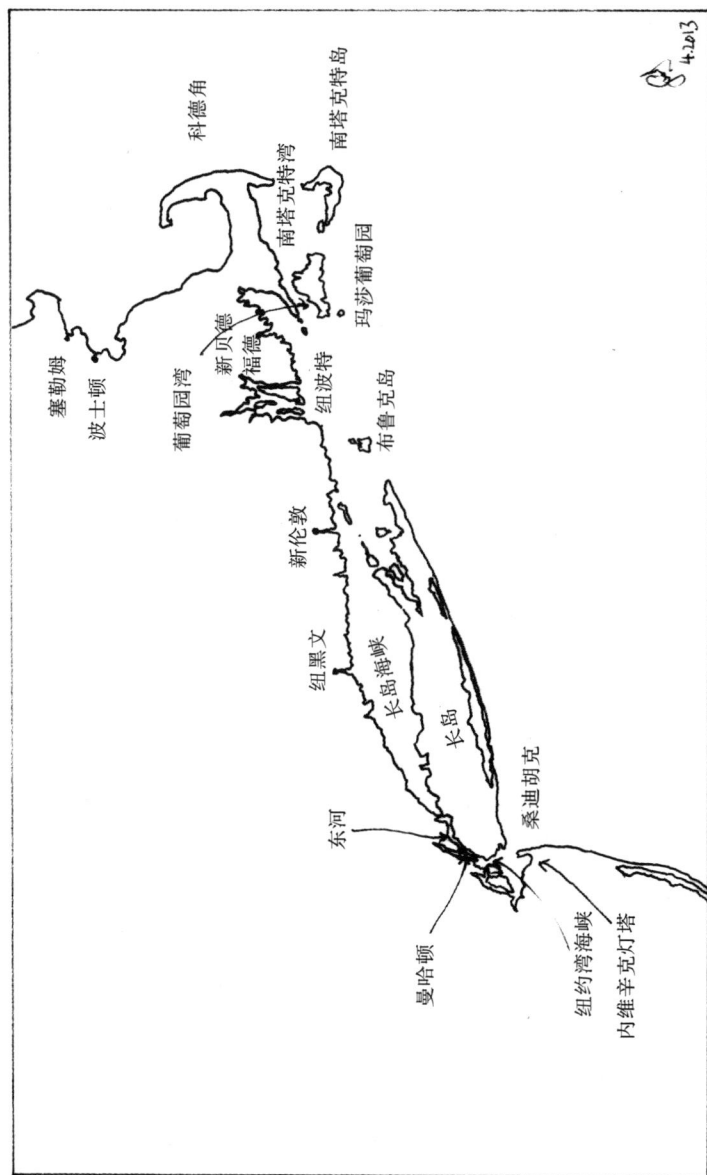

地图 5："奢英号"纽约至波士顿的航程

查尔斯·凯利特选择的路线可能是途经东河,然后向北经过长岛海峡和布鲁克岛海峡,绕过南塔克特(Nantucket)和科德角(Cape Cod)附近以危险著称的水域前往波士顿。他身边很可能有一个熟悉这段航路的人给他提供指点,假如他选择了穿越技术要求更高但是更安全的葡萄园海峡(Vineyard Sound)或马斯基吉特通道(Muskeget Channel)和南塔吉克湾(Nantucket Sound)线路,那这种可能性就更大了。这条航线行驶起来很费力,需要反向阅读布朗特的《美国海岸航行手册》里长达41页的指示,并剔除不想去的避风港和绕路等不相关内容。①

如果从外侧绕过科德角②,在这个航行过程中白天行驶都是可能的——或者借助长岛北岸的许多海湾,或者停靠纽约州、康涅狄格州、罗德岛州和马萨诸塞州沿途的许多避风港。考虑到"耆英号"可能拜访从布里奇波特(Bridgeport)到新贝德福德(New Bedford)沿途的众多港口(也许有人认为它能够满足当地人们的好奇心),我们只能推测凯利特急匆匆赶往波士顿是有原因的。最大的可能是冬天即将来临,不过,波士顿长期与中国有着密切的贸易往来可能是另一个原因。

没有证据表明他们取道东河。我们只能说这是一条最直的航线,长岛海峡和布鲁克岛海峡能提供超过一半路程的相对安全的水域。不过无论如何,这都是一种有趣的想法,主要是因为这样"耆英号"及其船员将会驶过布鲁克林的船坞——其中最重要的就是史密斯&迪门(Smith and Dimon)造船厂——第一艘具有传奇色彩的茶叶贸易飞剪船就在这里建造。

---

① Edmund M. Blunt, *The American Coast Pilot*, 14th ed.(New York: Edward and George Blunt, 1842), pp. 166-207.
② 直到1914年纽约金融家奥古斯特·贝尔蒙特(August Belmont)开掘了第一条又窄又浅的运河之后,方可利用科德角运河走近道。

　　1844年5月3日,纳撒尼尔·帕尔默(Nathaniel Palmer)船长的具有革命性的"浩官号"(Houqua)下水,这艘船是第一艘飞剪船的原型,由布朗&贝尔(Brown and Bell)船厂为著名的纽约及广东商行"劳氏兄弟公司"(A. A. Low and Brother)建造。第二年,约翰·威利斯·格里菲斯(John Willis Griffiths)设计的"彩虹号"成为世界上第一艘"真正的"极速飞剪船。纽约的船厂在对华贸易的持续刺激下一片繁忙。在1848年(这一年加利福尼亚金矿被发现)年初,飞剪船成为新建船舶的主角,纽约的许多船厂为此忙碌起来。东河沿岸的十几家船厂每年单单为大西洋航线交付的飞剪船就有160多艘。

　　与此同时,这也是商业蒸汽轮发展的初期。得益于政府对"冠达航运公司"(Cunard Line)的补贴,"大不列颠号"蒸汽轮从1839年开始横渡大西洋,这预示着航运新世界的来临。1845年,以帆船运营班轮的"戏剧航运公司"(Dramatic Line)的负责人爱德华·柯林斯(Edward K. Collins)确信未来是属于蒸汽轮的,并宣布出售他的帆船。1838年,他未能说服美国政府参照英国的水平提供补贴,但他并不气馁,于1847年初宣布在威廉·H.布朗(William H. Brown)造船厂建造四艘大型蒸汽轮船。

　　在美国国内,1834年丹尼尔·德鲁(Daniel Drew)创立"人民航运公司"(The People's Line),这标志着他与"船队队长"科尼利尔斯·范德比尔特(Cornelius "Commodore" Vanderbilt)争夺从纽约经哈德逊河至奥尔巴尼(Albany)航线的斗争的开始,这场斗争最终以德鲁在1845年接管"北河汽船协会"(North River Steamboat Association)而宣告结束。1840年,哈德逊河上航行的明轮船超过了100艘,这推动了步进梁式蒸汽机舷明轮(the walking beam engine, side-wheeler vessels)的发展,并且在五年之内让珠江和长江出现了第一批蒸汽驱动的渡轮。与此同时,像T.F.塞科尔公司(T.

F. Secor & Co.)——1850年被合并成为著名的摩根钢铁厂(Morgan Iron Works)——这样的纽约公司,也在推动美国设计和制造的蒸汽轮船的发展。[①]

同样地,熙熙攘攘的南街(俗称"邮包街")是横跨大西洋邮包的集散地,备受美国人瞩目。即将开启横跨大西洋之旅的查尔斯·凯利特及其高级船员,会前往这里打听最佳航线和时机吗?毕竟,1818年第一条横跨大西洋的邮轮航线产生后,商业航运的时刻表也随之发生了革命,航船首次在一年中每个季节按照固定的时间表启程,对于北大西洋的各种气候和天气积累了丰富经验。而造访华尔街和沃特街交叉口的汤丁咖啡馆(Tontine Coffee House)——捐客、保险商、商人和货主聚集在这里交换消息,进行交易——则几乎是不可避免的。[②]

至于留下的中国船员,我们没有理由认为他们未获得上岸假期。在这里有一个由纽约人组成的同情中国的小团体,法庭可能就是通过他们让船员们联系上了卫三畏和林景州的。[③]毕竟在这一年,容闳、黄宽和黄胜乘坐奥立芬洋行(Olyphant & Co.)的飞剪船"女猎手号"(Huntress)成了第一批到美国接受教育的中国学生,他们从黄埔出

---

① 见 K. C. Liu 所著 *Anglo-American Steamship Rivalry in China, 1862-1874*(Taipei: Rainbow Bridge Book Co., 1962) 书以及精彩的 *Steamboats on the Hudson: An American Saga* 一书的精彩论述,(纽约州立图书馆藏书,网址 http://www.nysl.nysed.gov/mssc/steamboats/toc.htm。)

② 想要重温19世纪40年代纽约海滨的历史,见 Melvin Maddocks 所著 *The Atlantic Crossing*(Alexandria, VA: Time-Life Books, 1981)一书第三章,以及 Barbara La Rocco 编的 *A Maritime History of New York*(New York: Going Coastal, 2004)一书,不过重点是第八章。

③ John Rogers Haddad, *The Romance of China: Excursions to China in U.S. Culture, 1776-1876*(New York: Columbia University Press, 2008)。第五章提到了第一位定居纽约的中国女性 Afong Moy 相对孤立的处境。陈依范(Jack Chen)在 *The Chinese of America*(New York: Harper Row, 1980)一书第5页提到,直到1847年纽约还没有华人存在的明显迹象;Susan B. Carter 向2012年5月3日—5日在加利福尼亚州旧金山举办的美国人口协会第36届年会提交的"Embracing Isolation: Chinese American Migration to Small-Town America, 1882-1943"一文的草稿中的数据(http://paa2012.princeton.edu/papers/121668; accessed on 11 March 2013)显示,1850年全美国只有671名华人男性,平均年龄24岁(尤其是表3)。

发,经过短短98天,就于1847年4月12日抵达了纽约。不过,他们在纽约只停留了几天,在容闳引人入胜的记录中,根本没有提到在这座城市遇到其他中国人。①

经历了庭审案件的干扰和为盈利进行的公开展览以后,"耆英号"上的船员——无论欧洲人还是中国人——面对随处可见的设计创新和技术创新,应该不会对纽约的造船和航运业无动于衷。纽约是美国最繁忙的港口,实际上也是当时全世界最繁忙的港口之一,这很大程度上是因为1825年伊利运河开通以后来自中西部的交通流量大幅增加。还需强调的一点是,1848年有关"旧金山"(中国人对加利福尼亚的称呼)有金矿的传言传到中国,来自广东省的移民很快就蜂拥至香港以便碰碰运气。已经有人或多或少受到诱惑(或欺骗),被送到中南美洲和加勒比海的种植园和矿场工作,成为"苦力贸易"的受害者。②简言之,鉴于纽约与中国的贸易联系,以及它在飞剪船时代的设计突破与新兴的蒸汽轮世界中所扮演的角色,这座城市海滨的气氛一定会吸引"耆英号"上的中西船员。年轻的查尔斯·凯利特和他的朋友爱德华·雷维特作为商船上的高级船员,仍旧处在职业生涯的初期,对他们而言,那些身处高高耸立、令人赞叹的舰队中某一艘船上从事对华贸易的船长就是西方航海世界的象征,现在正是一个绝好的机会,他们可以看看那些船是如何建造的,可以与那些设计、建造、订购和驾驶它们的人建立联系。而那些中国船员,由于西方的偏见和他们自身缺乏相关知识和技能,已经不可能走上类似的光辉大道,尽管如此,如此多崭新的陌生事物肯定会让他们着迷。

149

---

① 容闳,《我在中国和美国的生活》(*My Life in China and America*)(New York: Henry Holt & Co., 1909),第21-24页。

② Arnold J. Meagher, *The Coolie Trade: The Traffic in Chinese Laborers to Latin America* (New York: XLibris, 2008).

在沿着东河顺流而下的航程中,一切都将呈现在他们眼前。

逗留波士顿

纽约到波士顿的航程大概有270英里。考虑到费用,"耆英号"不太可能被牵引着航行,除非有捐助者提供拖船,就像罗伯特·贝内特·福布斯在它离开波士顿时所做的那样。因此,它很可能是自己行驶过了诸多海湾,穿越了南塔克特和科德角附近难以航行的水域——那里早已是众多船只的墓地。这是"耆英号"的故事中最令人沮丧的部分之一,有很多谜团至今难以解开,因为没有任何资料提及这段航程。这是一次极好的测试,本可以就中式帆船与大西洋沿岸的工作船的性能表现得出一套真正有用的对比数据。有几十艘(其实有几百艘)工作船——双桅横帆船、三桅帆船、多桅帆船、纵帆船、双桅纵帆船和单桅帆船——在这片水域工作,从它们身上可以获取纽约至波士顿航线的"标准"数据。假如我们知道"耆英号"选择了哪条航线,行驶了多长时间,就能立即做出比较。然而,我们一无所知,航线不明,时间未知,也没有相关评论可供参考。更加值得注意的是,连任何有关的新闻报道都没有——要知道,一艘帆船行驶在长岛海峡和布鲁克岛海峡,这肯定是独一无二的景象。我们只能得出这样的结论,即"耆英号"用差不多正常的时间完成了一次极为正常的航行,没有任何戏剧性或激动人心的地方,尽管它可能因在纽约损失了26名船员而人手不足。

然而,在这种可能性中,有一个问题虽然无人提及,但却非常重要。虽然地处温带,时值初冬,这条航线却很好地代表了"耆英号"原计划采纳的线路,即远航之初先在相对较浅的沿海水域做近海航行。没有发生任何值得凯利特详细记录的事情,这表明"耆英号"表现良好。它没有打破任何记录从而引发评论。它没有任何不寻常的经历。

它按照其设计要求做到了应该做到的,似乎没有什么好评论的。

知道这段旅程实际用了多长时间或许能够为我们的猜测提供更多证据,但我们无从得知。如果我们知道它离开纽约的确切时间,就没必要猜测了。但是我们不知道。我们只能假设"耆英号"在11月第一周的某一天离开了纽约,在18日抵达波士顿。就是说这段行程耗时一到两周。相对于270英里的路程,这算是很慢了,不过对于19世纪的帆船而言,如果遇上了逆风的话,倒也算不得罕见。11月份的长岛海峡经常出现这种情况,当锋面系统经过时,风向会有规律地在西风(从西南风到西北风)和东风(从东北风到东南风)之间切换,尽管风速通常不快,很少超过15节——除非东北风将新英格兰地区沿海最严重的狂风带到这里来。①

在波士顿发生了一场小事故,凯利特没办法让"耆英号"停靠到指定的泊位上,因为"耆英号"的梁宽比查尔斯河(Charles River)上一座平转桥(swing bridge)的侧梯宽了4英寸。在这之后,"耆英号"又被拿去展览了。根据当地报纸的报道,它再次成为一个受欢迎的景点,尤其是在感恩节,也就是传统上的11月的第四个星期四,即1847年11月23日。接下来的三个月,"耆英号"持续向公众开放,试图赚取利润,并可能打算在港内度过最恶劣的冬季,为接下来一段最为艰苦的航程做准备。

在波士顿,凯利特船长显然接触了长期从事美中贸易的当地家

---

① 在这一历史时期,人们对天气知之甚少,数据也非常缺乏。马修·方丹·莫里(Matthew Fontaine Maury)刚刚开始其开创性的工作,即对船舶的航行日志进行汇编摘要,这也导致第一批概括了风力和洋流状况的领航图的诞生。例如,在布朗特的《美国海岸航行手册》中,根本没有提供任何关于美国海岸的一般季节性天气的有用信息。这里给出的数据见 http://www.ndbc.noaa.gov/station_history.php? station=44039。

族,因为他在宣传手册中表达了对福布斯、兰姆①和威克斯(Weeks)各位先生的感激之情。这些资助者中排在第一位的就是罗伯特·贝内特·福布斯船长,他与其弟约翰·默里·福布斯都同广州的美国贸易商"旗昌洋行"保持着长期联系。凯利特后来指出,"耆英号"在1848年2月离开波士顿时是被一艘蒸汽拖船拖到60英里外的海上去的,这是出于福布斯先生的善意安排。还有一个有趣的细节,可以表明"耆英号"项目的财务状况,那就是凯利特对福布斯先生为这艘船节省50英镑的开支——相当于今天的4000英镑——同样表示了感谢。

除了这些简单的事实,"耆英号"在波士顿的那个冬天几乎没什么好说的。看起来波士顿就像它停留过的所有西方城市一样,人们对它产生的兴趣非常短暂,只有一些报纸刊登过有关它的小短文。一名长期任职的警察爱德华·萨维奇(Edward H. Savage)撰写了两篇关于波士顿生活的文章,他在文章的注释里非正式地提到了"耆英号"。其中一篇文章提到了"耆英号"抵达波士顿,却未提及它的离开——也许是德高望重的约翰·昆西·亚当斯(John Quincy Adams)患病并于2月23日去世的消息抢了它的风头。亚当斯是美国第六任总统(1825—1829),自1829年至去世前一直担任马萨诸塞州的众议

---

① 几乎可以肯定是托马斯·兰姆(Thomas Lamb,1796—1887)。作为波士顿的一名船运商,他积极参与了对华贸易,还是华盛顿海事和火灾保险公司(Washington Marine and Fire Insurance Co.,1832—1857)董事长、萨福克海员储蓄银行(Suffolk Savings Bank for Seamen,1844—1885)董事长、波士顿海洋协会(Boston Marine Society,1830—1884)的财务主管、新英格兰国家银行(New England National Bank,1846—1884)董事长、约书亚·昆西(Josiah Quincy)市长任下波士顿市议会的成员、波士顿码头和长码头公司(Boston Pier and Long Wharf Corp.,1851—1885)的董事长以及波士顿糖厂(Boston Sugar Refinery)的财务主管。他在1828年迎娶汉娜·道斯·艾略特(Hannah Dawes Eliot),其子女有:Emily Goddard (b. 1829),Margaret Eliot (b. 1831),Thomas (1834—1838),Hannah Eliot (1836—1838),William Eliot (b. 1839),Charles Duncan (1841—1871),Rosanna (b. 1843),Caroline (1845-1849),and Horatio Appleton (1850-1926)。见马萨诸塞州历史协会(Massachusetts Historical Society)网站 http://www.masshist.org/。

员。①"耆英号"似乎从来没有占据过新闻头条。即使有名人登船参观，他们也甚少提及这次经历。事实上，在波士顿，即使有重要人物造访过，他们也根本不会提起这件事。罗伯特·贝内特·福布斯写过一本自传，很多人都读过，其中有几页（篇幅甚少）记述了他在波士顿的生活，时间上正好与"耆英号"来访有交集。②鉴于他曾经帮助过凯利特船长和"耆英号"，按说他至少会顺便提一下，可实际上他在书中根本就没有提到这艘船或查尔斯·凯利特或其他有关的东西。③

对此，合理的解释可能是福布斯在"詹姆斯敦号"（Jamestown）远航事件中起了主导作用。这一事件涉及 1846 年向国会请愿，要求派两艘美国海军舰艇"詹姆斯敦号"和"马其顿号"（Macedonian）向爱尔兰运送援助物资，以帮助爱尔兰人民免遭饥荒。④远航行动和随后的援助活动占据了他 1847 年上半年的大部分时间，撰写这一事件的评论一定又用去了下半年的大部分时间。必须补充的是，在这一时期，福布斯的生意面临着一些压力，他在 1849 年不得不返回中国对自己的资产进行重组，而这也一定会分散他对"耆英号"和凯利特的关注。

即便如此，一些事情的突然发生——也许是财务压力增大，也许是纽约庭审案件的连锁反应——或许促使查尔斯·凯利特采取了重大

152

---

① Edward H. Savage, *Boston Events: A brief mention and the date of more than 5,000 events that transpired in Boston from 1630 to 1880 ...* (Boston: Tolman & White, 1884), p.25; and *Police Record and Recollections, or Boston by daylight and gaslight for two hundred and forty years* (Boston: John P. Dale, 1873), p.86.

② 罗伯特·贝内特·福布斯，《个人回忆录》(*Personal Reminiscences*) 第 2 版，(Cambridge, MA: University Press, John Wilson & Son, 1882)，第九章及第十章。

③ 《馆藏指南，罗伯特·贝内特·福布斯作品(1817—1889)》，马萨诸塞州历史协会，网址 http://www.masshist.org/findingaids/doc.cfm? fa=fa0039#top；查询日期：2011 年 12 月 7 日。

④ 罗伯特·贝内特·福布斯《个人回忆录》第 9 章以及《"詹姆斯敦号"的仁慈之旅》(*The Voyage of the Jamestown on Her Mission of Mercy*, Boston: Eastburn's Press, 1847)。

的冒险行动。有报道称,"耆英号"停留在波士顿(估计是想过冬)时,又有 10 名中国船员离船潜逃。^①不论出于什么原因,凯利特决定在一年中最不可想象的时节启程横渡大西洋,再也不在安全的波士顿(他在这里还能找到一些朋友和帮助)等着冬季最糟糕的天气过完了。我们已经看到,"耆英号"是非常谨慎地从香港行驶到纽约的,现在这一决定与上述做法显然非常矛盾。这样做不仅对凯利特自己,对他的船员及船只,对刚刚与他团聚的妻子,都存在很大的风险。

在"耆英号"长时间逗留美国期间,简·凯利特(Jane Kellett)太太不知何时加入了船员队伍。她与凯利特船长于 1840 年在利物浦结婚。简·凯利特来自 19 世纪英国北兰开夏郡(North Lancashire)繁忙的港口小城阿尔弗斯顿(Ulverston),其娘家也姓凯利特,除此之外,我们对她几乎一无所知,既找不到他们夫妇早期生活的记录,也不知道查尔斯·凯利特究竟何时动身前往远东。不过,考虑到 19 世纪中期帆船的航行速度,以及查尔斯·凯利特 1846 年在香港已经小有名气的事实 ——这样他才能找到合伙人,或者说被"耆英号"项目的投资人吸纳为合伙人——我们可以推断,夫妻两人至少是分别三四年后才在美国团聚的。

153

凯利特此时冒险离开波士顿还有另一种可能(这只是根据一些蛛丝马迹而非切实的依据做出的假设),那就是"耆英号"试图通过吊桥进入查尔斯河时遭遇的困境令它无法到达首选泊位——那里可以为它(我们不知道是不是这样)提供费用折扣,也比海港中其他的开放水域更适合越冬。被迫返回商业主港(和纽约一样因定期邮轮和一般贸易而繁忙),其费用和风险——尤其是考虑到"耆英号"的中式船锚和

---

① Arthur Bonner, *Alas! What Brought Thee Hither?: The Chinese in New York 1800-1950* (Madison, NJ: Fairleigh Dickinson University Press, 1997), p.3.

锚泊属具——可能超出了该项目合伙人的资金承受能力。

正是在波士顿,凯利特给年轻的维多利亚女王写了那封著名的信件,这封信毫无疑问表达的是他对自己和他的帆船在纽约受到的不公判决感到痛心。①信写得相当自私,不过我们很难要求它客观公正。凯利特承认,至少有一次,他对待一名船员有些粗暴、严厉了。不过,按照当时的标准,假如他用绳头对船员动手(start)——船员对"打"的委婉表述,是对行事拖沓的惩罚——只有他提到的这一次,那么他可谓是一位相当克制的高级海员。这名船员当时选择了跳海(后被救起),这暗示凯利特的描述纯属画蛇添足。船员证人在纽约的陈述以及在波士顿又有人开小差的事实进一步说明,19世纪中期西方船舶上典型的以暴力管理船员的做法在"耆英号"也一直存在。遗憾的是,由于再没有其他人留下任何记录,我们也不知道凯利特声称中国船员吸食鸦片以及干活偷懒的情况是否属实。

横渡大西洋

"耆英号"随后的大西洋之旅充满了戏剧性,假如我们从证据出发,忽略那些异想天开的说法,那它就是第一艘横渡大西洋的中式帆船。对于简·凯利特而言,这一定是场可怕的考验。这艘船在海上航行时表现出色,而且自出发以来一直如此。然而,"耆英号"的转向系统是按传统设计的,其长期存在的缺点已经在横渡印度洋最后一段难以控制的航程中明显地表现了出来,如今,它又出现了。在穿越印度洋时,需要20~25名船员控制船舵——用铁木做的巨大的细木工制

---

① 刊登在1848年2月17日的《加勒多尼亚信使报》上。

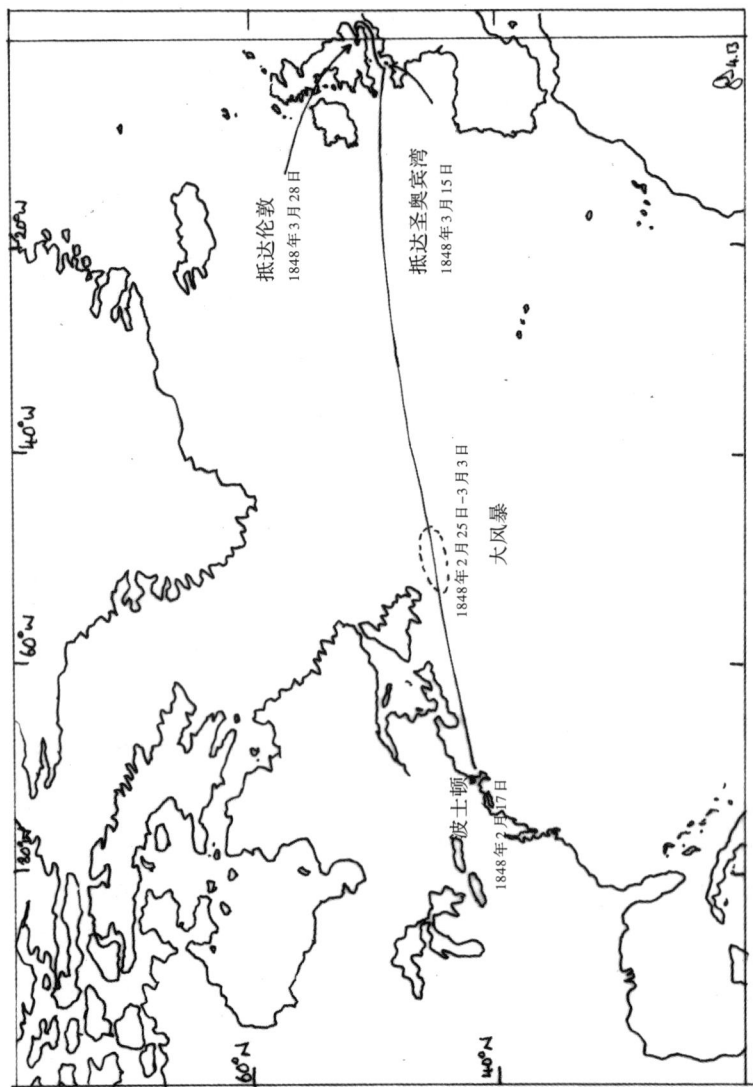

抵达伦敦
1848年3月28日

抵达圣奥宾湾
1848年3月15日

1848年2月25日–3月3日

大风暴

波士顿
1848年2月17日

地图 6："耆英号"最后一段航程

品，①长达23～24英尺，尽管我们不清楚这是不是从舵杆顶部算到舵叶底部。不过，考虑到有记载称其重量高达七八吨，这很可能只是舵叶的纵向长度，上面舵杆的长度则须另算。水线以上艉楼的高度据称有32～38英尺，这更加证实了这种观点。结合"船舵完全放下后，船的吃水为24英尺"的说法，我们便可得出清晰的结论，即舵杆和舵叶加起来肯定会超过40英尺，很可能接近50英尺。

"耆英号"在2月16日被拖出波士顿港，17日抵达60英里外的海域。假设它在构成前往欧洲的"大圆弧航线"的第一段航程是被拖行的，那么当拖缆解开的时候，它就应该位于科德角北—北—东方向大约50英里了。一开始，"耆英号"要经过一条南下的拉布拉多寒流，该寒流的细小余波可能稍微将它裹挟向南方，然后再航行大约100英里，它就会进入向西流淌的温暖的墨西哥湾流。

我们已经提到过，查尔斯·凯利特冒险起航一定有急迫的原因，尤其是他还带着妻子同行。2月是北大西洋冬季最糟糕的月份之一，此时出现狂风的概率比3月或4月多了20%～30%，可谓全年中最冷的月份之一。如果这还不足以说明问题，那么，2月还是大浅滩及波士顿附近大雾的高发季节，遭遇冰山的概率也很高；在这段航程的绝大部分海域，海水温度都处于5℃°～10℃之间！如今，对于横渡大西洋的帆船而言，推荐的航行时间是不早于5月中旬。当然了，在19世纪中期艰苦的环境中，风帆仍旧是最主要的动力来源，人们通常不会去考虑等待更温和的天气。可是到了此时，"耆英号"的航程已经耗去了太多时间，多等一个月对原计划都不会产生什么影响，因为这个计划到现在肯定已被放弃了。

---

① 一篇更加详细的新闻报道将船舵描写成"由铁木和柚木做成，包裹铁皮，重量达7.5吨到8吨"，见《贝尔法斯特新闻通讯》，1848年5月26日。

很可能是在纽约遭遇变故之后,"耆英号"出现了资金短缺的情况,而且能派上用场的船员也在减少。如果它还想继续前往欧洲,无*156*论刮风还是下雨它都得出发。如果要支付的账单越来越多,那么查尔斯·凯利特则必须面对船被扣押的风险,这样的话,到达伦敦的所有希望都不得不被放弃。

简单地说,不管当时是不是2月,"耆英号"都得起航,接受随后的命运的考验。在这次横渡大西洋的航行中,这艘船将要遇到的不仅是船舵难以掌控的问题了,情况比这更严重,就像在毛里求斯附近海域经历的惊涛骇浪一样。

遭遇风暴,海上维修

"耆英号"离开波士顿八天以后,天气变得更糟了。一场暴风雨即将来临,因为它接近了一个从气象学角度来说非常险恶的交界面,那是南下的拉布拉多寒流上空异常寒冷的空气与墨西哥湾流上空较为温暖的气流遭遇的地方,这种现象在今天被称为"墨西哥湾流北墙效应"。随之而来的是猛烈的暴风雨和汹涌的海浪。①

1847年2月25日,一场风暴开始了——凯利特的海况描述和气压计读数(29.3英寸汞柱或992毫巴)显示,风暴强度介于8级到10级之间——并且持续了大概12个小时。在此期间,2月26日早晨的某个时候,"耆英号"的一根舵绳断了。据推断,这是一根牵引绳,因为这

---

① Sebastian Junger 所著 *The Perfect Storm: A True Story of Men against the Sea* (New York: W. W. Norton, 1997)一书讲述了一个惊心动魄的故事。关于技术方面的内容,见 Wayne Sweet, Robert Fett, Jeffrey Kerling, Paul La Violette, "Air-Sea Interaction Effects in the Lower Troposphere across the North Wall of the Gulf Stream", *Monthly Weather Review* 109, no. 5 (May 1981): pp.1042-1052。

艘船在印度洋上损失一个舵柄滑轮时已经说得很明白了:"有一次,船遇上了夹杂着冰雹的狂风,一根9英寸(大概指周长)的操舵索突然断成了两截。"[1]很明显,海浪一定太高了,根本不可能马上修理,因为记录中并未提到有这样做的打算。毫无疑问,他们是想等到情况缓和了再进行修理。

三天以后,3月1日或2日,天气再度恶化——凯利特称之为从中国出发以来整个航程中最恶劣的天气。天气情况明显糟透了,而且这种恶劣天气一再持续。3月5日,也就是在这恐怖的大海上设法掌控"耆英号"的第三天或第四天,第二根舵绳也断了,船舵从舵轴上断裂下来,舵柄将罗盘箱砸坏了。

我们不清楚这场灾难是发生在帆船迎着风暴前行的时候,还是发生在为了安全度过最危险的情况而逆风停船的时候——假如完全听由素尹双喜处置,他一定会那样做。中式帆船的一个独特优势是它很容易逆风停船,船尾高耸的舵板常常令船身很容易转向迎风,使船首对着风。查尔斯·凯利特有没有这么做,记录上并未写明,不过我们倾向认为他没有这么做。

由于船舵不能用了,"耆英号"只有两种选择。第一种选择是"躺着"不动,随波逐流。对于西方船只来说,这样做通常会使船侧面向着海浪,既极其难受,又极端危险,海浪有可能"把船上的棍子都震掉"——也就是桅杆和固定支索因承受过多的拉力而最终断裂。不过对于中式帆船而言,它的船头可以随风转动以迎向海浪,从而令船漂得更舒服一些。第二种选择是在船头安放某种海锚(起探海钩的效果),这样可以让船更舒服一些。只有这样,这艘船才能保持足够稳定以便着手修理——这在此时是绝对有必要的。值得注意的是,由于中

---

[1]《"耆英号"档案》,第5页。

式帆船船舵具有一个西方船舵不具备的特点,情况变得不那么危急了。我们前面提到过,中式帆船的船舵能够在支撑槽内上下滑动,甚至停泊在港口时能够倾斜放置,从而离开水面,避免损坏。然而,船舵由一根巨大的木材制成,只能始终吊在滑轮上。具体到"耆英号",其船舵是由两个滑轮分别连接到位于船尾甲板两侧最高处的简易曲柄滚筒上,舵叶的顶端有一个孔,可以连接到位于顶端的坚固横梁上。

因此,当"耆英号"的第二根舵绳断裂以后,悬挂在船尾开口中的船舵失去了上方的拉力,甩动起来将舵柄撞断,舵柄掉到了罗盘箱上。但是它并没有从那个开口掉出来坠入狂暴的大海中;相反,它被提升滑轮拉住了,一直连在船上——那七八吨的巨大重量会随着船身左右摇晃、上下颠簸,在极端危险的情况下,可能将整个横梁击碎。

维修方法有好几种。可以将一根新绳索穿过船首的收紧辘轳再拉回船尾,这个办法工作量非常繁重,但相对简单。另外,也可以将一根或两根绳索通过船底从一侧拉到另一侧,这个部分最棘手,但一旦操作成功,就能把舵绳从船底拖到它的工作位置。不过,真正难办的是将整个系统与船舵连接起来。

再考虑到船舵是一个巨大的构造,舵绳断裂以后,将其固定在船上的只有起重滑车了。随着船体上下颠簸,船舵也会四处乱撞,不再保持竖直(不过,假如这艘船现在处于停航状态,那么,位于巨大的横梁背风处的水流会相对平静,在那里船舵运动得不会那么剧烈),将它拉上来既危险又费力。显然,无论谁在冰冷的海水中修理船舵,都有体温过低的危险,他必须反复上船,保持体温。可谓"坚强的汉子,艰难的日子"。

然而,修理工作最困难的部分是需要有人(也许是两三个人)在身上系住一根绳子,从船尾下去把舵绳的活动端系到"舵根"(船舵的前下角)上。凯利特的朋友和坚定伙伴、二副爱德华·雷维特充当了志愿者,去完成这次噩梦般的任务,这充分说明了他的勇敢和责任心。这更充分地说明了维多利亚时代早期帝国主义航海世界的分工结构。我们不知道他是否独自完成了维修工作,这一描述——以及任务本身——使得这种可能性微乎其微。

修复工作花了大约六个小时。工作成功完成了,但却付出了惨痛的代价。有一则记录(也是唯一一则)说,二副在船舷"监督工作"时淹死了。[①]这里使用动词很有意思,因为它让人对雷维特先生打算做什么感到好奇。他显然不是独自一人,言外之意,还有其他船员和他一起试图将舵绳与船舵固定起来。会是选择留下来的中国船员吗?他们知道如何操作吗?是素尹双喜吗?我们不知道。这又是一个吊人胃口的未知事件,让这次航行的记录充满疑团。我们本可以借助这份记录洞悉中西混合的船员是如何学会齐心协力的——如果他们做到了。但是,几乎可以肯定的是,要么这则记录写错了,要么淹死的那个人不是雷维特,因为我们知道,后来维多利亚女王前往伦敦布莱克沃尔(Blackwall)参观"耆英号"时,雷维特先生也得到了接见。[②]这又是"耆英号"的一个未解之谜。

除了持续不停的狂风,这艘船似乎未再遭遇其他破坏因素了。只有一些在当时的水手看来再普通不过的情况:船上损失了一只救生艇(被亲昵地称为"走私艇"),绳子断了,齿轮磨损了,滑轮组损坏了,船帆需要修补。没有什么特别值得一提的,这些对海上的艰苦生活来说,司空见惯而已。

¹⁵⁹

---

① 故事来源见 H. H. Brindley,"The Keying",*The Mariner's Mirror* 8, no. 4 (1922): pp.305-314。在其他任何地方都未见提到,当然也不曾出现在《"耆英号"详解》的各个版本中。由于 Brindley 的部分消息引自凯利特的儿子 S.S.凯利特船长(曾在加尔各答工作多年),因此可能有家族传说和文献作为支持,小凯利特曾经讲过这个故事,不过早已被人遗忘。
② 《劳埃德伦敦新闻周刊》(*Lloyd's Weekly London Newspaper*),1848 年 5 月 21 日。

抵达英吉利海峡

10天以后,即3月11日前后,"耆英号"抵达英吉利海峡群岛。如果我们假设它与波士顿的拖船在2月17日晚些时候脱钩,那么它则用了20天或21天行驶到了英吉利海峡微波起伏的海面。其航行距离大约是2500海里,每天大约行驶115~123海里,平均速度大概是5节,还不算快。但是与之相比,《世界大洋航路》上给出的这段航程的平均耗时为25~30天,这一数据来自格拉斯哥一家名为"哈迪航运"的公司,针对的是一艘约2000吨的帆船,"它在良好条件下可以达到10~12节的速度,不过一般情况下平均每天航行100~150英里"。与这组平均数据相比,"耆英号"的表现显然还不错。

"耆英号"的横跨大西洋之旅是顺风航行,它就是为这样的航线设计的,因此其航行表现超出了平均水平,对比一下当时跨大西洋的航行记录就能明白这一点。当然了,那些记录是关于船从纽约驶往利物浦的,因此不能算是精确对比,但是这些记录能让我们体会到当时西方船只管理严格到何种程度。到了19世纪20年代,纽约或波士顿与利物浦之间定期班轮的平均航程是24天。如下事实能够更全面地说明问题:自东向西逆风逆流横跨大西洋的记录由令人敬畏的纳特·帕尔默(Nat Palmer)船长驾驶"西登斯号"(Siddons)于1840年创造,他从利物浦行驶到纽约只用了15天!19世纪30年代,自西向东18天横渡大西洋的记录也是他创造的,船的名字也很贴切,是"戏剧航运公司"的"加里克号"(Garrick)。查尔斯·凯利特更为熟悉的是,罗伯特·贝内特·福布斯于1847年驾驶"詹姆斯敦号"用了15天走完该航程,凯利特一定是亲耳听到的这个消息的。①因此,"耆英号"21天走完该航程(尽管是从波士顿外60英里的海面算到英吉利海峡群岛),算不得很差的表现,不过是接近于班轮船队和其他管理严格的船舶较慢的平均速度罢了。②

根据一则当地报道,③"耆英号"进入英吉利海峡驶向多佛的时候遇上了西北大风,向南偏离了航道。"耆英号"发现自己离泽西岛(Jersey)西部险恶的多佛岩(Roches Douvres)太近了,便接受领航,被引导至泽西岛的圣奥宾湾(St. Aubin's Bay),并在那里抛锚停泊。领航服务由希瓦利埃(Chevalier)船长指挥的"皮尔逊号"(Pierson)巡逻艇提供,收费60英镑。同一份报道称,尽管许多人跑到附近的海岸去观看这个"怪物",还有人冒险乘小船出海以便近距离观察它,但是女性被禁止登船,因为第一位"登船的欧洲女性的权利要为维多利亚女王保留"。我们不知道这个承诺是否兑现了。这看似不可能,这样的话就奇怪地将简·凯利特排除在外了。

报道继续说:

两名船夫,约翰·斯通(John Stone)和约翰·金伯(John Kimber),带了一群围观者出海。当他们接近这艘船时,来自普利茅斯的当地邮船"斑马号"绕过努瓦尔蒙(Noirmont),改变航向驶

① 福布斯,《"詹姆斯敦号"的仁慈之旅》,附录17中给主席先生约书亚·昆西(Josiah Quincy)的一封信,第xi-xv页。福布斯提到"詹姆斯敦号"只有一次抢风航行,从波士顿海军造船厂驶向老金塞尔角(Old Head of Kinsale),在最后一天,风向位于左舷4点,它达到了13节的速度——今天的水手会说那速度令人惊叹!

② Maddocks, *The Atlantic Crossing*, pp. 97, 98.

③ 1848年3月20日的《格拉斯哥先驱报》刊发了一封由泽西岛一位名叫詹姆斯·弗朗沙尔(James Franchard)的人写于3月15日的来信,提供了这则信息。"耆英号"逗留期间的简要记述见:http://jouault.wordpress.com/2013/03/10/the-first-chinese-junk-to-visit-europe-in-march-1848/。

近这艘船,也想一睹奇迹,结果却致使斯通和金伯的船沉没,船上的人也都掉入水中,其中皇家海军的巴森(Bassen)中尉、船夫金伯和名叫乔治·哈蒙(George Hamon)的男孩被淹死,其余幸存者有:约书亚·布雷恩(Josue Brayn)、乔治·安古维尔·珀沙德(George Ingouville Perchard)、让·德·格鲁希(Jean De Gruchy)、托马斯·德·格鲁希(Thomas De Gruchy)、("金苹果"的)M·博伊斯内(M. Boisnet)及其厨师和看门人、伊莱亚斯·提坎姆(Elias Tinckam)、塞缪尔·提坎姆(Samuel Tinckam,乔治·哈蒙是他们的学徒)、詹姆斯·墨菲(James Murphy),等等。

在泽西岛,"耆英号"等待拖船——普里奥(Priaulx)船长的蒸汽轮"君主号"——将它拖过英吉利海峡。这两艘船在3月27日或28日抵达格雷夫森德附近的泰晤士河。[①]它们可能并没有直接前往布莱克沃尔的东印度船坞("耆英号"位于"铁路和蒸汽船码头"的最终泊位就在那里),因为还有一些手续要完成,很可能还需要一名领航员登船。但是,不论抵达时的细节如何,"耆英号"终于在3月的最后几天到达了目的地。

评价"耆英号"的表现

"耆英号"这次远航由查尔斯·凯利特指挥,又有精通航海技术的素尹双喜不可或缺的协助——没有他,这次航行不可能成功。我们在考察它的航行表现时,很重要的一点就是要做同类对比,不能错误地

---

① 关于具体日期,各种报道都不一样。《伦敦新闻画报》的航运版称"耆英号"于4月1日抵达格雷夫森德,见 www.iln.org.uk/iln_years/ilnships1846_1848.htm。

拿那个时代最优秀的西方船只与它进行比较。稍后,我们会拿运送茶叶的飞剪船"德摩比勒号"(Thermopylae)与之进行比较,将非常清楚地展示船舶之间相互比较的标准方法,因此也能表明在与中式帆船做对比时,什么才是公平的参照标准。有一点不可避免,18世纪末或19世纪初欧洲类似的近海商船记录不容易挖掘。还有就是,我们要记住"耆英号"是压载航行的,建造得也很粗糙。例如《"耆英号"详解》中就说:①

> 它的整体工艺都很粗糙;找到大小合适的树以后就把它们砍倒,剥去树皮,锯成合适的长度,两侧不做平整处理,而是保持原样……中国人……认为没有理由在不必要的地方进行悉心制作或精致抛光……

因此,与"耆英号"最类似的应该是一艘从事欧洲近海贸易的中等大小的三桅帆船或大型双桅横帆船,又或者是一艘18世纪末东印度公司500~800吨的空载商船。这些船远洋航行的平均速度很少超过3~5节,通常还远远低于这个速度。

"耆英号"从香港出发215天后抵达纽约——大概是7个月到7个半月,误差不超过一周。②这个时间包括在加斯帕海峡和巽他海域附近抛锚停泊或白天在微风中行驶、夜间抛锚的4个半星期,还有在圣赫勒拿岛度过的一个星期,因此"耆英号"实际在海上航行的时间大约是166天,或者说不到6个月。19世纪末期一艘典型的东印度公司商船从伦敦到广州耗时4个月。亨利·怀斯(Henry Wise)所著的《对往

---

① 《"耆英号"详解》第8页。关于"耆英号"建造质量的所有参考资料,一致认为这艘船非常粗糙简陋。

② 表1中给出的数据;凯利特自己以及《"耆英号"详解》声称是212天。

返印度、中国等地一百次航行的分析》(*An Analysis of One Hundred Voyages to and from India, China*)显示其平均航行里程是13398英里,耗时114.5天。[1]因此航行的平均速度是4.9节——而东印度公司的商船,即使是相当宏伟的肥首型船只,也都是毫不吝惜花销的。

表2和表3显示,"耆英号"航行236天,大部分时间速度介于3~3.5节,低于东印度公司商船的平均水平。除去多航行的122天,由于它不能适应恶劣的天气,也不能在任何风力条件下达到良好的速度,"耆英号"比东印度公司商船多航行了4137英里。

不过,偶尔有运送茶叶的飞剪船航行144天的记录,这是由于风向不利,船只受到损坏或者导航出现失误。与之相比,尽管"耆英号"需要赚钱因而在港口停留了很长时间,它从离开香港到真正抵达预定目的地伦敦一共也用了476天,时间还是非常长了。即使在差不多40年之后,三桅帆船"总督号"(Hospodar)因为船舶受损和疾病影响创造了最慢的航行记录之一,其从利物浦经合恩角到旧金山的航行时间也不超过"耆英号"。

然而,尽管这样的结论可能会令加文·孟席斯[2](Gavin Menzies)的热心拥趸者失望——他们偏执地认为中式帆船在环游世界时能够达到10节的平均速度,而这样非凡的成绩只有在20世纪末破纪录的高性能赛艇和多体船出现后才成为现实——并不能因此便马上认为"耆英号"的成绩令人气馁。正因为东印度公司商船和飞剪船自身的

---

[1] Wise, *An Analysis of One Hundred Voyages to and from India, China,* (London: J. W. Norie & Co, 1839),在 Jean Sutton 所著 Lords of the East (London: Conway Maritime, 1981),第105页中也有引用。

[2] 加文·孟席斯,英国皇家海军前军官,其最为知名的观点是声称郑和在哥伦布之前就到达了北美洲,是发现新大陆的第一人。——译者注

表2 各航段距离、时长及平均速度

航段	横向线距离 (海里)	在途时间 (天)	航段平均速度 (节)
香港→加斯帕海峡	1930	19	4.2
加斯帕海峡→巽他海峡 海域	>410	<32	>0.53
巽他海峡→好望角	5100	63	3.4
好望角→圣赫勒拿岛	1700	17	4.2
巽他海峡→圣赫勒拿岛	6800	81	3.4
圣赫勒拿岛→赤道	1180	15	3.3
赤道→纽约	4355	60	3.0
圣赫勒拿岛→纽约	5535	75	3.1
纽约→波士顿	265	>5	>2.2
波士顿→圣奥宾湾	2500	21	5.0
香港→英吉利海峡	17440	233	3.1
圣奥宾湾→格雷夫森德	27	<3	>3.75
香港→格雷夫森德	17710	236	3.1

表3 香港至伦敦总时长、各航段时长,含港口停靠

航段	在途时间(天)
香港→离开巽他海峡	51
香港→离开圣赫勒拿岛	139
香港→纽约	214
在纽约	>127
在波士顿	91
香港→离开波士顿	439
在圣奥宾湾	<14
圣奥宾湾→格雷夫森德	<5
波士顿→格雷夫森德	50
香港→格雷夫森德	476

特点以及它们所服务的组织,我们才获得了它们的记录。对于19世纪的几千艘双桅横帆船和三桅帆船,我们并没有掌握多少公开记录,而我们所掌握的一些记录通常不能体现这些船的平均表现,但"耆英号"不是由一批经验丰富的优秀水手驾驶的,也不为了打破记录以获得丰厚奖金而航行的。因此,假如"耆英号"的表现没有达到令人刮目相看的程度,似乎也不比当时运气欠佳的许多类似的普通西方双桅横帆船或三桅帆船差多少。它最后横渡大西洋时的冲刺表现(失去了船舵,人手可能短缺以及其他情况)相当出色,这充分显示了中式帆船在按照逆风航行的设计要求运行时的能力。它并不出众,但是能够顺利地航行。据说查尔斯·凯利特曾经说过,即使一滴水也不运,它也能航行。他称"耆英号"是他驾驶过的最干燥的船。

第六章 旅程终点:停驻伦敦

随后两三年发生的事情清晰明了了。"耆英号"在伦敦河沿岸的两个地点进行展出:先是在布莱克沃尔的东印度公司码头,后来又在斯特兰德(Strand)短暂逗留。它应该是在1850年初的某个时间离开布莱克沃尔的,因为大英图书馆里有一张海报,宣布"耆英号"于1850年6月10日在斯特兰德重新开放,地点就在埃塞克斯街(Essex Street)的圣殿酒吧码头(Temple Bar Pier)。①奇怪的是,此时这艘普普通通的老帆船摇身一变,成了"中国皇家帆船'耆英号'",这大概是为了吸引观众(至少在英国,人们总是呆头呆脑地注视任何貌似皇家的东西)。宣传攻势还不止这些,与此同时,首次在1848年5月10日由伦敦知名的印刷商和销售商"洛克兄弟&佩恩"公司发行的宣传品又被拿出来重新发行。其最初的标题是:"中国帆船'耆英号',其衣喊挨炯知②,凯利特船长。史上第一艘绕过好望角、抵达英国水域的帆船,从广州出发477天后,于1848年3月28日出现在格雷夫森德"。重新发行时,标题被彻底更换为:"中国皇家帆船'耆英号'——史上第一艘到达欧洲的中国造帆船,现正在伦敦斯特兰德埃塞克斯街的圣殿酒吧码

---

① 见http://www.bl.uk/catalogues/evanion/Record.aspx? EvanID=024-000001375&ImageIndex=0。书架号 Evan.1570。

② 原文如此。——译者注

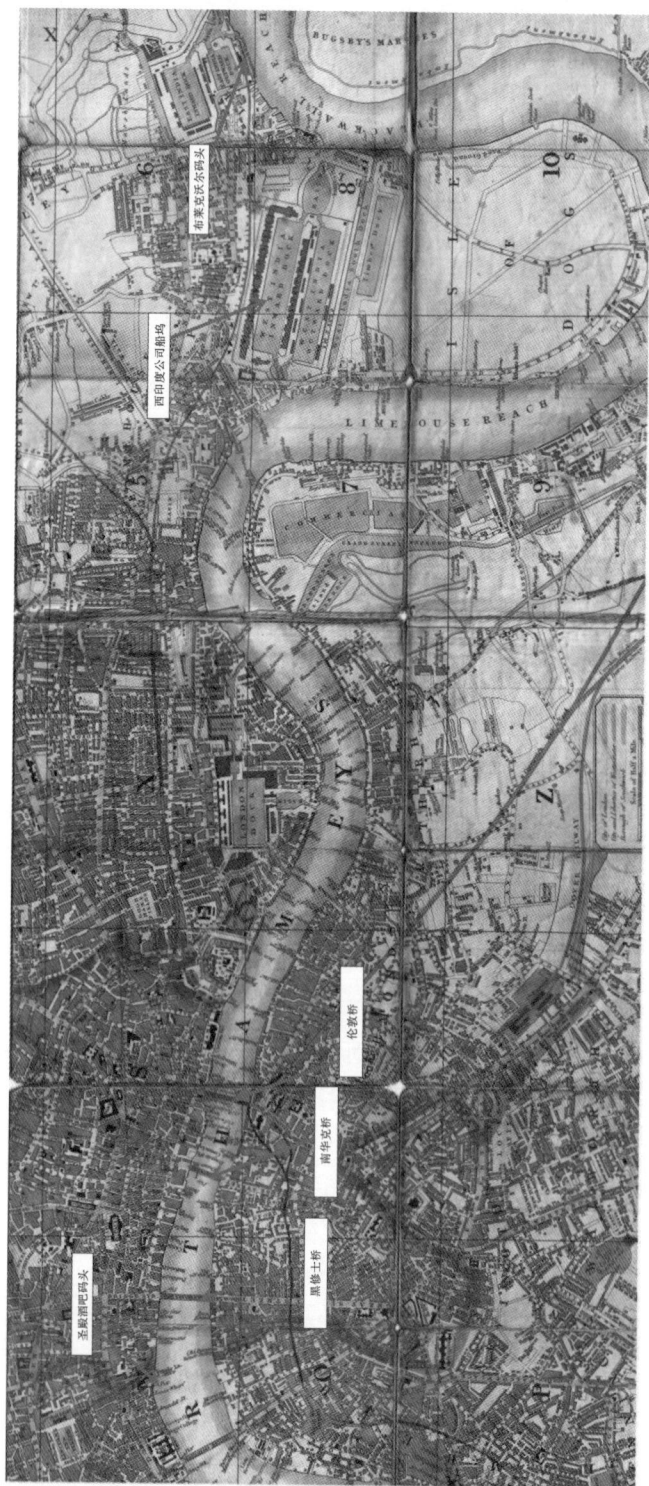

地图 7：伦敦泰晤士河

头展出,由中国船员驾驶,由广州的希生大人指挥,他也是著名的中国皇家帆船茶'希生混合茶'的调制者"。[1]希生同意别人抬高自己的级别并且开始夸大自己的人脉了吗?我们将会看到,次年在万国博览会上发生的事情让这种推断不再是毫无根据的猜测。从这一点也可以看出,最初的投资者发生了角色变化,也许其财富也发生了变化。到了此时,大部分投资人可能出售了正在亏损的资产。假如希生是最初的投资人之一,也是购买这艘帆船的中介,那他如今是剩下的唯一一名投资人吗?我们或许永远都不会知道。

关于"耆英号"这次向上游的转移,我们的主要疑惑在于它是如何做到的。只要看一眼布莱克沃尔和圣殿酒吧码头之间泰晤士河的现代地图,我们就能发现,对于一艘有着90英尺(27.4米)高的桅杆、另外两根桅杆中的一根似乎至少也高出水面60英尺(18.3米)的船来说,要完成这次转移将面临三个障碍,它们就是新伦敦桥、南华克桥(Southwark Bridge)和黑修士桥(Blackfriars Bridge)。由约翰·伦尼(John Rennie)设计的新伦敦桥于1831年开通,在1972年重建,因此现在很难找到老桥的数据了。不过,伦敦港务局给出的新桥的数据是,新桥在平均大潮低潮面(MLWS)时(此时水位最低,空高最大)的空高为15.4米。[2]遗憾的是,约翰·伦尼1819年为泰晤士河设计的另一座宏伟的铸铁拱桥南华克桥也经过了重建,不过时间更早,是在1921年。新桥在平均大潮低潮面时的空高为13.7米。

不过,很显然,造成障碍的是空高的最小值,而不是最大值。黑修士桥的空高可能是最小的。因为,虽然现今的这座桥是1869年重修

---

① 笔者能找到的这幅图的唯一一件复制品来自日本东洋文库的莫理循作品集(G.E. Morrison Collection),目录编号为E-3-9,网址http://61.197.194.13/gazou/Honkon_dohanga-e.html,查询日期2013年4月23日。

② 见http://www.pla.co.uk/display_fixedpage.cfm/id/174。

的,但它的空高不可能低于1769年由罗伯特·迈恩(Robert Mylne)设计的半椭圆形九拱波特兰石桥。现在的黑修士桥在平均大潮低潮面时的空高是13.5米。

鉴于任何一座桥梁从前的高度都不可能接近现在的两倍,因此"耆英号"是如何转移到上游,后来又返回下游的,就明显是一个大大的谜团。无论如何,它做到了,这一定是一项了不起的壮举。但当时的报纸对此保持沉默,这又一次反映了公众和学术界对这位独一无二的伦敦访客的兴趣真正处于什么水平。

这艘帆船重新停泊到泰晤士河上游时发生了事故,泽西岛的报纸就此进行了报道。显然,在那次短暂的访问之后两年左右,它在当地还是新闻关注的对象:[①]

关于中国帆船的报道——上周六,伦敦斯特兰德埃塞克斯街尽头的埃塞克斯码头上一座正在为了帆船展出而建造的大型木结构建筑发生了一场严重事故,不过没有造成人员死亡。这座建筑是建在打入河里的桩子上的,长400英尺,高60英尺,宽约50英尺;建筑的一侧、两端和部分屋顶已经用木板围起来了。受大风影响,该建筑星期五一整夜都在摇晃、抖动,星期六上午10点左右,六名工人正在固定木制构件时,这个建筑轰隆一声倒塌了。当时从东边刮来一阵强风,桩子不够结实,无法抵御风施加在整个侧面上的压力。一名工人从相当高的地方突然坠落到下面的泥地上,陷下去好几英尺;另一个人胳膊严重受伤,不得不被送去医院;其余人都安全撤离。这座建筑雇人干活已经快一个月了,

---

① 摘自《泽西时报》(*The Jersey Times*),1850年4月5日,见 http://www.jerseysocietyinlondon. org/FNews/news.php?id=14。

建造费用大概是 500 英镑。

这艘船在伦敦的第一年无疑是引人注目的明星,上船参观的不仅有维多利亚女王、女王丈夫以及其他王室成员,[①]还包括年迈的威灵顿公爵以及著名小说家查尔斯·狄更斯——不过,他是以新闻记者的身份参观"耆英号"的。1848 年 6 月 9 日,星期五,伦敦市长和几位市议员到访。毫无疑问,这些人只是认为必须让人们看见自己是与城里的最新事物联系在一起的大人物中的少数几个。[②]

这艘船的受欢迎程度足以让它在布莱克沃尔停泊两年,尽管人们怀疑它搬迁到斯特兰德一定是因为游客数量在减少,它想把游览点转移到能获取更多观众的地方。显然,从报纸上关于这次事故的报道来看,这次搬迁不菲的花费是值得的——在 1850 年,500 英镑可是一大笔钱。[③]"洛克兄弟&佩恩"公司重新发行宣传册的事实也证明了这一点,即需要通过"重新包装"这艘帆船以尽可能获取更多的游客收入(更完整的讨论见本书"附录")。可是,即便有希生和他的名茶,"耆英号"终究无法长期吸引人们的注意。

在某个时期,它曾经相当成功,足以让查尔斯·凯利特和他的合伙人雇用更多人手。无论如何,考虑到中国船员在纽约和波士顿的潜逃,中国"造型"的演员一定会大大短缺,因此重中之重是要再补充中国人。假如按表现出来的情况计算上述两个地方损失的船员,那么最初随船从香港出发的大约 40 个人,到船离开波士顿时已经走了 36 个。或许

169

① 年轻的女王和阿尔伯特亲王、王室公主、威尔士王子以及四名朝臣在 5 月 16 日参观了"耆英号";《泰晤士报》(*The Times*),王室公告,1848 年 5 月 17 日,第 19865 号,第 6 页。查尔斯·狄更斯的参观时间是在 1848 年仲夏,他的文章刊登在当年 6 月 24 日的《观察家报》(*The Examiner*)上——他附随时俗称"耆英号"为"荒唐的丑八怪"。
② 《每日新闻》,1848 年 6 月 13 日。
③ 用标准转换方法,这笔钱相当于现在的 45000～50000 英镑。

就是因为船上人员中的中国人大幅减少,只剩素尹双喜、希生、三成以及四到六名水手以及裁缝和戏班(假如他们真的签约到船上工作),这才引发了我们在前言中引述的狄更斯的评论,"6名英国水手……让(这艘中国帆船和中国水手)安全横渡大洋"。

不过,船上一定还有其他人员。据报道,1851年7月,一位名叫卡罗琳·威尔斯蒂德(Caroline Wilsted)的略显轻浮的女士抢走了"中国帆船乐队指挥"威廉·金(William King)价值五先令的别针。博学的法官发布了一条判决附带意见,认为"这艘中国帆船现在成了一大社会公害;鉴于他们通宵达旦地唱歌跳舞,最好给那些经理一个警告,因为他们有可能被起诉"①。他们差一点就被起诉了。8月,"耆英号"被告知必须离开。②

> 伴随着音乐和舞蹈的照明在这艘中国帆船上已经持续一段时间了,如今突然在城市航运委员会的强制命令下终止了,据说这是由于埃塞克斯街及其附近的一些居民、诺福克(Norfolk)公爵的房客通过公爵的律师提出了投诉。

但是,事情明显开始恶化。因为"耆英号"一旦被赶回下游的布莱克沃尔,就会远离公众的视线。另外,在它抵达圣殿酒吧码头一年之后,死亡之吻降临,内森·邓恩的中国博物馆(它是中国事物最初在伦敦流行的原因)为了参加在新水晶宫召开的万国博览会,于1851年重返伦敦。③

---

① 《每日新闻》,1851年7月17日。
② 《每日新闻》,1851年8月7日。
③ 邓恩的展览在"耆英号"从香港出发的那一年离开伦敦到英国各郡巡展。

也是在 1851 年,查尔斯·凯利特似乎搬到了岸上,住在肯特郡(Kent)。他作为刘易舍姆(Lewisham)区锡德汉姆(Sydenham)街道的常住人口出现在 1851 年的人口普查中,登记的职业是"船主"。①几乎在"耆英号"甫抵伦敦时,他就不再作为船长承担任何日常职责了,证据是 1848 年一条不相干的新闻报道,该报道讲述了一名华人在维多利亚时代的英国改信基督教的故事。②从这则新闻中我们了解到,来自澳门的阿丁阿弟(Ating Ati)——又是一个让人完全摸不着头脑的从广东话翻译来的人名——签约到帕蒂森(Pattison)船长指挥的"伊莉莎号"(Eliza)上担任乘务员;船到伦敦后,合约解除,他受雇成为"在布莱克沃尔停泊了 6 个月的中国帆船的管理员或船长"。1848 年的某个时候,这一工作的合约到期,他被拉布雷–斯科尔斯公司(Labrey, Scholes, and Co.)聘用,成为一名店员。该公司的所有者是教会的活跃成员。因此,我们可以初步得出这样的结论:"耆英号"一抵达伦敦,主要的参观者都已造访之后——比方说到了 1848 年夏末——查尔斯·凯利特作为船长的工作就结束了,他后来仅仅是一名生意上的合伙人,赚了足够的钱,或者有足够的积蓄在岸上生活。我们还能得出结论,希生后来晋升为船长,因而船被转移到上游。姑且不论凯利特船长因为驾驶一艘独特的帆船进行了一次独特的航行,并抵达了遥远的目的地而获得的荣誉,在经济上他显然获得了一定的成功。

由朝廷官员改任船长的希生无疑也是成功的。因为他的官员身

①见苏珊·西蒙斯提供的信息,http://www.oulton.com/cwa/newsships.nsf/45cc5cb7c20526ef8525 6529004f20f0/38fbe91be88080918525719400052f25! 开放文件。在同一个帖子里,苏珊·西蒙斯称简·凯利特与查尔斯同岁,仍然健在,他们还有一个样样家务都做的女仆,名叫夏洛特·霍尔(Charlotte Hall)。

②《曼彻斯特时报》(*Manchester Times*),1848 年 11 月 25 日。

份曾经受到过怀疑,所以"耆英号"停留伦敦期间最大放异彩的时刻无疑是他在万国博览会上的成名方式:他实际上充当了中国大使——或者,按照《加勒多尼亚信使报》的说法,是"展览开幕式上中国杰出的代表"。维多利亚时代的画家亨利·考特尼·塞卢斯(Henry Courtney Selous)绘制了一幅坎特伯雷大主教在开幕式上为博览会祈福的大型油画,①维多利亚女王和阿尔伯特亲王位于中间靠后,两边突出位置各有一排穿着闪闪发光制服的全权代表。右前方最引人注目的人物就是紧挨着女王右侧的一位绅士,身材矮小,身着朝服。希生无疑取得了非凡的成功。

　　1851年距离《虎门条约》签署、第一次鸦片战争结束已经八年多。假如这场战争有一个目的是想迫使中国政府承认其他国家是平等的主权实体,通过互设大使馆和互派大使令其进入西方外交世界,那么这场战争显然失败了。中国派往英国的第一任代表郭嵩焘直到1877年才定居下来——而且是作为特派员。②在中国政府的真正代表不可能前往英国的情况下,希生成功地让人相信(或许包括女王本人)他能够代表他的国家参加一个旨在展示全世界工业和艺术品的展览会。这不可能在查尔斯·凯利特设想的方案之中!

　　到了1851年底,有迹象表明情况并非一切顺利。9月和10月的

---

① 现存于维多利亚和阿尔伯特博物馆;见亨利·塞卢斯,《万国博览会开幕式》(*The Opening of the Great Exhibition*),1851年,馆藏号329-1889。又见 V. E. Graham, "The Mandarin Hesing and the Chinese junk the Keying", *Arts of Asia* 30, no. 2 (2000): pp.96-102。

② 郭嵩焘(1818—1891)是湖南人。他于1877年2月6日递交国书。1878年,他被任命为驻法国代表,并选择住在巴黎。他在这两个职位上的任期都很短。他于1878年底被革职,并在1891年去世。见 A. W. Hummel 编辑的《清朝名人传略(1644—1912)》(*Eminent Chinese of the Ch'ing Period, 1644—1912*)(Washington, DC: Library of Congress, 1943)一书第438-439页;郭嵩焘、刘锡鸿、张德彝,《中国驻西方的第一个大使馆——郭嵩焘、刘锡鸿和张德彝日记》(*The First Chinese Embassy to the West: The Journals of Kuo-Sung-T'ao, Liu Hsi-Hung and Chang Te-Yi*),J. D. Frodsham 翻译(Oxford: Clarendon Press, 1974)。

《每日新闻》刊登了简短的专栏。①9月，公众得知"清朝官员希生继续接待大量访客，包括英国人和外国人"。可是，到了10月初，故事发生了变化，因为同样简短的专栏一开始就表明结局即将来临："前往外国港口之前的最后三周展览。"我们不知道这是基于计划方案的真实报道，还是旨在消除猜疑和拖延债权人而进行的"吹嘘"。

即便如此，1849年初，"耆英号"似乎还有进一步的行程安排，因为有新闻报道称T.A.莱恩和查尔斯·凯利特谈到要将"耆英号"从斯特兰德转移到布莱克沃尔，他们还描述了下一步的计划："如果塞纳河水位足够，而且从勒阿弗尔（Le Harve）到首都没有其他障碍，它将从伦敦前往巴黎。"②

巴黎之行似乎未能实现，因为假如这件事发生过，一定会有些法国资料有所记载，但是并没有。不过，在1851年10月和我们掌握的下一条新闻之间，"耆英号"故事内容丰富的第一卷似乎迎来了最后的高潮。因为，安特卫普在1993年举办了一场中国帆船模型展览，其目录提供了一条引人遐想的暗示，"耆英号"可能造访过安特卫普。③即便果真如此，目前尚未出现确凿的证据。即使是在欧洲狭窄的海域，冬天也不是航海的季节，因此这艘帆船启程前往外国——即使就在北海的另一侧——的可能性不大。假设《每日新闻》10月的报道准确无误，那么计划中的航程不会早于11月。在19世纪中期的英国，短暂的

① 《每日新闻》，1851年9月6日及1851年10月2日。

② 《每日新闻》，1849年4月9日。

③ 见W. Johnson编辑的 *Shaky Ships: The Formal Richness of Chinese Shipbuilding* 一书的展览目录，1993年5月—12月，安特卫普国家海事博物馆，第8页上有当时安特卫普市长科尔斯（H. B. Cools）的评论，"1848年，在前往伦敦途中，英国船长凯利特指挥的'耆英号'成为第一艘到访我市港口的中国帆船。根本没有证据表明"耆英号"从泽西岛前往伦敦途中拜访了安特卫普，不过在最终离开伦敦前往利物浦的时候，的确存在一个窗口期允许它这么做。

白昼以及即将到来的严冬①对于任何非迫不得已的海上活动而言都没有好处,"耆英号"很可能在伦敦度过了冬季。

---

① 1850 年,欧洲经历了所谓"小冰河期"的最后一次温度极小值;见 http://en.wikipedia.org/wiki/Little_Ice_Age。

第七章 残局

"耆英号"的最后时光

从"耆英号"到访伦敦的三年,到再过大约两年它前往利物浦,这段时间内发生的事情大多模糊不清。我们不知道离开斯特兰德的高级泊位后,它是否一直待在伦敦;也不知道驶离了圣殿酒吧码头之后,这艘船是否又造访了别处。有可能,但是总的来说不太可能。因为有迹象表明,该项目的投资者要么打算套现离场,要么损失惨重,不得不将项目终止。我们所知道的就是,当故事的下一卷开启的时候,这艘船正躺在西印度公司的进口码头上待价而沽。

我们不知道它为何从布莱克沃尔的东印度码头转移到了西印度进口码头[西印度两个码头中更靠北的一个,横贯道格斯岛北部,介于泰晤士河布莱克沃尔河段与莱姆豪斯(Limehouse)河段之间]。最初选择东印度码头,无疑是因为濒临倒闭的东印度公司长期参与了对华贸易。自从1773年第一次实施《印度政府法》以后,东印度公司在持续压力下垂死挣扎,最终于1874年关闭。1853年,英国又一次通过了《印度政府法》,再次寻求改善该公司糟糕的财务状况和管理缺陷,却再一次失败了。卡尔·马克思是当时对英国在印统治最为尖锐的评论

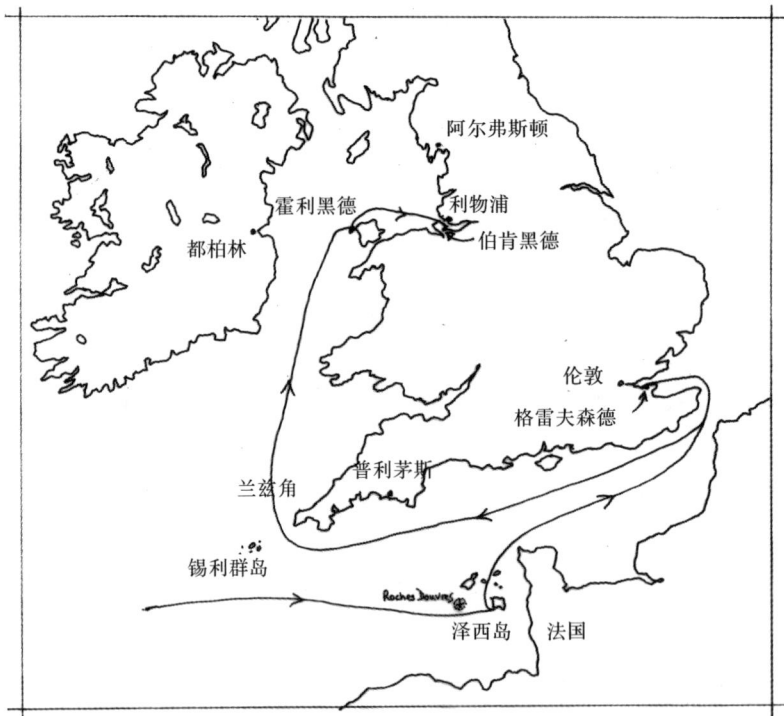

地图 8:"耆英号"在英国水域的航程

家,他对此的精辟评论是:①

> 在印度,财政赤字挥之不去,战争过度且持续不断,公共工程 174
> 彻底缺失,税收制度糟糕透顶,司法和法律状况一塌糊涂,这五个
> 方面构成了《东印度许可状》的五个主要内容,它们出现在 1833 年
> 的辩论中,出现在 1813 年的辩论中,以及此前所有与印度有关的
> 辩论中,毋庸置疑,它们在 1853 年的辩论中得到了解决。唯一没
> 有解决的问题就是哪个党派要对这一切负责。

1853 年的法案虽然在其他方面无所作为,但是的确通过废除东
印度公司的任命权解除了其权力。②也许是东印度公司的一些主管试
图通过行动证明这不是一个非常舒适的闲职,由此产生的连锁反应迫
使"耆英号"离开了它在布莱克沃尔的泊位。也许是为了表明东印度公
司对船舶的管理非常严格,内部人员也没有特殊待遇,减免的泊位
费突然提高到全额商业费率,因此,"耆英号"别无选择,只能寻找一个
更加便宜的泊位。

因此,在 1852 年,"耆英号"故事的第一卷便结束了。1852 年 5 月 175
14 日,《赫尔分类信息和东雷丁时报》(*Hull Packet and East Riding
Times*)上刊登了大幅广告,宣布出售"耆英号"及其所有物品——或
许它只是刊登广告的众多伦敦和其他地方性报纸中的一家。③拍卖商

---

① 写于 1853 年 7 月 5 日(星期二),发表在 1853 年 7 月 20 日的《纽约每日论坛报》(*New-York
　 Daily Tribune*)上,见 http://www.marxists.org/archive/marx/works/1853/07/20.htm,查询日期
　 2013 年 2 月 12 日。
② J. M. Compton, "Open Competition and the Indian Civil Service, 1854–1876", *English
　 Historical Review* 83, no. 327 (1968): pp.265–284.
③ 赫尔这份报纸的副本中提到,同样的消息同时在伯明翰、利物浦、曼彻斯特、纽卡斯尔、赫尔、德
　 比、布里斯托、普利茅斯、埃克塞特、朴次茅斯、布莱顿、多佛、爱丁堡、格拉斯哥、都柏林、科克
　 郡、巴黎、布鲁塞尔、勒阿弗尔、加来、布洛涅、敦刻尔克、法兰克福和阿姆斯特丹进行了发布!

是伦敦市长官邸夏洛特街(Charlotte Row)2号的马什(Marsh)先生。该广告称,作为"一个能够在英国和欧洲主要港口展览的无与伦比的投资项目",该船正在出售。

接下来发生的事情表明,"耆英号"及其投资人面临的情况非常糟糕。6月6日,伦敦的《时代报》刊发了一则6月3日的公告,称拍卖会已经举办,不过这艘船及其物品"没有找到买家"。[①]

马什并没有放弃:根据6月7日《贝尔法斯特新闻通讯》的消息,这艘船被再次拍卖,这次卖掉了。[②]"耆英号"这么快被再次拍卖,说明出售的需求非常迫切,这也在贝尔法斯特的报纸中得到了印证:"它拍得了2900英镑。"[③]当我们根据前文提到的四处流传于纽约的信息回想起这艘船究竟花费了多少钱时,就能明显感受到其中的绝望情绪。另一篇《加勒多尼亚信使报》上简短的专栏报道称售价"为2900英镑——比原价低了大约6000英镑"。[④]

这就再次提出了那个问题,即在中国购买这艘船的真实价格。根据拍卖数据推算,"耆英号"1846年的购买成本约为8900英镑[⑤]——这与我们估计的最高成本价75000美元(大约15600英镑)相差太多。假如这个价格是真的,那么凯利特及其合伙人一定赔得精光。《加勒多尼亚信使报》引用的8900英镑这个数字的来源有问题。考虑到这个数据像有关"耆英号"的众多事实一样,在大约150年的时间里被系统性地忽略了,现在再从真相的谷粒中挑选出虚假的谷糠是做不到的。

---

① 《时代报》,1852年6月6日。
② 《贝尔法斯特新闻通讯》,1952年6月7日。
③ 19世纪的报纸上并非普遍使用带横杠的L(£)英镑符号,并不是所有人都不怕麻烦在打字时添上一个短横,而是满足于不带短横的L。
④ 《加勒多尼亚信使报》,1853年6月7日。
⑤ 按照标准转换率,1852年的8900英镑相当于今天的708301.77~963548.94英镑,与第一章里提到的75000美元的价格相比十分合理。见 http://www.measuringworth.com/calculators/exchange/result_exchange.php。

按照当时的汇率,这个数目相当于42720美元——而售价则相当于13920美元。这对于投资者而言可谓损失惨重,除非这六年的收益弥补了如此大幅度的资产贬值。

与这个假定的42720美元相比,前文同时讨论到的香港记者给出的买入价则要低得多。香港记者给出的价格是19000美元,也就意味着"耆英号"最初花费了投资者大约3950英镑。我们也已指出,从表面上看,这个价格对于一艘"年高德重"的商船而言更为现实——是一个精明人(我们完全有理由认为道格拉斯·林柏是这样的人)愿意支付的价格。如果这个较低的价格就是实际成交价格,那么,考虑到这艘船经历的变迁以及进行了大约4年的展出,它的市场潜力一定已被开发殆尽,则拍卖所得的价格就相当不错了。假设这些合伙人以每年5%的速度计算资产贬值,成本价是3950英镑,那么到8年后的1854年,"耆英号"的账面价值大约是2650英镑。船上物品的成本不可能比300~400英镑高很多,或许远远低于这个数目。总之,假如在纽约、波士顿和伦敦进行展出的所得大于航行花销,那么这次出售就不是孤注一掷的努力,而是管理良好的表现。

最后需要指出的是,涉及成本和收入的证据如此混乱和矛盾,以至于我们无法得出确切结论。以下推断不过是建立在一定依据基础上的直觉。全面考虑我们已经看到和即将看到的证据,很可能"耆英号"并未取得其投资者和发起人在1846年启动这个风险项目时预期的成功。当然了,有传闻表示道格拉斯·林柏在晚年说过"他的投资没有获得一分钱回报"。[1]

1852年6月3日的拍卖之后,8个月中没有"耆英号"的任何消息。

---

[1] University Hall 50th Anniversary (Hong Kong: University Hall Alumni, 2007),摘录自 http://www.uhall.com.hk/portal/aboutUhall/TheCastle.php,查询日期2013年2月13日。

看起来无论是谁在拍卖会上买下了这艘船,他都改了主意。据《劳埃德新闻周报》(*Lloyd's Weekly Newspaper*)1853年3月27日报道,"耆英号"及其所有物品再次被出售。①没有资料表明这艘船是否售出、售价多少。我们充其量只能根据两年后的情况得出结论,认为1852年或1853年的买主是来自利物浦的两个投机商,有可能叫作克里平(Crippin)和福斯特(Forster)——尽管这也可能是买主律师的名字,因为这两个名字也出现在下一笔交易记录中。②

在第二次出售或试图出售后的两个月内,"耆英号"又起航了。没有证据表明它出发的确切日期,不过我们确实从下面的报道中得知它离开了布莱克沃尔。1853年5月初的某一天,这艘帆船在蒸汽拖船"香农号"(Shannon)的牵引下离开了伦敦前往利物浦。

我们能够从接下来的迹象得知"耆英号"被拖着向南航行,穿过了英吉利海峡——这是一次漫长而危险的航行,要从兰兹角(Land's End)附近通过,并穿越容易刮大风的西部航道。5月13日,据都柏林的《弗里曼日报和每日商业广告》(*Freeman's Journal and Daily Commercial Advertiser*)记载,这艘船和它的拖船在威尔士安格尔西岛(Anglesey)的霍利黑德(Holyhead)歇息,原因是"海峡的风浪太大"。③

"香农号"的船主是韦克菲尔德·皮姆(Wakefield Pim)——赫尔的铸铁匠兼船用蒸汽机和锅炉制造商托马斯·皮姆(Thomas Pim)和韦克菲尔德·皮姆两兄弟之一,该船于1846年在赫尔建造。它载重82吨,长70英尺,宽15英尺,吃水9英尺,既不高大也不强壮。这段牵引

---

① 《劳埃德新闻周报》,1853年3月27日。
② 据《利物浦信使报》,1854年10月27日。
③ 圣乔治海峡位于威尔士北部和爱尔兰之间,是一片波涛汹涌的海域。这则故事参考自《弗里曼日报和每日商业广告》,1853年5月14日。

行程一定很长,很艰难,非常依赖好天气。①因此当海面状况恶劣时,拖船和驳船便暂时躲避了。

我们显然可以推断出"耆英号"不能再靠自己行驶了,也许是因为没有了熟悉索具的中国船员,更有可能是在弃用了大概七年之后,船帆和索具已经破旧不堪,根本无法使用了。抛开船只的状况不论,牵引作业本身对于拖船的船长和"耆英号"上的任何人而言,指挥起来一定都是非常困难的。我们知道,"耆英号"是压舱行驶的,船身漂浮得很高。我们还知道它的转向系统既有中式设计的优点,也有其缺点。在长达660海里的航程中,在风急浪高的海域里,要让帆船在拖船后面保持稳定,对拖船船长和"耆英号"上的船员都提出了很高的要求。笔直的拖缆如有任何左右偏荡的迹象(或称为"急转向",吃水很浅、干舷很高的"耆英号"很可能出现该情况),都会对拖缆产生巨大的拉力。当船转到舷弧一侧——可以剧烈到从一侧或另一侧远远超越它的拖船——并且骤然停住,拖缆上以及拖船和驳船上固定拖缆的位置会承受巨大的拉力。拖船始终有被"束紧"或"捆牢"的风险,即被拉向侧面,造成倾覆。②

1853年5月14日,"耆英号"抵达默西河,停泊在柴郡海边的罗克费里。5月18日,《曼彻斯特时报》登载了它到达的消息,似乎还暗示这艘帆船值得一看,尽管不清楚它是否已经开放允许公众参观:"星期日,几千人造访了其停泊地。"③

接下来又是大约17个月的相对沉默期。我们不知道"耆英号"抵

178

---

① 见 http://www.humberpacketboats.co.uk/hull.html,查询日期2013年2月13日。
② 想看看一艘被拖拽的大型船舶如何打横并且致使它的拖船沉没的图片描述,见 https://www.coastguard.net.nz/sartr/modules/Towing%20Techniques.pdf(第80–81页),查询日期2013年2月13日。
③《曼彻斯特时报》,1853年5月18日。

达后是否继续对外展览。不过,罗克费里现在仍是伯肯黑德(Birkenhead)的一个教区,它就在利物浦市中心的正对面,因此我们有理由认为可能会举办一场展览。据《曼彻斯特时报》报道,新买家租下了罗克费里的一个码头,以便向公众开放,所以我们可以假设,在此期间的某个时候,"耆英号"是向公众收费开放的。①

　　1853年的利物浦无疑是英国的第二大港口,仅次于伦敦。随着英国东北地区经济的快速发展,这里自然成为"耆英号"碰运气的好地方。1836年,随着渡轮业务的发展和皇家岩石酒店(Rock Ferry)以及浴室的建立,罗克费里开始崭露头角:"从那时起到1870年,该地区兴建起了大量的豪华住宅,洛克公园的浴室和许多围绕着老切斯特路的大房子让罗克费里成为西北地区最理想的居住地之一。"②可是,无论"耆英号"前来此地有何目的,这个目的都很难成功实现。

　　有一种说法是,它抵达利物浦之后可能被重新命名为"皇家希生号",并且在当年秋天至少进行了一次宣传旅行。③这种说法的依据尚不清楚。我们怀疑它并未改名,改名的说法只不过是对它从布莱克沃尔转移到斯特兰德的海报和广告的误读。当然了,假如希生早在1850年就对它抱有兴趣,并且在伦敦随船转移到上游的斯特兰德,那么他或许仍然参与其中。不过,宣传之旅的想法更有意思,尽管10月份在爱尔兰海上,唯一可能实现的是造访都柏林。至少有一份资料在1853年9月29日声称,有证据表明"耆英号"准备"三个星期之后"启

---

① 托尼·爱德华兹明确表示,这艘船确实在利物浦展出过,见http://www.danbyrnes.com.au/blackheath/reaction.htm。

② 见http://en.wikipedia.org/wiki/Rock_Ferry。

③ 这是从托尼·爱德华兹(Tony Edwards)在2005年7月13日提交到西南海事历史协会的网页论坛上的简短信息得出的结论(http://www.swmaritime.org.uk/forums/thread.php? threadid=519)。爱德华兹写道:"'耆英号',即'皇家希生号'10月离开了默西河前往其他港口,返回默西河(日期不明)后被拆解。"

程,进行巡回宣传,但是并没有给出相关证据。①

　　第二次试图让这艘船成为付费游览景点的努力以失败告终,证据就是随着罗克费里码头的租约到期,"耆英号"再次被拍卖。拍卖广告刊登在 1854 年 10 月 27 日的《利物浦信使报》上。一位名叫詹金(Jenkin)的先生发布公告称"停泊在柴郡皇家罗克费里渡口的**中国皇家帆船**上的**全部物品**"将于 11 月 14 日、15 日和 16 日进行拍卖。他显然并不希望把这艘船一股脑全部卖掉,而是将物品单独分批出售。② 179拍卖目录能够以 6 便士从利物浦的拍卖行或者伯肯黑德他的家中买到。后来,11 月 10 日的《利物浦信使报》上又登载了一条通知,提醒人们关注这次拍卖。这则通知提醒潜在买家,"**注意**:这艘帆船从现在到下周一黄昏,每天都可以参观,然后会在下周二 10:00 重新开放。汽轮每半小时从栈桥发往罗克费里,乡下来的团体可以在皇家岩石和明星旅店体验到一流膳宿。"③

　　相关记录再度缺失。我们不知道拍卖的结果如何。根据大约五个月后另一场拍卖的公告推断,结果可能是下面两种情况:要么是船和船上物品被售出,要么是船被一个买主买走,而物品被另一个买主买走。

　　刊登在 1855 年 3 月 9 日的《利物浦信使报》上的这场拍卖是"耆英号"的传奇故事倒数第二章的标志。但是,拍卖商——伯肯黑德汉密尔顿街的亨利·格林——要拍卖的却只是船上物品,不包括船。④亨利·格林进行物品拍卖之后大约三周,另一场由霍华德-福克斯(Howard, Fox & Co.)拍卖行在利物浦举行拍卖会(只拍卖"耆英号")的广告清楚

---

① 见 http://en.wikipedia.org/wiki/Junk_Keying。"三个星期之后"的说法出现巧合,表明它是误报,让人回想起 1851 年 10 月伦敦报纸上登载的公告与其意思相近,见前文第 17 页(指英文原文——译者注)。
②《利物浦信使报》,1854 年 10 月 27 日。
③《利物浦信使报》,1854 年 11 月 10 日。
④《利物浦信使报》,1855 年 3 月 9 日。

地表明,在11月10日的拍卖会上,帆船和船上物品已经分离。①

在这一连串快速拍卖的过程中,也许是1854年11月在伯肯黑德的罗克费里举行的拍卖会上,柴郡的一家名为雷德黑德-哈林-布朗(Redhead, Harling and Brown)的小船厂买下了这艘船,并开始拆卸它,据称是"为了研究"。在1857年的《柴郡邮政目录》上,这家厂被标示为"造船厂、船舶修理厂、造艇厂、龙骨墩及桅杆制造厂、船舶组装厂,特兰米尔(Tranmere)干船坞,特兰米尔"。②可是,只有一篇报道提到了他们想要研究这艘船的结构。其他报道没有提及任何打算,只是声称"耆英号"被拆解了,"它的板材"用来造了两艘渡船或拖船以及一些纪念品。③当然所谓的纪念品似乎没有一件幸存至今,不可能在繁荣的拍卖市场上进行活跃的交易。

两年后全英国好几家报纸上出现的一篇新闻报道让我们得知,这艘帆船的拆解进行得并不彻底,这也让我们疑惑到底有多少木料被拿去建造别的船只了:④"昔日最有魅力的热门展品,中国帆船如今被弃于利物浦对面特兰米尔渡口的岸边,无人照护,日渐腐烂。"

这则新闻也在普利茅斯流传,或许能够表明很早以前就开始出现联合新闻报道了。不过,查尔斯·阿尔弗雷德·凯利特就是在1820年前后出生于普利茅斯的,那里的德文波特(Devonport)是海军造船厂之乡,所以,也许是家庭渊源的关系。不过,《普利茅斯和德文波特周报及广告报》(Plymouth and Devonport Weekly Journal and

① 《格拉斯哥先驱报》,1855年4月2日。

② 见 http://archiver.rootsweb.ancestry.com/th/read/Mariners/2005-11/1132509846。

③ 《PLA月刊》(1939年1月):第59—62页上写道:"伦敦河里的一艘中国帆船,它那结实的柚木船板被用来建造两艘渡船,其中一艘是'胜利号',许多用其木料做的纪念品都卖掉了。"这一说法没有提供任何参考资料;没有迹象表明19世纪五六十年代默西河上有一艘名叫"胜利号"的定期渡轮。PLA代表伦敦港务局。

④ 见《阿伯丁日报》,1855年11月21日;《布里斯托信使报》,1855年12月1日;《普利茅斯和德文波特周报及广告报》,1855年12月6日。

Advertiser)的编辑的经历或许提供了另一种解释。艾萨克·拉蒂默
(Isaac Latimer)先生是上述报纸的编辑和老板,他早年在伦敦从事
新闻工作,为《晨间纪事报》撰稿。正是他在《博兹札记》(*Sketches
by Boz*)出版之际向出版商提议雇用了查尔斯·狄更斯。①狄更斯似
乎同拉蒂默保持着联系,也许是狄更斯对"耆英号"虽然不屑但却很生
动的描写启发了拉蒂默,他报道了它最后的悲惨命运。

船员的命运

查尔斯·凯利特

在这个漫长故事的结局背后,是查尔斯·凯利特希望的破灭,或许
他的故事同样令人唏嘘。也许他希望通过这次冒险获得了财富以及
美好的未来。我们不清楚他是否做到了,假如他做到了,是否通过他
希望的方式达成,我们也不知道。这种可能性无疑很低,因为道格拉
斯·林柏声称根本没有从中赚到钱。

1854年,在"耆英号"被第一次出售的两年之后,凯利特及其家人
乘船前往新西兰——很可能是以移民的身份。人们可以推断,向公众
展览四年获取的利润,加上售船所得全部收入,一旦被分配给合伙人,
这笔钱将足够查尔斯·凯利特憧憬着在新的地方从头再来。但是,原
先的合作关系刚刚破裂之后,他还没有新的计划。

这是一个自主抉择——到地球的另一端开始新生活吗?抑或是
唯一的选择?关于前者,查尔斯·凯利特的玄孙女苏珊·西蒙斯找到了
证据,证明凯利特在1849年8月造访了澳大利亚移民船"科罗曼德号"

¹⁸¹

---

① 见 http://www.plymouthdata.info/PP-Latimer.htm。

(Coromandel)。①所以,他可能在那里听人说澳大利亚或者新西兰是安置他冒险航行所得的好地方。另一方面,正如我们即将看到的,假如凯利特想继续从事他选择的职业,离开英国似乎在某种程度上变得不可避免。因为,对于英国商船海员来说,世界已经开始了巨变。

19世纪后半叶英国商船领域发生巨大变化,最重要的标志是塞缪尔·普里姆索尔(Samuel Plimsoll)所激发的划时代变化以及1876年《商船法》(*Merchant Shipping Act*)的最终颁布。蒸汽船的统治地位开始加速上升,船舶的体积开始迅速增加。得益于更好的灯塔、极大改进的航海图以及航行起来几乎不受风和洋流影响的船舶,航海科学正远远超越过去那种"边试边看"的技术;面对更快速、更廉价的商业航行带来的压力,在帆船时代习得的航海技术需要进行重大改进。工业化和专业化,连同船舶尺寸的增加,正在让港口设施发生改变。就航海、海商法、船舶建造、海洋工程和装载技术方面的知识而言,对于船员要求的标准正在迅速改变。其结果就是有效的监管越来越受重视,先是1850年的《海商法》规范了人员管理,后来1854年的《商船法》又巩固了数十年的立法成果。

对查尔斯·凯利特来说,第一次重大变化发生在1845年,即他驾驶"耆英号"离开香港的前一年。那一年,在自愿的基础上,针对出国服务的船副和船长首次推出了"同业公会资格证书"(Certificate of Competence from the Board of Trade)。到了1850年,即"耆英号"抵达伦敦两年之后,该项目尚未最终结束之时,对出国服务的船副和船长而言,上述证书变成了强制认证。②为保住他们正在从事的工

---

① 苏珊·西蒙斯的私人通信。

② 1850年《海商法》的文本见http://gazette.slv.vic.gov.au/images/1851/N/general/79-a.pdf,它是改善船长、船副和船员境况,维护商船队纪律的正式法案,13 & 14 Vict. Cap 93。1854年的法案规定,从事国内贸易的船长和船副也必须通过考试获取证书。根据1850年的立法法例,1851年1月1日前曾经在跨国航船上担任过船长及船副职务的人士均可被授予"服务证书"。

作,商船上的海员必须使同业公会相信,根据过去的经历,他们应该"获得特权",否则他们必须通过新的考试。

在1856年写给新南威尔士州州长的求助信中,凯利特提到他拥有同业公会颁发的资格证书。[①]苏珊·西蒙斯注意到,在同一封信中,凯利特明确表示,要不是船长的职位对于他的家境而言至关重要,他愿意"当一名水手"(也就是说,不担任高级船员)。从1852年到他去世的这段时间里,他似乎并没有在任何一艘开往国外、悬挂英国国旗的船上担任过船长。据推测,他在1865年与简·凯利特同时于死一场细节不详的事故。

不过,查尔斯·凯利特实际上并没有资格证书。2013年,英国国家档案馆和英国国家海事博物馆正式公布了他的"船长服务证书"(Master's Certificate of Service)。在这之前的162年中,该证书一直不为人知,直到现代基于网络的系谱数据库让全球范围的搜索成为可能,而这在以前是一项耗费毕生精力的工作。这是一件非常有趣的文件,字里行间透露出查尔斯·凯利特生命中这段时期的一些线索。

理解这一问题的关键在于1850年法案第37条的谨慎措辞。它对两种不同形式的证书进行了严格区分,即"服务证书"和"资格证书"。

> 第37条 1851年1月1日之前曾经在英国商船上担任过船长的人,或者已经获得,或今后能够获得皇家海军或东印度公司上尉、船长、船副、副船长或任何更高职衔的人,有权在不支付任何费用的情况下获得"船长或船副证书"(视情况而定),该证书形式上不同于"资格证书"(此后称为"服务证书");上述证书每一份

---

① 苏珊·西蒙斯的私人通信。

都应具体写明持证人的姓名、出生地、出生日期以及先前从业的时间长度与性质;"同业公会"将向任何证明自己在上述时间以前曾以上述方式担任过船长,或者获得过上述职衔,并且对上述情况能提供全面、令人信服的说明的人,按照其意愿颁发船长或船副"服务证书",向任何证明自己在上述时间以前曾以上述方式担任过船副的人颁发船副"服务证书";"同业公会"还可以在自认为合适的情况下,向任何获得上述职衔的人,或者在法案生效前已经从"同业公会"获得证书的人颁发"资格证书"以替代"服务证书",不再对其进行审查。特此颁布生效。

₁₈₃

简而言之,尽管查尔斯·凯利特拥有17年的航海生涯,但事实证明他无法使同业公会信服而颁发给他一张"资格证书"。到1854年法案颁布的时候,到底需要什么样的条件才能使同业公会信服已经规定得很清楚了。要想成为一名有资格驶往国外的船长,查尔斯·凯利特必须证明他在海上航行过六年,其中至少一年担任大副或唯一的船副、一年担任二副,还有一年在横帆船上工作的经历。此外,还必须满足有关专业知识的所有强制性要求。在实践中,查尔斯·凯利特是一名完全胜任的海员,但他显然提供不出足够的证据证明他有资格获得"资格证书"。在1850年之后的英国航运界,这将会是一个障碍。

至少,查尔斯·凯利特的问题部分在于,即使他希望通过航海日志来证明自己有资格担任跨国航船的船长,那本日志记录的也只是一艘极不正统的帆船仅仅八个月左右的两段航程,更何况那既非正常的载客航行,亦非正常的货物贸易。

的确,仔细看一看查尔斯·凯利特的证书就会有两个明显的发现。首先,他是在最后一刻获得的证书。《海商法》规定有志者可在1851年1月1日之前通过过去的经历获得证书。在那之后,获得证书的唯一途径就是参加相关考试。查尔斯·凯利特的证书日期是1851年1月1日。回忆一下,有证据显示查尔斯·凯利特1851年已经回到岸上,并在当年的人口普查中被登记为"船主"。有一种可能是,到了1850年,"耆英号"投资项目的风险已经相当不确定,查尔斯·凯利特必须确保拿到"服务证书",方能"以防万一"。

　　第二个有趣之处在于,伦敦海员注册署的官员仔细地修改了查尔斯·凯利特的从业说明,以表明他从未服务于英国本土贸易,即使是在他当见习生的时候。说明写道,查尔斯·凯利特"17年来先后以见习生、大副和船长的资格受雇于英国商船队,主要从事对外贸易",通过删除"主要"两字,暗示查尔斯·凯利特自1834年起只在驶往国外的船上工作过。我们或许可以由此推断,"服务证书"是根据查尔斯·凯利特的宣誓书颁发的,或许有他的投资合伙人背书,但没有任何确凿的证据支持他的证词,从而让他获得更高一级的证书。

　　尽管查尔斯·凯利特的航行创造了纪录,但他却未能通过新的监管规定。"耆英号"显然不是英国商船队的船舶。在注册官员看来,成功担任一艘中国帆船的船长显然不能证明查尔斯·凯利特是获得"船长资格证书"的"合格人选"。中国航运业再一次未能达到,也未能成为现代世界的标准。

　　没有记录显示1854年查尔斯·凯利特在英国、新西兰或澳大利亚任何一个国家的海域里担任过某艘船的船长,他与妻子驾着这艘船走向了新生活。相反,有记录显示,1853—1854年,有一对姓凯利特的夫妇和一个名叫玛丽(可能姓凯利特)的人以乘客身份搭乘"诺思弗利特号"(Northfleet)从伦敦前往奥克兰,①那可能不仅仅是名字上的巧

184

---

① 根据1861年《美国劳埃德船舶年鉴》,"诺思弗利特号"的吨位是951吨,1853年建造于诺思弗利特,归D. 邓巴所有。这艘船于1853年9月17日离开伦敦,1853年12月14日抵达惠灵顿,1854年1月13日抵达利特尔顿(Lyttelton),1854年2月2日抵达奥克兰。

合。因此,当查尔斯和简·凯利特移居新西兰时,应该算是定居了下来。遗憾的是,我们从凯利特1856年写给新南威尔士州州长的信中得知,在新西兰,情况显然很快出了差错,而且是灾难性的:凯利特夫妇"失去了一切"。同样由西蒙斯发现的证据表明,在同一年,凯利特夫妇可能又一次充当了乘客,这次是乘坐"红隼号"从奥克兰前往墨尔本。下一条与他们有关的消息出现在向州长提交的请愿书上,这发生在1856年的一场没有详细记载的国内灾害之后。

随着"耆英号"的冒险之旅渐渐走向终点,凯利特夫妇的生活一定相当艰难。据悉尼·斯坦福·凯利特的出生证明记载,他有五个兄弟姐妹,其中生于1855年的双胞胎小查尔斯和路易莎在他1857年出生时还活着,其余三人都死了,死因及时间都不为人所知,但是人们可以从中推测出类似的省略了细节的家庭悲剧。

不过,查尔斯·凯利特除了遭遇家庭不幸,很可能还是19世纪中后期商船队迅速专业化的受害者。在"耆英号"投资项目中,他经历了自己航海事业的辉煌,也许他希望这能在经济上让他过上"更好"的生活,说不定还能拥有属于自己的船。尽管没能取得正式资格,但是根据家族传说,查尔斯·凯利特似乎并未放弃航海活动。当然了,没有证据显示他在"耆英号"之后担任过任何船只的船长,但是他完全有可能找到了工作,甚至可能在他自己的船上——在迅速发展繁荣起来的澳大利亚沿海贸易中,同业公会的规章制度可能要经过很长时间才会产生影响。

中国船员与中国帆船

当然了,"耆英号"故事的结局包含两个悲伤的要素:那些"明星"中国人的命运——包括希生、三成和中国船员(包括称职的工头和船长素尹双喜)——以及1855年3月23日在伯肯黑德被拍卖的大量展览物品。

说到中国船员,"耆英号"投资项目在伦敦开始分崩离析的一个原因会不会是它在抵达伦敦时,仅剩的少量船员也开始流失了呢?毕竟"耆英号"与内森·邓恩的中国博物馆比起来,最大的优势就在于它有真正的、活生生的中国人——不仅是像希生和三成这样的"专业人士",还有留下来的或者后来招募的船员,即来自中国的普通人,这些人的出场可以在某种程度上弥补展品稀少的劣势,并且附带让这场为轻信者举办的街头表演显得体面和真实。

19世纪50年代,还不需要考虑控制移民的问题。随着淘金热时代的到来以及社会态度普遍转向排外主义,邪恶的种族主义逐渐抬头,但在当时,这种演变还没有后来那么严重。水手们已经厌倦了被充当展品的生活,其自身及生活习惯无疑常常成为充满了嘲笑的好奇心的猎物,他们承受着剥削,却很少见到剥削带来的回报。既然莱姆豪斯地区当时存在着(即使很小)华人社区——大概已经有两个世纪的历史了——因此,水手们极有可能决定从存在着大量漏洞的伦敦水滨销声匿迹。①船到利物浦时,即使还剩下为数不多的船员,他们到当地后可能也潜逃了。

186

"耆英号"故事中最令人感伤的地方就在于我们对中国船员的情况了解是多么匮乏。他们为何签约受雇?出于绝望或好奇?出于对把头的忠诚?他们怎么看待这整场闹剧?在纽约离开的大多数人怎么看待留下来的少数人,后者又如何看待前者?"坎迪斯号"返回中国后,大多数人遭遇如何?剩下的少数人还在船上时,船就被卖掉了,他们何去何从?他们是被E. P. 汤普森(E. P. Thompson)称作"后代子

---

① 从1851年9月6日《每日新闻》中关于"耆英号"吸引力的广告用语中可以看出,这是一个非常合理的推论:"中国人表演的本国战争,入场费1先令。",还有同一年10月2日的广告:"中国音乐会,外加中国船员表演盛大的武装袭击——入场费1先令。"

孙不屑一顾"的典型受害者——这是一个关于少数人的故事,也是为少数人而写的故事,那些用汗水和泪水使这些少数人获得短暂成功和名望的绝大多数人都被彻底遗忘了。①

迄今为止,只有两条线索浮出了水面。一条来自1853年伦敦的一份报纸,时间上介于"耆英号"离开伦敦前往利物浦与它被解体之间。②这份报纸记载了一宗破产案的故事,其结局相当惊人。

一位不知名的英国杂货商兼茶商欠了1600英镑的债务,宣布破产。破产程序中的一名索赔人是他的店员,自称"宗阿曼"(Chun Ahmen),他和他的一位中国朋友一起出庭——后者会说英语,充当翻译。我们又遇到了那个令人抓狂的问题,即无法确定一个真正的粤语人名。这次更糟糕,我们沮丧地怀疑"中国人"(Chinaman)被生硬地捏造成了人名"宗阿曼"。不过,无论这名索赔人叫什么名字,他提出的要求是支付38英镑的欠薪,而且他在证词中声称自己是"乘坐那艘中国帆船到来的一名船员",已经受雇两年了。遗憾的是,他将发现,假如一个人没有掌握伪善但在法律上至关重要的细节,"番鬼"的法律并非总是公正的。

> 索赔的38英镑是一年的劳务费。他希望全额支付。但是当他被告知只能领到三个月的全额薪水,而且必须提出证明,剩余部分按破产清算份额偿还时,他怒不可遏,最终冲出法庭,威胁说如果自己的要求不能得到全部满足就上吊自尽。

这位破产案的不幸受害者被破产法审慎、公平的规定激怒,久久不

---

① E.P. 汤普森,《英国工人阶级的形成》(*The Making of the English Working Class*)(Harmondsworth: Penguin, 1968),第13页。
②《时代报》,1853年5月8日。

能平息,又返回法庭,对破产人的律师恶语相加,装出自杀的样子,冲了出去,他那焦急而关切的朋友紧随其后。报道的结尾令人震惊:

> 据说,这名中国人就是在万国博览会上以中国官吏身份出现 187
> 的那个人,而且在开幕式上还有幸站在女王陛下的身边。

可怜的希生。

不过,从另一则记录我们确切得知,即便破产店主的伙计是希生,他也没有自杀。这则记录表明,"番鬼"再次以他们一贯的傲慢和轻蔑态度让人失望了。记录来自中国,在1846—1855年的"耆英号"事件发生半个世纪之后才浮出水面,出现在一位英国海军水文学家记述自己在远东经历的回忆录中——对于身处地球大西北的居民而言,远东可以是印度以东的任何地方。威廉·布莱克尼(William Blakeney)在回忆录中暗示,无论欧洲人做何回忆,至少一部分在纽约之后还留在船上、后来又返回中国的船员在回忆往事时心情是复杂的。他在回忆1858年发生的事情时这样写道:①

> 我们抵达黄埔后没几天,中国人就砍倒了新竖的旗杆,偷走了上面的绳索——那旗杆标示了英国未来领事馆的所在地。这种行为被认为是对我国国旗的侮辱,因为它是在"诺亚方舟号"上七门礼炮的致敬声中升起的。因此,我们公告捉拿这个行为不端的人,结果一个小男孩被送了过来,他连被偷的绳子都提不起来!因此,上校作为在场的高级军官,派了一群武装人员追踪四名主

---

① William Blakeney, *A Record of Surveying Service in the China, Yellow and Japan Seas and on the Seaboard of Korea and Manchuria*, London: Elliot Stock, 1902, pp.54-57。布莱克尼是皇家海军"阿克泰翁号"(Actaeon)上的薪金出纳员,当时受罗伯特·詹金斯上校指挥。

犯,并将他们带到广州,交给了英法派驻的专员。他们后来怎么样了我不知道,但是那四人中有一个人曾经是"耆英号"上的船员,我记得那艘船大概55年前到达了英国(当时我在格林威治上小学),并且在伦敦的一个码头上展出了一段时间……这个人的英语说得还不错,被伦敦社交界改造成了某种"海狮"类的人物,他很认真地告诉我们,自己同"铁公爵"威灵顿公爵交谈过。他对自己被迫作为犯人站在我们的后甲板上,为自己确定没有参与而且并不赞同的事情负责感到愤愤不平,但他是"族长之一",我们的上校总是拿他们问罪。

故事先是到此就结束了。它表明至少有一名船员对自己在"耆英号"上的经历还有一些正面的回忆。然而,先前在英国从罗伯特·詹金斯上校(后来的海军中将)①的档案里丢失的布莱克尼所在的皇家海军 ¹⁸⁸"阿克特翁号"的航海日志在2013年年中出现在了香港。②它显示了这些族长"后来怎么样了",以及"耆英号"那位船员的身份,从而将布莱克尼的故事补充完整。

---

① 罗伯特·詹金斯(1825—1894)1838年加入皇家海军,1846年被任命为上尉,1853年被任命为中校。他参加了两次鸦片战争。1854年,他被派去协助爱德华·贝尔彻(Edward Belcher)进行北极探险,第一次得到了指挥权,指挥皇家海军"塔尔伯特号"(Talbot)。1855年,他在中国指挥皇家海军"科摩斯号"(Comus),1857年在威廉·贝特(William Bate)去世后被调去"阿克泰翁号",随后不久被提升为上校。他于1875年任海军少将时退休,1880年又晋升海军中将。T. R. Roberts, Eminent Welshmen: *A Short Biographical Dictionary of Welshmen Who Have Gained Distinction from the Earliest Times to the Present* (Cardiff & Merthyr Tydfil: The Educational Publishing Co. Ltd., 1908),第1卷,第212页。
② 我十分感谢香港乐文珍本书店(Lok Man Rare Books)的劳伦斯·约翰斯顿(Lorence Johnston),他让我注意到这本日志,并允许我摘录和复制相关细节。

1858年3月17日,星期二

上午9:30,短兵器装备人员①及海军中队、"冒险号"②上和小炮艇上的官兵登陆,向英国领事馆的国旗致敬。令长洲岛③上村子里的族长对其部分村民侮辱旗杆的行为表示服罪和忏悔。

10:30,族长们没有在指定的时间现身。从两个地点向村子进发,令短兵器装备人员控制反方向的通道。随海军官兵向最重要的祠堂行进,一些最年长的村民在那里与我们会面,包括希生,他曾经去过英国。带他们一起回到领事馆驻地后,短兵器武装人员和海军官兵三面合围,形成了一个向内的空心正方形。向族长们和在场人员宣布强制措施(摩根?)。在全体敬礼时,族长们按照中国习俗向英国国旗叩头。

为了防止上述意思表达得不够清晰,詹金斯上校还附上了整个航海日志里唯一一幅绘画。那场面令人震惊。画面中,在英国国旗下面,在一群排列得密密麻麻的英国士兵前面,一位上了年纪的中国村民的前额被一名英国皇家海军士兵强行按到地上的一根短旗杆上。

这个记载的重点是点明了"耆英号"上的那个船员就是希生,并且推断出他是长洲岛本地人。无论此前希生对自己在"耆英号"上的经

---

① 当时每一艘英国海军舰艇上都有一部分人员接受过使用短兵器的训练(短弯刀、登舰斧和标准长枪——1853年恩菲尔德式滑膛步)。他们将组成登陆部队的核心,必要时还可组成武装登陆部队。

② 铁甲军需船和运兵船,载重量1593吨,1855年2月19日下水,当时被命名为皇家海军"决心号",指挥官是皇家海军的爱德华·莱西(Edward Lacy),1857年被重新命名。1858—1860年驻扎在中国,1864—1871年回国,1877年退役。

③ 长洲岛,也叫Dane's, Dane and Danish Island。这里是外国人的墓地,也是1924年孙中山创办著名的黄埔军校的所在地。

历做何感想,这次事件之后,他的态度都不可能毫不动摇。①

销声匿迹

还有就是物品的下落。它们是一批相当特别的收藏品——我们浏览过稍晚一个版本的展品目录,上面列出了129项可辨识的物品,包括这艘船的一部分甲板——完全是出于收藏的本能而已。这个目录无疑反映出编写者对中国文化毫无兴趣,也毫无理解。事实上,恰恰相反。这些物品非常丰富,从安装在旋转底座上的滑膛枪(手炮)和其他武器到棺材、家具、乐器,再到包括绘画、陶瓷制品、古玩、灯笼和雕像等装饰品。有一整托盘的鸦片烟筒和吸食鸦片的装备,外加对中国人松松垮垮、缺乏远见的做法的虔诚谴责。有庙宇的装饰、塑像、一段广州城墙(!)、中国货币、布匹和官员制服的一部分。列表中还有各种各样的航海工艺品,包括船舶模型、一个中国罗盘、"耆英号"某一部分的模型以及"耆英号"自身的某些部件。甚至有一阵子还展出了死于纽约的船上的狗的标本。其中的许多东西在当时自然毫无价值,甚至如今也是一样。不过,假如所有物品仍然作为一整批藏品保存下来,还是很有吸引力的。这样说并不意味着它们作为内森·邓恩藏品目录的对照物而言有多大的历史价值。

有没有任何物品幸存下来?似乎没有。在过去二三十年里,除了两三种设计样式的纪念章和各种版本游客指南的一些副本,拍卖会上

---

① 也许还有其他人记得这次羞辱以及罗伯特·詹金斯在其中扮演的角色。我们从罗伯特·哈特(Robert Hart)的日记中得知,几个月后,罗伯特·詹金斯"在黄埔附近遭受勇士的埋伏袭击。他本人及其六名或八名手下严重受伤"。一天后,他又写道:"詹金斯受伤地黄埔附近的村庄被彻底摧毁。"Katherine Bruner, John King Fairbank, Richard J. Smith (eds.), *Entering China's Service: Robert Hart's Journals* (Cambridge [Mass]: Harvard University Press Harvard East Asian Monographs, 1987), pp.193.

未曾出现过一件工艺品能够清晰地与"耆英号"或者它装载的物品联系起来。也许这样的物品仍然存在,但是其来历已经无处可考,如今就像是被折叠起来的贝拿勒斯(Benares)铜制托盘,或者多足架子相对于英国统治印度时的某个特定仆人一样,无法再与"耆英号"联系起来。现存的一条线索多多少少表明在19世纪40年代末50年代初,由于帝国自豪感膨胀而狂妄自大的英国是如何看待装点"耆英号"上交谊厅的那些华而不实之物的。

1906年9月22日,一位住在北伦敦希尔马顿路30号的亚历克·亚伯拉罕(Aleck Abrahams)先生向《备注与问询》(*Notes and Queries*)提供了一条简短信息,记录了当年7月16日《每日画报》(*The Daily Graphic*)上的一条报道,大致意思是:

> 麦克罗(Mackrow)先生向爱德华王子赠送了一根藤条缆绳,这是中国帆船"耆英号"的遗留物。1848年5月,当维多利亚女王和我们现在的国王(当时只有7岁)造访那艘船时,麦克罗先生也在场。①

因此,或许这艘不寻常的帆船还有一件遗物被深深埋没在皇室的收藏品中。它是唯一一件吗?

答案是,如今的确存在着一件残破到几近于残骸的物品。在纽约

① Alek Abrahams, "The Chinese Junk Keying", *Notes and Queries* 6 (July–December 1906): 227。1844年,一位名叫乔治·麦克罗(George Mackrow)的造船师曾经在迪奇伯恩和梅尔造船厂(Ditchburn & Mare)——后来的泰晤士钢铁与造船公司(Thames Ironworks & Shipbuilding Co.)位于弓溪(Bow Creek)布莱克沃尔一侧的船坞当学徒。因此,这条缆绳的来历更有可能与船厂的工作经历而不是船上的工作经历有关;Archer Philip Crouch, *Silvertown and Neighbourhood (Including East and West Ham): A Retrospect* (London: Thomas Burleigh, 1900), p.61。

市中央公园西侧170号的纽约历史学会博物馆和图书馆的收藏品中（显然没有展出），标号为INV.303的藏品的说明是"带有纸质标签的细长狭窄木板与一卷麻绳"。而纸质标签上题写的则是"木板与细绳/来自中国帆船'耆英号'/纽约，1847年8月/莱缪尔·W.特雷尔/（Lemuel W. Terell）"。该协会的馆长略带迟疑地补充道，"由于研究正在进行中，关于这件物品的信息可能会发生变化"。①

这些零碎残留物的出处提供了一种诱人的暗示，那就是假如幸运之神足够眷顾，进一步的研究或许能发现一些更有趣的东西。1849年10月23日，纽约市的W.刘易斯和W.H.刘易斯获得了第6819号专利，专利内容是"安放银版照相器材的装置"。据说当时的见证人是威廉·特雷尔（Wm. Terrell）和莱缪尔·W.特雷尔。②

尽管有人猜测刘易斯的装置从未真正投产，但假如上述两个莱缪尔·W.特雷尔是同一个人并且是美国早期银版照相的参与者，那么很可能某处还有"耆英号"在纽约时船上某个人的银版照片——是查尔斯·凯利特，还是素尹双喜？抑或希生？D.T.戴维斯夫人关于美国早期银版照相的记载显示，"到1841年11月，波士顿有六个照相馆，纽约则更多"。③

因此，仍然存在着某种可能，幸存下来的不仅是一块木板和一些轻质绳索，还有某位船员的真正肖像。

"耆英号"及其船长和船员的故事是航海历史的重要补充，以浓重的色彩和高浮雕的形式描绘了两种迥异的航海传统在共同完成一项

---

① 见 http://www.nyhistory.org/node/29514，查询日期2013年9月10日。
② 19世纪50年代，姓氏的拼写仍处于不断变化之中，因此，姓氏的拼写中多一个"r"可能没有意义。
③ Mrs. D. T. Davis, "The Daguerreotype in America", *McClure's Magazine*, Vol. 8, No. 1 (November 1896)，无页码，网址 http://daguerre.org/resource/texts/davis/davis.html，查询日期2013年9月10日。

使命（即使不是为了共同目标）时发生的复杂情况。这个故事证明了传统中国造船技术造出的产品具有巨大的适航性和耐久性，也证明了中式帆船在其传统工作区域内和区域外两种情况下的可能表现。除此之外，这个故事还表明在19世纪中期的欧洲，尽管出现了科学发展趋势，但是，当其他传统被看作是历史留下来的怪异残余时，偏见不仅阻碍了对其品质的公正评价，甚至阻止了对它们进行恰当的记录。因此，我们对中国传统的船舶建造更加缺乏了解。①在本书的第二部分，我们会转而关注这个故事的另一个主角——这艘船本身，进一步就其原因寻找解释。

---

① 这种偏见持续存在，极大地损害了我们对中国航海技术领域的认识，这一点可以从汉斯·范·蒂尔伯格（《太平洋上的中国船只：另一种甲板上的风景》，Gainesville: University Press of Florida, 2007，第一章，特别是第1-2页）对20世纪早期横渡大西洋前往美国的传统中式帆船的评论中看出来："20世纪早期美国的观察家们一贯认为中式帆船既古怪又笨重，仿佛打造出来的海洋怪物，对其的常规评价是惊讶中夹杂着轻蔑。"

第二部分

就船论船：类型、建造及性能

第八章　"耆英号"是什么样的船？

　　准确定义"耆英号"是一艘什么类型的帆船与理解这段大部分湮没无闻的历史插曲同样困难，也同样重要。东帆西扬，这艘船确实做到了，但这是"耆英号"的唯一成就。东方船舶遵照西方的规则和条件抵达西方，未能给人留下深刻印象，也通常被人误解，并因此遭人遗忘。"耆英号"的船员四分五裂了，主要的"演员"也被历史的垃圾堆淹没了，航海日志不见了。而中国造船舶的这一独特样本究竟具有什么样的形状、大小和来历，我们必须从少得可怜的残缺碎片中加以挖掘，因为没人有足够兴趣对其进行完整记录。

　　是的，相关的图片记录还算丰富。是的，还有一些相关的纪念章和记载了各种度量尺寸的小纸片。然而，对于任何一个真正对海洋民族志感兴趣的人而言，所有这些都缺乏立足于精确观察的技术细节，并且这些资料由于未能理解被记载或被描绘的对象而充满了错误。

　　那么，有什么线索可以让我们更清楚地了解"耆英号"这种传统的中国远洋船舶呢？很可惜，相关线索少之又少，而且都是二手资料。

　　早在 1825 年，法国人约瑟夫·尼瑟福·尼埃普斯（Joseph Nicéphore Niépce）就通过日光反射法拍摄了第一张照片。19 世纪 30 年代末，路易斯·达盖尔（Louis Daguerre）发明了以自己名字命名的银版照相法。不久之后，福克斯·塔尔博特（Fox Talbot）发明

¹⁹⁴ 了卡罗照相法,从玻璃底片上复制正片成为可能。但遗憾的是,在1846—1855 年,照相法的发展还是没有快到让摄影得以快速普及。"耆英号"的航行只要再晚上 14 年——到那时,就会有像苏格兰人约翰·汤姆逊(John Thomson)和了不起的科菲特·费利斯·比托(Corfiot Felice Beato)这样的摄影师拍摄有关中国的第一批摄影作品——我们或许就不需要同那么多解释不清、模棱两可的资料打交道了。^①

事实却是,观看和记录方面的摄影革命还处于褓襁期。其结果是现存记录从头至尾都充斥着半吊子艺术家的假设与新闻记者的偏见,对海洋和船舶的相对陌生又让上述情况更加糟糕。要是当时能有一位真正有造诣的海洋艺术家——这样的人有几十位^②——对这艘独特的帆船抵达美国和英国水域的史无前例的经历抱有兴趣,我们面临的情况会有多大改善呀!

就在"耆英号"抵达伦敦之前五年,一本书的出版实际上开启了现代海洋民族学学科,那就是法国海军军官弗朗索瓦·爱德蒙·帕里斯

---

① Régine Thiriez, "Listing Early Photographers of China: Directories as Sources",见网址 http://pnclink.org/annual/annual2000/2000pdf/5-13-1.pdf,查询日期 2010 年 4 月 25 日。关于汤姆逊,见苏格兰国家图书馆(National Library of Scotland)网站上的介绍:http://www.nls.uk/thomson/china.html。关于比托,见大卫·哈里斯(David Harris)制作精美的画册《战争与美:费利斯·比托拍摄的中国照片》(Of Battle and Beauty: Felice Beato's Photographs of China)(Santa Barbara, CA: Santa Barbara Museum of Art, 1999)。

② 见 E. H. H. Archibald, The Dictionary of Sea Painters of Europe and America, 3rded. (Woodbridge: Antique Collectors' Club, 2000)。论一丝不苟的精神,皇家艺术协会的 E. W. Cooke, F.R.S. (1811—1880)无人能及,"耆英号"在伦敦的那几年正值其事业高峰,他也非常活跃。颇有成就的 Samuel Walters(1811—1882)也处于事业鼎盛时期(Sam Davidson, Samuel Walters, Marine Artist—Fifty Years of Sea, Sail, and Steam [Coventry: Jones Sands, 1992]);他于 1845 年搬到伦敦,与已故的威廉·J.哈金斯的女婿、同样著名的海洋艺术家 Edward Duncan(1803—1882)一起工作,不过,当"耆英号"在 1847 年抵达伦敦时,他已经搬回了利物浦。我们将会看到,在那里,他有足够多的机会来捕捉这艘独一无二的中式帆船。令人奇怪的是,似乎没有一位知名的海洋艺术家对它感兴趣。

(François-Edmond Pâris，1806—1893)令人叹为观止的开创性著作《关于欧洲以外民族的船舶建造以及亚洲、马来西亚海域和美国居民建造的独木舟合集》(*Essai sur la construction navale des peuples extra-européens, ou, Collection des navires et pirogues construits par les habitants de l'Asie, de la Malaisie du Grand Océan et de l'Amérique*)，书中有133幅插图，其中76幅是彩色平版画，另外57幅是线条版画。这些绘画以细致和精确的细节展示了许多民族的造船工艺，远至塞内加尔、塞舌尔群岛、印度、马来西亚、马六甲海峡、越南、中国、新加坡、菲律宾、印度尼西亚、澳大利亚、智利、巴西、格陵兰岛和大洋洲。[1]这些数据是年轻的帕里斯中尉在他参加的法国海军三次环球探险航行过程中收集到的，当时的指挥是迪尔维尔(D'Urville)和拉普拉斯(Laplace)两位船长，乘坐的船舶是"星盘号"(Astrolabe，1826—1829)、"宠爱号"(Favorite，1829—1832)和"阿耳特弥斯号"(Artémise，1837—1840)。这部著作如此重要，以至于法国政府通过海军部长加以资助，用平版印刷复制了帕里斯的绘画，并以昂贵的大对开本印刷出版。1871年，帕里斯结束漫长而卓越的职业生涯从法国海军退役后，成为法国国立海洋博物馆的第四任馆长。借助自己的绘画，他命人制作了自己描绘过的各种船舶的模型，因此，法国国立海洋博物馆至今仍收藏着现存最优秀的传统民族船舶的模型。

然而，在帕里斯完成了他那令人望而生畏的工作五年之后，"耆英号"来到了伦敦，并在那里待了五年，但却没有引起人们对它的兴趣。帕里斯估计无法造访。从1848年到1854年，他晋升为海军中校，先

195

---

① F.E.帕里斯，《关于欧洲以外民族的船舶建造以及亚洲、马来西亚海域和美国居民建造的独木舟合集》，第2卷(Paris: Arthus Bertrand，1841)。

后指挥了一系列军舰:1848年的"歌美号"(Gomer)、1850年的"奥雷诺克号"(Orénoque)和1854年的"弗勒吕号"(Fleurus),这令他忙个不停。

英国似乎没有帕里斯这样的人。19世纪早期的造船工程师罗伯特·西平斯爵士(Sir Robert Seppings,1767—1840)收集的模型涉及面过于狭窄,其关注内容局限于西平斯自己关心的设计和施工改进问题——他在英国海军造船厂工作了50年,在这一领域做出了显著贡献。这些模型最终被英国国家海事博物馆吸纳,该馆于1934年经官方批准成立。[1]西平斯对造船技术进步的主要贡献,是通过对角线支撑框架加强和加固木船,让西方建造的船体变成了坚固、增强的骨架结构。假如他1848年仍然在世,他无疑会有兴趣研究一下中国本土的造船工人是如何尝试用完全不同的方案解决中拱、凹陷和变形问题的。[2]西方船舶采用硬脊柱(船首、艉柱、龙骨和内龙骨),由肋骨、承梁、纵梁、对角线和横梁组成框架,中式船舶则依靠船身侧面沉重的腰部外板获取纵向刚性,并用坚硬的内部框架防止变形。[3]其中涉及的工程原理差异很大,很难进行直接比较。"耆英号"到达伦敦时,假如西平斯仍然在世,抑或其他主要船舶工程师——比如斯考特·拉塞尔(Scott Russell)或布鲁内尔等——对它产生了兴趣,那么我们对"耆英号"的了解或许会比现在更详细。

在英国,无论是艺术家还是其他人,对这艘船几乎都不感兴趣,这

① 《英国传记大辞典(1885—1900)》(*Dictionary of National Biography, 1885–1900*),第51卷,爱德华·米利根·贝洛(Edward Milligen Beloe)的自传概略,网址 http://en.wikisource.org/wiki/Seppings,_Robert_(DNB00);查询日期2010年8月4日。

② 当船首和船尾有波浪托举而船体中央的下面是波谷时,就会发生"凹陷";当船体中部有波浪托举而两端没有时,就会发生"中拱"。"变形"是指船体沿纵轴扭曲。René de Kerchove, *International Maritime Dictionary*, 2nd ed.(New York, Van Nostrand, 1961),s.vv.

③ 汉斯·范·蒂尔伯格,《太平洋上的中国船只:另一种甲板上的风景》(Gainesville: University of Florida Press, 2007),第58页。

本身就能体现在"看待"来自另一种文化的船舶时出现的根本性问题。从这个意义上说，弗朗索瓦·爱德蒙·帕里斯是一个非凡的例外，这让他永远享有盛名。英国人这种几乎是故意"无视"的做法导致的后果就是有关"耆英号"的记录异常贫乏，且令人气馁，尽管在伦敦展出的那些年里，它作为潜在的研究和描绘对象获得了不同寻常（虽然明显很肤浅）的"关注"。①

　　在描绘过"耆英号"的人中，似乎只有一位具有船舶艺术家或海洋艺术家的身份，尽管这幅画好像已经丢失了。这幅画叫《狂风中的中国帆船"耆英号"》，作者是斯蒂芬·戴德·斯基莱特（Stephen Dadd Skillett，1816—1888），他的作品在1845年首次公开展览，也就是"耆英号"抵达伦敦前三年。这幅画于1849年在不列颠学院（British Institution）展出，想必是斯基莱特根据从船上的欧洲船员那里收集到的信息创作而成的。这幅画也许是应"耆英号"的一位投资合伙人或者高级船员的委托而画的，以纪念围绕着船舵展开的史诗般的搏斗。遗憾的是，这幅画本身没有留下记录，因此，我们也不太可能看到它是否成功地捕捉到了其他画作没有捕捉到的"耆英号"的真实模样。②

　　于1450年左右问世的图卷"弗拉·毛罗地图"（Fra Mauro map）可能有描绘过一艘中国船舶在狂风中驶过好望角的画面。若真是如此，弗拉·毛罗在记述中粗略提到的"印度群岛的一艘海轮或中国式帆

①　同样有趣的事实是，乔治·钦纳里（George Chinnery，1774—1852）在19世纪40年代仍在创作绘画，但是他显然对"耆英号"及其起源完全不感兴趣。钦纳里1845年底在香港待了六个月，然后返回了澳门，"耆英号"及其即将开启的冒险之旅还不足以将他吸引回珠江口的另一侧。见Patrick Conner，*George Chinnery 1774–1852*（London：Antique Collector's Club，1999）。

②　Martyn Gregory，*Paintings of the China Coast by Chinese and Western Artists，1790–1890*（London：Martyn Gregory Gallery，1990），p.48.

船",是唯一能证明确实描绘过的证据。①根据这条证据,我们可以很公正地说:"耆英号"是唯一一艘从中国出发经好望角航行到纽约,并且跨越北大西洋抵达欧洲的传统中式船舶,因此也是在19世纪末以前完成了穿越主要温带地区大洋航程的中国船只。②

在我们所掌握的为数不多能够真实反映"耆英号"的参考资料中,出自同一时期的三幅船舶画像是最好的。其中两幅是一位不知名的中国画家绘制的水粉"鸟瞰图",既独特又鲜为人知,另一幅是纽约著名版画家纳撒尼尔·柯里尔制作的版画。还有其他一些图片,都是出自通俗报纸的兼职雕刻师或版画复制匠之手。显而易见,它们大多数是来自生动的想象而不是习惯性的近距离详细观察。③此外,一些公司还铸造了纪念章和各种不同的金属纪念品来纪念这次著名的航行,其中就包括伯明翰的哈利迪④的作品。它们所描绘的帆船形象要么是

---

① 见李约瑟影响深远的著作《中国科学技术史(第4卷):物理学及相关技术》(Cambridge:Cambridge University Press:1971),第501页。考虑到"junk"一词的词源及其在印度洋地区约定俗成的用法,即专指来自东部群岛或中国的大型船只,我们没有充足的理由相信其所指的就是一艘中国帆船,而不是阿拉伯或印度帆船。见Pierre-Yves Manguin,"The Southeast Asian Ship:An Historical Approach",*Journal of Southeast Asian Studies 11, no. 2* (1980):pp.266-276。

② 到了20世纪初,跨太平洋的航行相对而言为数众多,见汉斯·范·蒂尔伯格所著《太平洋上的中国船只》,书中回顾了十次这样的冒险航程。

③ 我一共发现了13幅关于"耆英号"的图像,其中一幅(斯基莱特的作品)是只知其名。插图清单中已经将它们逐条列出。其中三幅图像——中国画家的两幅水粉和约瑟夫·洛克(Joseph Rock)的版画互为借鉴。是谁影响了谁还不清楚,不过给人的感觉是水粉画在先,是版画的基础。"洛克兄弟&佩恩"公司的作品看似与水粉画也有着密切联系。相比而言,柯里尔的石版画显然是现实的描绘,而爱德蒙·埃文斯(Edmund Evans)的图片则完全出于虚构。《伦敦新闻画报》上福斯特(Foster)的画作、《"耆英号"详解》中由不知名的画家绘制的图画与塞缪尔·沃(Samuel Waugh)水彩画中的"耆英号"具有强烈的家族相似性,使人怀疑它们有彼此模仿的关系。格林纳威(Greenaway)的作品和维克斯(Vickers)出版的图像与其他图像大为不同,两者之间的差别也很大,不像是源于直接观察的,倒像是源自爱德蒙·埃文斯完全凭空想象出的形象。

④ 哈利迪(Thomas Halliday,约1780—1854),英国硬币和金属纪念章雕刻师。——译者注

直接从一幅流行版画复制而来的，要么是对其进行了大量借鉴。为数不多的这些描绘"耆英号"的图像各自体现出了不同的精准与详细程度。

尽管"耆英号"获得了短暂的名声，不过有关它的技术细节我们却知之甚少。我们现在掌握的材料完全来自当时的测量、描述和插图，毫无疑问，它们还不够可靠。就准确还原"耆英号"而言，我们所拥有的细节不够精确，因为它们几乎全部来自为了推广而制作的宣传册。①

19世纪中叶是西方对于精确测量和量化所有事物都极其热衷的时候，"耆英号"是这个时期唯一一艘到访美国和欧洲的中国船，而当时许多经验丰富和颇有建树的海洋艺术家却对它表现出完全无动于衷的态度，怎能不让人感到惊讶。

尽管我们不确定"耆英号"是怎样被测量的，但是几幅同时代图片中描绘的船舶特征从船舶建造角度而言显然讲不通。所有画作（除一幅之外）中，它的船头和船尾都夸张地翘起，也就是说，根据描绘出的甲板脊弧来看，这艘船的舷弧线在船头船尾向上弯曲得太厉害了。追究这种错误出现的原因，有助于把这艘船放到中西方造船传统不幸交汇的历史背景中去思考。所谓不幸，指的是对中国本土的造船行业而言，由于其主要靠口口相传而得以延续千年的一套实践事实上已经消亡，当今的学者和爱好者只能在条件允许的情况下极其困难地发掘或恢复历史上中国与航海相关的设计、技术和工具，并将其记录下来。

那些将注意力集中在艺术家们所绘图像上的评论，在看待"耆英号"形状和结构时的角度是错误的。一方面，他们错误地看重西方艺术家的作品，这些艺术家从没有见过中式帆船，因此没有用可以表现它的视觉参照系，极有可能会依赖于既有的对于"异国事物"的刻板印

①《"耆英号"详解》。

象。另一方面,他们没有充分考虑到"耆英号"的已知情况和传统的中国造船实践。

"耆英号"到底是什么样子的？这个问题显然没有明确答案。不过,本章的目的是依据我们掌握的尺寸以及一些关于这艘船最知名的图片来研究这个问题。我们将会看到,这些测量尺寸本身足够帮助我们认识到,尽管这些图片具有极大的误导性,也不足以清晰和详细地展现这艘船的形象,但是它们的确为我们提供了一个出发点。

198 我们可以从上文提到的三幅最有启示作用的图画与其他图画的对比开始。中国画家和纳撒尼尔·柯里尔的作品能让我们看到纽约和伦敦的画家所描绘形象"背后"的东西,后者几乎没有能力"看到"中式船体的形状和索具。而在过去的一个半世纪里,正是第二类图片占据了优势,对"耆英号"的许多评论家起了误导作用。

理解这些图片潜在的误导作用的关键是要记得,在19世纪中期,为带插图的杂志和流行图书雕刻版画的雕刻师相当于他们那个时代的新闻摄影师。[1]毫无疑问,他们都是能干的绘图员,但他们工作时间紧迫,急于抢先发布新奇的、耸人听闻的图片,从而在读者中造成"轰动"。他们通常还会制作符合人们对于"新奇"和"外来"事物既有偏见的图片来迎合观众的期望,即使可能不是有意为之。[2]

---

[1] David Bland, *A History of Book Illustration : The Illuminated Manuscript and the Printed Book* (Cleveland: World Publishing Company, 1985). Patricia J. Anderson, *The Printed Image and the Transformation of Popular Culture, 1790–1860* (Oxford: Clarendon Press, 1991)。大英图书馆图书目录《维多利亚时代书图书详览》(*Aspects of the Victorian Book*)非常有用,见网址 http://www.bl.uk/collections/early/victorian/intro.html, 以及主要从美国人视角对平面艺术进行的古怪但有益的评述,网址 http://graphicwitness.org/ ineye/index2.htm。

[2] 与此类似的一个例子是浪漫主义时期的画家经常夸大山景的陡峭、险峻和荒凉,就像约翰·康斯太勃尔(John Constable)说的,通过突出山脉的"宏伟"来唤起观众的"惊叹、恐惧、迷信、悲愁、力量和勇气"等情绪。"发现"自然的浪漫和荒野的庄严需要在描绘景色时采用能够向观众突出展示上述特征的手法。见 Bruce MacEvoy 对于"诗意风景"的绝妙评论,网址 http://www.handprint.com/HP/WCL/artist03.html,查询日期 2010 年 4 月 24 日。

这毕竟是西方"优越感"急剧上升的时期，在这种背景下，非西方技术建造的船舶不可能被视为符合西方造船"科学"的产物。[①]从这个意义上说，人们自然会倾向夸大中国船舶与西方船舶更加"科学"的形状之间的差异。在伦敦发行的《"耆英号"详解》在描写"耆英号"时的思路就很典型：[②]

> 差异处处可见：建造方式不同，没有龙骨、船首斜桅与横桅索；选用材料各异，桅杆、船帆、帆桁、船舵、罗盘、船锚……数以百计的欧洲船只，以其优雅美丽的外形和轻盈的索具不断出现在中国人眼前，而他们似乎并没有意识到其优越性……

同样，由于此类图像的制作者通常都是兼职的艺术家，就像今天的平面设计师一样，他们工作时既遵循公认的技巧、快捷方法和既定模式等，也同样参考任何直接目击证人的概述（这种想法在附录里会有更充分的阐述）。我们可以从《"耆英号"详解》中找到理解某些人在描绘"耆英号"时所抱"心态"的钥匙："甲板看上去非常类似早期的英

[①] 值得注意的是，在19世纪40年代，描写"科学的"船舶建造就相当于提前对事物做出预测。建立在科学基础之上的造船技术在19世纪40年代的英国还非常年轻。尽管科学造船的曙光可以追溯倒18世纪中期的法国——例如1746年皮埃尔·布格（Pierre Bouguer）的船舶处理（Traité du navire），但是在英国，更为实用的学徒制做法直到19世纪早期和中期仍然占据主导地位。变革来自外部。19世纪40年代如弗劳德（Froude）和布鲁内尔等冉冉升起的一批人都是工程师，而不是造船师。正是他们的铁路工程和桥梁工程专业知识（而不是关于流体力学原理的知识）改变了船舶设计，就像铁皮包覆壳和蒸汽机改变了船舶一样；见韦斯科特·阿贝尔爵士（Sir Westcott Abell），《船木匠的行当》（The Shipwright's Trade）（London：Conway Maritime Press，1981），第3部分，第9段，"科学的悲哀"，第149–157页。韦斯科特·阿贝尔爵士为他的书选择了这样一个名字，并且直到第152页方才提及船舶建造这一职业，也许正是英国人偏见的一个表现。也许人们会注意到，"造船师协会"（Institution of Naval Architects）直到1860年才成立。

[②] 《"耆英号"详解》，第13页。

国大型战舰,例如'伟大的哈里号'(Great Harry)[1],有着高高的艏楼和艉楼。"[2]当然了,若是正确地观察,"耆英号"一点儿也不像15—16世纪的大帆船。但是真正为这艘船绘制图像的人很少有熟悉各种船舶、熟悉大海的专业海洋艺术家。事实上,仔细观察一下声称描绘这艘船航行状态的主要雕刻作品就会发现,这些作品都显示出作者对于大海的特征、形态和流动缺乏了解。艺术家无法"看到"某样东西,就不能准确描绘出来。

西方人夸大帆船舷弧线曲率的习惯至少可以追溯到17世纪,并且反映出更早时期夸大所有船只的舷弧线的传统,这从中世纪有关大帆船、武装商船和西班牙大帆船的图片中都可以看出来。将帕里斯的作品与19世纪中期出现在《伦敦新闻画报》《图解》(L'Illustration)、《哈泊斯周刊》《哈泊斯月刊》《莱斯利》(Leslie's)《科学美国人》《自然》《工程》《海洋》《科学的奇迹》(Merveilles de la Science)和《迈耶百科词典》(Meyers Konversations Lexikon)等出版物中典型的说明性材料进行比较,或者与《阿奇博尔德字典》(Archibald's Dictionary)中几十位海洋艺术家绘制的图画进行比较,我们就能获得启发,[3]他们显然了解船体的形状、船帆的设置和海洋的涌动。即使是像著名海洋

---

① "伟大的哈里号",英国在1514年建造的一艘火炮风帆战船。——译者注
② 《"耆英号"详解》,第14页。
③ 代表性的图片见 Jim Harter 编的 *Nautical Illustrations : 681 Permission Free Illustrations from Nineteenth-Century Sources*(New York : Dover Publications, 2003)一书。

艺术家威廉·哈金斯(William Huggins)①那样敏锐和见多识广的观察者,其笔下的西方船舶与中式帆船之间也存在区别——哈金斯曾经当过海员,对西方船舶非常熟悉。

我们可以看到,中国艺术家也存在类似不能如实刻画舷弧线的情况,也存在"看得到"与"看不到"的区别。在许多中国绘画中,包括一些最著名的帆船图画,②舷弧线往往被严重夸大,只有极少数图画不是这样。我们不清楚这种常见的跨文化的"失误"原因何在。可以推测,日常生活相对远离大海,甚至远离内陆河流,让普通"旱鸭子"们——也包括大多数半吊子画师——对"正常"的船体形状感到陌生,因此也就没有能力"看出"正常船体的比例以及比例失衡后的荒谬。就像杰出的海洋艺术历史学家山姆·戴维森(Sam Davidson)说的,"正如艺术家参加写生课有助于研究和刻画人类形象一样,如果艺术家希望专注于各种类型的船舶,进行某种形式的航海写生是恰当的做法"。③

另外一种分析方法可以起到补充作用,那就是从艺术史的角度看

---

① 威廉·约翰·哈金斯(William John Huggins,1781—1845)在成为东印度公司的一名船员之前默默无闻。他作为一名普通海员受雇于"坚忍号"(Perseverance),受托马斯·布坎南(Thomas Buchanan)船长指挥,不过在1812—1814年前往中国的一次航程中为船长担任管理员。他在哪里学的绘画尚不清楚,但是根据记录(或许是伪造的),他的第一幅画可以追溯到"坚忍号"返回伦敦那一年。他的作品1817年首次在皇家美术学院展出,1825年后定期在不列颠学院展出。他被任命为乔治四世和威廉四世的船舶画师。尽管他的画受到水手们的欢迎,但艺术家和艺术评论家们对其作品并不那么重视。1845年5月19日,哈金斯在他长达22年的寓所兼工作室、伦敦利顿霍尔街105号去世。Pieter van der Merwe, "Huggins, William John (1781-1845)", *Oxford Dictionary of National Biography* (Oxford: Oxford University Press, 2004);网络版,2012年1月,http://www.oxforddnb.com/view/article/14053;查询日期2013年2月9日。
② 这让人特别联想到周煌所著《琉球国志略》中描绘的那艘著名的清代海船——或许是一艘"福船"。李约瑟,《中国科学技术史》,第4卷,第3部分,第405页中翻印。
③ 山姆·戴维森,《海洋艺术与老古板:海洋、帆船和蒸汽轮的一百年》(*Marine Art and the Clyde: 100 Years of Sea, Sail and Steam*)(Upton: Jones-Sands, 2001),第15页,"怎样才能成为一名海洋艺术家?"

²⁰⁰ 待这个问题。当欧洲人在 14—15 世纪发现了在平面上真实表现三维物体的透视图之后,最为棘手的问题之一就是如何表现斜视角度被透视法缩短了的曲线,例如,如何表现船舶到达或驶离时的情景。

学习绘制船只时,人们倾向于把曲线的两端画得太近,使船只看起来比实际长度要短,因此会夸大船弧线。大体而言,画家在按照需要的透视效果描绘一艘船的时候,会先在舷弧线上画一个适当"深度"和"长度"的"8"字形作为参考。至于"舷弧线以下的深度",只有通过大量练习,练就一双经验丰富的眼睛,才能将"8"字形的两端拉长或缩短到足够程度,从而精确地画出船头和船尾,这样才能画出作者想要表达的船只的形状。①画家总是不可避免地倾向把"8"字形画得太短太"胖",又分别把船首和"看不见"的艉柱画得太长,还会画在"8"字形圆周的错误位置上,把船头和船尾都画得太陡;并且还会一错再错,倾向夸大连接线的曲率。结果就画成了一个舷弧线夸张的船身过于宽大的笨船。

除了那两幅以不同寻常的鸟瞰视角绘制的水粉画,我们没有"耆英号"在中国沿海时的图像。审视一下熟悉帆船的艺术家们绘制的图像——无论是西方的还是中国的,你就会发现他们仍然常常倾向夸大舷弧线的曲率,不过至少还算熟悉帆船所特有的船首和船尾,避免了我们在大多数常见的"耆英号"画像中看到的畸变问题。正是中西方船首船尾的这种根本区别才是导致人们"看"不见"耆英号"的最关键原因;人们"看待"帆船的方式仍然被"西方"看待船只的方式所主导。

那两幅水粉画本身很有意思,不仅因为人们愿意相信它们所描绘

---

① 丹麦艺术家 Alek Krylow 发布在 YouTube 上的短视频对于所需的技巧做出了生动的演示,网址 http://hk.youtube.com/watch? v=h0p_aFWDSok。

的内容——它们毕竟出自中国艺术家之手，而且我们有理由认为反之似乎会更合理。原因很简单。水粉画中描绘的东西和《"耆英号"详解》中所写的内容有着惊人的相似，这就是为什么夏士德这位杰出的中式帆船的专家会发现：

> 1848 年 5 月 20 日《伦敦新闻画报》中的绘画与同一时期宣传册和新闻报纸上令人惊讶的描述呈现了这样一种帆船，假如说它们真的存在过，如今也肯定绝种了，因为它们跟现在能在中国见到的任何一种船都没有相似性。[1]

对于"跟任何一种船都没有相似性"，夏士德本可以写得更谨慎些。问题不在"耆英号"本身，而在于那些文字和图像的歪曲描述留给我们的印象。

让我们再回头看看水粉画和《"耆英号"详解》。《"耆英号"详解》说船尾有"一个凸起的后甲板；两个船尾，第一个内含舱房；一个高耸的艉楼，上面还有一个高高的阳台"[2]。几乎所有大于一定尺寸的帆船的后甲板都能够用凸起来形容，它下面通常是船员的主要住所，通过一个舱口进入。那么，"两个船尾"又是怎么回事？

假如我们观察这两幅水粉画，会发现第一幅里有舱房的艉楼位于较低的舵柄下面——舵手们坐在构成其屋顶的甲板上。这在较大的帆船中相当常见。第二幅里船尾画了两个西方人站在上面，看起来像是在练习航海。一个人正用六分仪观测正午的景象，另一个大概正用经线仪和笔记本记录时间和读数。在他们的上方，唯一对他们的天文

---

① 夏士德，《长江之帆船与舢板》(Annapolis, MD: Naval Institute Press, 1971)，第 603 页。
② 出处同上。

观测造成妨碍的是一个复杂的类甲板装置,上面安装着升降船舵用的水平绞盘(缭)。19世纪晚期的帆船图片中没有一幅有这样的装置,人们不禁得出这样的结论,那就是这位艺术家是根据书面描述,而不是根据现实来创作的。

再往前,这两幅水彩画描绘了"高高的阳台",但其周围缺乏一种必不可少的东西——船首的水平绞盘,这是用来拉紧船舵根部的绞盘拉绳的,而且在柯里尔的版画中有相当清楚的描绘。这再次说明,没有证据表明中国艺术家"看到"了其描绘的对象。

简而言之,我们可以合理地推断,这两幅水粉画的中国作者是基于他对帆船模样的大致了解以及《"耆英号"详解》(受其所用英语航海词汇的影响)极为反常的叙述来完成创作的。但是,即使这位中国画家可能身在船上,就像西方画家的视而不见一样,他观察到的"耆英号"也因为自己缺乏相关的海事知识而被完全扭曲了。

顺便补充一句,在我们掌握的描绘了"耆英号"完整船身的插图中,只有两幅水粉画和约瑟夫·洛克(J. Rock)的版画中能看到船头。水粉画中的船头倾斜得厉害,很难推测出更多细节,最多能让人从船头很大一部分被涂成红色联想到这是一艘广东造帆船,因为在日本的《唐船之图》中也显示了类似的特征,这在下文会进一步分析。洛克的图像很可能是从水粉画衍生而来的,更多地显示了船首,但是艺术家可能没有真正理解他所看到的东西,因此并不能提供多大帮助。至于其他图像,可能是由于这艘帆船及其船首的形状非常奇怪,它们便从船尾、船体四分之一或船体正中向后的视角描绘,从而完全避免了这个问题,这意味着它们并未表现出船首的实际形状。

　　因此，我们在解读有关"耆英号"的最著名的图片时应该谨慎。①
在这些图片中，这艘船看起来非常古怪，像一根漂浮的香蕉，其舷弧线
和一排排的船板看似一系列非同心圆的圆弧，结果与钝角的新月形相
差无几。西方艺术家似乎没有看到"耆英号"上福建船舶"家族"特有
的高耸着像喇叭一样向前突出的"翼"，或者是船体后部复杂的船尾兼
船舵式舱房结构，又或是船首平台及操纵船舵收系索的绞盘。像许多
海洋艺术家一样，他们看起来也没有当过海员，所以看不出他们所画
的东西在航海上行不通。假如用《"耆英号"详解》和当时各种新闻报
道中提到的已知"耆英号"的比例作为"标尺"去衡量任何一幅图像，或
许除了柯里尔，其余所有人都没能"看见"这艘船，他们描绘其舷弧线
和船板的方式完全不符合逻辑。

　　错误很多。舷弧的曲率被严重夸大了，如此一来，船头和船尾的
相对高度也被严重夸大了。船板与船头交接的方式就说明了这一点。
船的主甲板以上部分在与船首甲板的侧面对接时收窄幅度和向上弯
曲幅度都很有限。与之形成对比的是，西方的尖头船需要船板明显收
窄和向上弯曲，这样才能让它们汇集到船首的嵌接处。就我们所知，
这些艺术家中没有一个曾经去过中国或是见到过中式帆船。纳撒尼
尔·柯里尔值得称赞的地方是，他力图将自己看到的东西按比例复制

---

① 它们是：(1) 1849 年 Beck Bros 绘制的著名手工作色画；(2) 1848 年 4 月 1 日《伦敦新闻画
　报》上的版画；(3) 塞缪尔·沃绘制的"耆英号"停泊在纽约港炮台旁边的图像，收藏于纽约
　市立博物馆；(4) 一幅描绘"耆英号"可能处于落帆状态的德国版画；(5) 沃尔特·桑伯里
　(Walter Thornbury) 所著 *Old and New London: A Narrative of Its History, Its People and Its
　Places. Illustrated with Numerous Engravings from the Most Authentic Sources* (London/New
　York: Cassell, Peter & Galpin, 1872—1878) 一书的第 3 卷中由约翰·格林纳威绘制的图
　像；(6) 哈利迪、戴维斯和其他机构发行的纪念章上描绘的形象。四幅手工着色画中的两
　幅以及柯里尔的版画可以在 Iwasaki Hisao1917 年从莫理循处获得的版画和水彩画藏品中
　找到，并可通过下列网址观看：http://61.197.194.13/gazou/Honkon_dohangae.html。这三幅
　画的目录编号分别是 E-3-8、E-3-9 和 E-3-10。

²⁰³ 下来,而不是遵从他可能拥有的任何一种关于船只的成见——除了船板的排列。这种忠于现实的做法并不总被视为一种艺术美德。但从历史角度而言,这种做法是无价的。

一艘船如果是"耆英号"最常被描绘成的形状,那么其吃水线会扭曲变形得非常厉害,即使在倾斜得不厉害的情况下也几乎无法控制。因此,它就不可能像其船长描述的那样有相对较好的表现,行驶迅速,能够在21天穿越北大西洋。同样重要的是,没有一个传统的造船工人能够根据经验世代相传的比例和眼睛的判断造出这样一个怪物,他们确实不可能做到。①

从一开始,人们就对"耆英号"到底是哪种船持有争议。已故的杰弗里·邦索尔(Geoffrey Bonsall)是研究"耆英号"最深入的现代学者之一,他指出,1846年12月香港的新闻报道将这艘船称为"泰国船"。②其他资料中也有意见认为它来自越南。③简而言之,"耆英号"从何而来尚无定论。然而,与此形成对比的是,它无疑与典型的福建船和广东船有一些显著的相似之处,这主要表现在它装饰华丽的船尾和船尾图案上。

尽管如此,我们掌握的被认为是可信的描述与标准的福建船比较起来也无疑存在着显著的差异。例如,在夏士德和范·蒂尔伯格看来,

---

① Sean McGrail (*Boats of the World from the Stone Age to Medieval Times*, Oxford: Oxford University Press, 2001, p. 381)认为,传统的广东船由经验法则上得出的比例无疑与福建船的比例非常类似,其观点总结自 L. Liu and C. Li, "Characteristics of Guangdong Wooden Junks" in *Proceedings of the International Sailing Ship Conference*, edited by S. Zhang (Shanghai: Society of Naval Architecture and Marine Engineering, 1991), pp.275–285.

② 引自私人通信。

③ 见上文,第3章。其依据可能来自《"耆英号"档案》(第4页),作者指出是在"它将一些清朝高官送到越南返航后"购买的这艘帆船。

船头的样式更像是典型的浙江船。①

　　无论如何，引用一条资料说明它可能出自泰国或越南并不能真正解决问题。典型泰国商船的设计起源于福建。广东和福建对18世纪和19世纪越南贸易帆船设计的影响也同样巨大。②事实上，福建船的设计在整个中国沿海贸易地区的影响力无处不在，也许最能说明这一点的，莫过于被称为"平户卷轴"（或者称《唐船之图》更确切）的一组极其精美的图像了。这些图像是18世纪末期由一位当地艺术家在日本南部贸易中心平户岛（九州西海岸外的一个小岛，位于长崎西北偏北约45英里）统治者的要求下绘制的。其目的是让统治者有一个有效的"船舶识别"指南。结果是造就了一套细腻到令人称奇并且附带注释的画作，极少有通常所见的畸变——那会让帆船看上去异常古怪。③

204

---

① 关于这一点以及中国船舶在设计上其他众多随地域变化的方面，范·蒂尔伯格在其所著《太平洋上的中国船只》的第56页进行了充分讨论。蒂尔伯格引用了夏士德《中国的帆船和橹船》第17页的内容。我们还必须把夏士德《长江之帆船与舢板》第188-189页描绘的福州撑杆船的船头形状与它放到一起考虑，另外，《中国的帆船和橹船》（插图8）中科学博物馆"福建商船"模型的船板明显具有向上弯曲的"翼"。

② 对于典型的20世纪中叶早期传统越南帆船的综合考察见 Pierre Paris, *Esquisse d'une ethnographie navale des peuplespeoples Annamites*, 2nd ed.（Rotterdam: Museum voor Land-en Volkenkunde en het Maritiem Museum "Prins Hendrik" Rotterdam, 1955）。而 J. B. Piétri 所著的新版 *Voiliers d'Indochine*（Saigon: S.I.L.I, 1949）中显示，任何越南船只在构造、帆装索具或建造上与"耆英号"都不具有共同之处。

③ 人们最初认为这些图画是17世纪早期绘制的。Oba Osamu 教授进行了认真研究，Ian MacRobert 船长根据这幅卷轴在澳大利亚的摹本也进行了独立研究。李约瑟发现他们的研究相互关联，解决了绘画年代的问题，他认为 Oba 将这些绘画的创作时间定位到18世纪末的1795年是正确的。见 http://janus.lib.cam.ac.uk/db/node.xsp? id=EAD%2FGBR%2F1928%2FNRI2%2FSCC6%2F36，上面清晰展示了李约瑟与此有关的存档资料。Oba Osamu 的研究论文"On the Scroll of Chinese Ships in the Possession of the Matsuura Museum—Materials for the Study of Chinese Trading Ships in Edo Period", 发表于 *Bulletin of the Institute of Oriental and Occidental Studies of Kansai University* 5（March 1972）: pp.13-50。这些图画最重要的特点就是带有详细的注释，包括名称和尺寸，这使它们成为已知的最接近亚洲"总体布局"传统的西方风格线条画。

这些画作描绘的是十艘南洋贸易[①]中的典型航海商船(其中包括一艘荷兰“归国大船”。[②]它们分别来自浙江、福建、广东、台湾以及泰国、越南和印度尼西亚。令人惊讶的是,除了一艘来自中国北方水域的帆船外,所有船只在整体上惊人地相似。鉴于“耆英号”可能顶多比这些图画早半个世纪左右,并且很可能与它们同处一个时代,我们可以认为,它们为我们猜测“耆英号”的形状限定了一定的参考范围。[③]西方最知名的“耆英号”图像都明明白白地位于这个限定范围之内。

画中展现的全部十种类型的船舶都具有一个典型特征,那就是船首两侧向前突出的两翼,尽管有的船上的大,有的船上的小。在“福船”上,这两翼高耸在舷弧线上方,有时大大高出两侧的前甲板,并且比船头板凸出一大截。它们有助于遮蔽甲板,还能为拉紧船舵拉绳必不可少的绞盘提供安装滚筒的位置——绞盘拉绳是画中描绘的船舶共同的特点,除了那艘泰国船,它看似有一个西式船舵。同样,在船尾也是各种形式高高的舷墙和艉栏杆,用以保护船舵提升装置,好在船舵上方留出安全位置以及必要的高度和空隙,以便提升绞盘,在港口时升起船舵,避免危险,以及让舵柄在航行时能自由转动。

在大多数描绘“耆英号”的图像中,这些高耸的艏艉似乎都被视为船体外板的一部分。其结果就是将船体板的曲率“解读”为向艏艉柱翘起。这必然意味着这艘船看起来像香蕉。当然了,恰恰是由于船体

---

① 南洋贸易是与沿海贸易相对的远洋贸易,尽管这里的称呼似乎并不绝对固定,“南洋”也指中国人移居的东南亚地区。

② 归国大船(retourschip),荷兰东印度公司的一种船,主要用于载运货物往返荷兰与东印度地区。——译者注

③ 已故的 Jennifer Wayne Cushman 在其令人着迷的著作 *Fields from the Sea: Chinese Junk Trade with Siam during the Late Eighteenth and Early Nineteenth Centuries* (Ithaca, NY: Cornell Southeast Asia Publications Program, 1993)第 53 页提到了“耆英号”与“福船”的相似之处,并且在第 48-58 页概括地认为,“福船”的样式在南洋贸易的商船中实际处于主导地位。

外板的存在，帆船的两翼和船尾才没有向中心线的艉艉柱方向上升①——艉梁和船首的侧板远离中心线——急剧上升的角度并不存在。西方人的眼睛受到了蒙蔽。

上佳的图像至少可以避免其中一些错误。柯里尔的版画也许是唯一一幅由西方人创作、展示了可信的传统中式帆船形象的作品——船板除外，画中的船明显具有福建造船只的轮廓，并且与我们从"平户卷轴"以及18、19世纪中国和身处中国的西方艺术家那里得到的图像相当吻合。看到这幅版画，一名水手就会明白其舷弧线非常合理，而且这艘帆船拥有优美的航海线条。不过，它仍然犯了一些典型错误。船板的走向在某种程度上又一次被误读。在舷墙与露天甲板交接的地方，很难看到沿船体侧面向下延伸的巨大的腰部外板。船尾被刻画成了一个奇怪的西方阶梯式气窗，上面刻了一个插槽——由于艉梁位于船尾结构的内部，没有传统帆船"假船尾"的感觉。船首结构不成比例，但是避免了船头船尾高度被明显夸张的情况。而且船首明显带有两翼，两个翼尖中间还有一个单独的起锚绞盘平台，尽管相对于船的其他部分，两翼的高度和前向突出的程度比实际可能的情况要小得多。

尽管那位中国艺术家的画作不是源自真实生活，而且表现出的船尾明显反常，船的长宽比也过于夸张，②但其主要价值在于它比其他任何作品都更好地体现了甲板的布局。它也描绘了那些中西掺杂的船

---

① 文中的讨论比较简略。实际上，在"福船"的吃水线附近和稍低位置，船板的确集中于龙骨的上升部分，起到艉柱和艉柱的作用。无论如何，你在图中都能看到具有典型"福船"设计特征的三角形或梯形船首板和椭圆形艉梁，其作用是使吃水线以上船板的两端与15—17世纪西班牙和葡萄牙的轻快多帆小帆船和瓦叠式外壳的西式船舶比较起来不那么陡峭。

② 香港海事博物馆有一件大约19世纪中期的古老"福船"模型，它也同样具有长宽比过于夸张的倾向，结果是与我们根据传统的经验法则或帕里斯在《论欧洲以外民族的船舶建造》中严谨的描述推断出的结论比起来，这艘船显得更短更胖。

员,虽然又是出于明显的刻板印象而不是源自真实的生活。图像还显示了位于左舷的一个厨房,这条有趣的信息再次与《"耆英号"详解》的记载相符,尽管它可能不是船舶最初的一部分。当然,我们关注所有这些细节,都是为了再次指出在讨论如此众多关于"耆英号"的图像时出现的重要问题:我们不知道哪一幅绘画在多大程度上是"源自生活"的。

不过,由于缺乏任何说明以及民族志学的记载,当我们把柯里尔的版画和两幅中国水粉画放到更大的背景之中时,即我们从同一时期其他图像和记述中了解的同一时代中式船舶的情况,它们便可以在一定程度上让我们就这艘船最有可能的本来面目得到一个清晰的概念。

207

第九章　对"耆英号"可能形状的再评估

据专家们推测，"耆英号"主要是基于"福船"的设计思路建造的，尽管伍斯特（Worcester）、奥德马（Audemard）[1]和其他一些人注意到有关"耆英号"的文字描述与已知的传统福建船舶之间存在差异。[2] 有一种可能性是，这些差异至少有一部分是广为流传的描述中的错误造成的——这些描述几乎都是出自对中国传统船舶和造船技术知之甚少或一无所知的西方观察人士。不过，描述中的一些元素符合"福船"的特征，如弧形甲板、高展的船首两翼、艉梁的装饰等等，其他元素如多孔舵和采用柚木建造，[3]则更符合"广船"（广东帆船）的特征。不过，其他特征是大多数中国南方和东南沿海航海船舶所共有的，如内

---

① 奥德马（Louis Audemard），曾在法国海军远东舰队服役，著有 *Joncos Chineses* 一书。——译者注

② 夏士德，《长江之帆船与舢板》（Annapolis, MD: Naval Institute Press, 1971），第603-605页；L. Audemard, *Juncos Chineses* (Macao: Museo Maritimo de Macao, 1994), pp.150-151。

③ 当然了，这是所有问题的典型特点。我们读到船是柚木做的，但是没有证据表明"耆英号"真是柚木造的。福建松木（pinus massoniana）是一种典型的硬木，年代久了会变得异常坚硬。夏士德（《长江之帆船与舢板》第187-194页）评论说，传统福州撑杆船上的横向舱壁和腰部外板木材和许多其他关键部位的木材都用这种硬木。只有船板采用软木，像福建杉木（Cunninghamia lanceolata）。时间长了，外加在盐水中长时间浸泡，杉木也会变硬变黑。因此，对于一般50～100岁的帆船来说，如果不做任何实验室分析，对于建造它所采用的木材出现错误认识也就不足为奇了。同样，根据"爷爷的斧头"理论，在那么长的生命周期里，有选择地，甚至是大规模地重新铺设木板，也可能会采用柚木。

部舱室由结构性舱壁进行分隔、^①沉重的腰部外板、船舵的绞盘拉绳、船锚、绞盘等等。

  一个简单的办法有可能解决这些难题，那就是船的年龄。就像"爷爷的斧头"一样，在一个世纪的时间里，一定会有断断续续的修理工作。几乎所有的评论家都认为，^②绝大多数中式帆船做工都很粗糙，多半采用软木建造，更不用说随时随地都可能要进行修理了。伍斯特、邓耐利（Donnelly）、^③奥德马和其他人都曾说过，中国传统造船业具有很强的地域性。造船是一种口口相传的实践，知识和技能代代传承，就像所有前工业社会的情况一样。^④即便中国远洋帆船之间有明显的家族相似性，而且某一艘船确实体现出某种更加突出的福建设计风格，它们也必然存在明显的地域差异，如果进行过修理，肯定会有所表现。这或许能够解释为什么一艘"福船"却有一个广东风格的多孔舵。毫无疑问，在传统帆船的设计中，船舵即使不是最薄弱的部分，也

²⁰⁸

---

① 15间隔舱正好是福建"花屁股"（指装饰华丽的艉梁）的典型数量，据说"耆英号"就是这种船的代表。见夏士德，《长江之帆船与舢板》，第184页，提到"耆英号"的在第603—605页。

② 包括《"耆英号"详解》的作者。又见夏士德，《长江之帆船与舢板》第34页，《中国的帆船和橹船：用科学博物馆收藏的中国帆船模型来说明中国帆船的历史和发展》（London: HMSO, 1966），第8页。作者在书中评论说，"中国造船工人的作品虽然构思巧妙、技术熟练，但做出来却是最粗糙的。这必然会使捻缝工人的任务变得异常艰巨"。这并非说中国所有造船工人造出的船都很粗糙简陋，不过，就像在别的任何地方一样，工作船不太可能成为最佳做工的典范。

③ 邓耐利，《中式帆船及各地方船型》（*Chinese Junks and Other Native Craft*, Shanghai: Kelly & Walsh, 1930）。

④ 李约瑟等人所著《中国科学技术史（第4卷）：物理学及相关技术》第413页，尽管李约瑟确实提到（第480页），在明朝拥有郑和宝船船队、海上势力如日中天之际，南京有一个设计室，总设计师兼造船师金必逢（Jin Bifeng）画了"许多设计图样"，但是却没有给出更多细节以说明这些是什么图样。当然了，《龙江船厂志》中的设计图样更多地是在视觉上辅助记忆用的粗略的"部件清单"，而远远算不上任何类似现代意义上工作图的东西。

算得上较为薄弱的部分之一。[①]当一艘"福船"在广东水域失去了船舵，再被安上一个具有广东设计特色的替代品时——尤其是像开孔这样有用的设置，它可以减轻对船舵造成损坏的压力——这就一点儿也不奇怪了。对"耆英号"而言，即使是多孔舵也不能保证不会发生损坏。

　　另一个关键问题是，有关"耆英号"的描述一直说它"没有龙骨""没有内龙骨"。[②]许多评论家以此来说明"耆英号"没有龙骨，是平底船。这可能是一个错误的推论。它们都只能说明其建造方式与西方"先造骨架"的习惯没有关系，西方船舶的地板和复肋材与内龙骨是完整的结构。但这绝不意味着"耆英号"上没有龙骨木材，因为所有帆船都有一条位于中心线上尺寸更大、通常是斜切的龙骨木材，尽管其造型和边宽各式各样。"福船"有一个非常明显、相当大的龙骨。[③]它也不能说明龙骨木材没有伸到龙骨翼板的下面。正如夏士德在论述《海员镜报》[④]上发表的一篇文章时所说的，"关于这艘船，似乎没人写出过科学的描述，而且很多当时的信息在技术上不够清晰"。可悲的是，在20世纪之前，几乎所有关于中国传统船舶的著作（无论是西方的还是中

---

① 见前言。充分论证这种观点篇幅太长，无法在此概括，但将在以后讨论中国轴向安装转向系统的历史和发展的文章中呈现。范·蒂尔伯格的论述是一种有用的概括 [尽管它似乎没有充分阅读 L. V. Mott 写的 *The Development of the Rudder: A Technological Tale* (London: Chatham Publishing / College Station: Texas A&M University Press, 1997)]。

② 《"耆英号"详解》，第 12 页。

③ 见 Sean McGrail, *Boats of the World from the Stone Age to Medieval Times* (Oxford: Oxford University Press, 2001), pp.366-379。考古学家对已知沉船发掘的分析；以及夏士德《长江之帆船与舢板》第 164 页上一艘江苏商船详细的剖面线条画，画中显示了船的龙骨木材，第 188-189 页中"花屁股"的详细图像中有明显的龙骨，是更为充分的佐证。范·蒂尔伯格在《太平洋上的中国船只》第 60-63 页对于这个话题进行了更充分的探讨。

④ 夏士德引用的是 H. H. Brindley 的文章，"The Keying", *The Mariner's Mirror* 8, no. 4 (1922): 305-314。此后 L. G. Pritchard 也发表了一篇文章，"Chinese Junks (Keying 1806-1912, incl compartments)", *The Mariner's Mirror* 9 (1923): pp.89-91。

国的)都是如此——事实上,此后写就的更多作品也一样。

最后一个显然无法克服的问题是报道中船头和船尾超出水面的高度。在《"耆英号"详解》中是这样说的,"它的船尾高出水面38英尺,船头高出水面30英尺"。[1]这些尺寸显然得到了英国水兵的证实,他们在驻中国海军中队旗舰、皇家海军"阿金库特号"上对其进行了测量。[2]这些数字表明,船尾相当于水面之上船体长度的23%,而船头则相当于18%,因此就是这个样子(以下的示意图都是按比例绘制的):

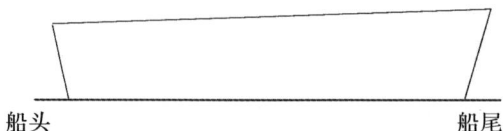

船头   船尾

简图1:"耆英号"吃水线的简单剖面(尺寸为皇家海军
"阿金库特"号测量所得)

由这幅粗略的盒子状简图可以看出,要说能从这些数据中看出这艘船有什么不合理的地方是根本讲不通的,除非你没有将这些数据"看作"是两个包含了艏柱头和艉栏杆的尺寸,就相当于这是一艘西方船只,在这种情况下,就草图而言,当然显得很是头重脚轻。

因此,重要的是要知道测量尺寸是从船头"翼"的顶端到相当于船尾栏杆的位置,还是只算到舷弧线的两端。很遗憾,我们永远无法确定。然而,根据宽容原则和常识,再加上对中国传统船只的一些了解,我们讨论的尺寸包含了"翼"和艉栏杆的可能性非常高。

---

① 《"耆英号"详解》,第8页。
② 消息来自已故的杰弗里·邦索尔先生,也见于《"耆英号"档案》第5页。

　　仔细审视一下下面两张简图（为了便于绘制，这里显示了宁波风格的船头）：

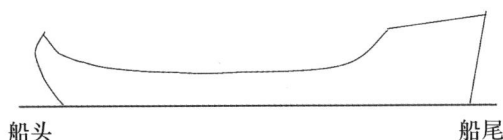

船头　　　　　　　　　　　　　　　　　　　船尾

简图2：相同比例的"西式"帆船的吃水线剖面

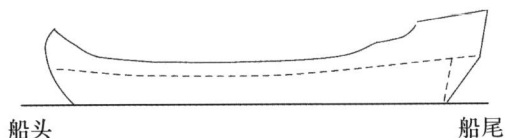

船头　　　　　　　　　　　　　　　　　　　船尾

简图3：按照中式风格调整后的同一剖面，显示了甲板和舿梁

　　上面两幅图均符合船头船尾高度测量值与总长度165英尺的比例，与简图1的比例一致。它们都不像我们据以判断"耆英号"形状的那些图像那么荒谬。不过，简图2是假定测量尺寸得自西式船体，其舷墙超出露天甲板的高度可以忽略不计，而且舷弧线大致与露天甲板平行，除了明显的艏楼和艉楼，这样呈现出来的样子至少能与公认的雕刻作品联系起来，并且显示了它们的错误可能出自何处。这也解释了上文引用的《"耆英号"详解》为什么把"耆英号"比作"早期的英国大型战舰，例如'伟大的哈里号'，有着高高的艏楼和艉楼"。

　　简图3中用虚线标出了典型的中式帆船的舷弧线以及突出的船尾下部的后仰式艉梁，完美展示了一艘可信的大型"福船"形状。这些简图还显示了西方艺术家是如何极端夸大"耆英号"形状的，假如我们用某种测量模板去对照任何已知的"耆英号"的画像，他们的做法就能更清晰地以图形形式显示出来。

考虑到大多数帆船的龙骨木材都有一个弧形弯角,我们可以为简图添加更多素材。因为龙骨都是由三部分构成的:前龙骨木材、主龙骨木材和后龙骨木材。前后龙骨木材在主龙骨木材水平线的基础上向上翘起,根据传统,其上翘幅度取决于想要建造什么样的船舶。鉴于"耆英号"曾经是一艘远洋贸易货船,为了获取最大的装载空间,应该有一根长长的主龙骨木材,前后微微上翘,因此草图应该是这个样子的:

简图4:相同比例下典型的帆船龙骨结构

如果我们在此基础上叠加简图3,让艉梁和船首板与龙骨木材连接起来,就得到了:

211

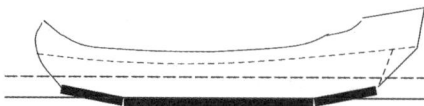

简图5:按照同一测量值绘制的完整船体剖面

上面的草图代表了测量所得的"耆英号"的剖面,①是它在"压载航行"时的状态;也就是说,这时的水位线比满载状态下高出很多。注意,它实际水位线的可能位置在简图5中用实线表示。这里的关键尺寸到目前为止还没有提到,就是所谓的"型深",或者称为"舱深"。它和船舶的吃水不一样,是指船的龙骨顶端到船中部甲板底部的距离;

---

① 值得注意的是,在1847年8月18日《阿伯丁日报》关于"耆英号"的报道中,水面上船尾的高度是32英尺,而不是38英尺。在此感谢苏珊·西蒙斯提供了这份剪报。

具体到"耆英号"，根据不同的资料，这个数值介于12～19英尺之间。上面的简图假设它大概是16英尺，也就是两者的平均值。这就让我们得到了第二条虚线，它与实际吃水线平行并位于其上方，代表了可能的满载吃水线——也就是说，如果这艘船满载的话，海平面的位置应该在这里。

根据我们所掌握的"舱深"和"耆英号"船头船尾在吃水线以上的高度，它在航行时的吃水的确是非常非常小的。实际吃水线可能的位置用实线表示。考虑到图画的比例，这艘船的吃水可能只有6～7英尺，肯定不会超过我们在《"耆英号"详解》中读到的12英尺。这就是为什么船舵完全释放时23英尺或24英尺的最大深度对于中式帆船整体的耐候性和适航性非常重要，对"耆英号"而言更是如此。

我们从《"耆英号"详解》①中得知，"耆英号"被购买后离开广州时是压舱航行的。后来的记述几乎没有哪一处能让人假定它装载的除了展览品、足够船员使用的物资和水，外加充足的维修用备件之外还有任何货物——按最大限度估计，这些东西不会超过100吨，很可能只有这个重量的一半。②事实上，有两份报纸明确报道了"耆英号"没有装载其他货物："这艘正驶往我国的中式帆船没有从中国运载任何可供销售的货物（因为没有必要）……正式的入境报告，得到了税务当

---

① 《"耆英号"详解》，第1页。
② 1848年5月16日《泰晤士报》第11页上刊登的一则广告提供了另一种解释——即使这是真的，也不会显著增加"耆英号"的满载排水量。广告说："中国帆船'耆英号'抵达本市，刚刚靠岸。下列中国制造的精美物品可供销售：中式瓷漆洗手台，女士化妆台，茶叶筒，雪茄盒，带有象牙配件的针线盒，从和小狗一般高到60英寸高的各式广口瓶，宝塔，帆船，旧青铜器，锣，茶杯茶碟，宣纸画，象牙扇，纸扇，丝绸和象牙面手屏风以及其他上千种来自广州和上海的稀奇古怪又漂亮的物品，价格超低。W.休伊特合伙公司，中国货品商店，芬彻奇（Fenchurch）街18号。""耆英号"装载一些商品是聪明的做法。不过几乎可以肯定，这个广告是一个伦敦商人在蹭热点赚钱。

局的证实"①,以及"来自英国港口城市香港的'耆英号'完全是为了展览而来的,不会携带任何种类的商品"②。

西方艺术家对"耆英号"形状的"误读"很可能是由于它没有调整负载到满载吃水线。假如"耆英号"这么做了(考虑到它大概能装载700吨左右的货物),那么它的露天甲板很可能只高出海面一两英尺——就像具有典型高舷墙的中式帆船一样。也就是说,干舷到露天甲板(而不是到舷墙顶部)仅仅只有一英尺。在简图5中,用虚线表示的吃水线和露天甲板展示了满载时干舷可能是什么状态;简图6展示了这艘船在满载情况下的侧剖面可能是什么样子的。

简图6:相同比例满载情况下的吃水线剖面

这幅满载状态下的帆船的粗略示意图与19世纪七八十年代拍摄的载满货物的大型贸易商船的照片非常吻合,这很好地说明了西方公认的有关"耆英号"的描述是多么夸张,这很大程度上是因为艺术家们根本没有意识到他们看到的是一艘压载行驶的船舶。

下面是根据上述分析呈现出来的"耆英号"漂浮时的样子。毫不奇怪,西方艺术家在不明白自己看到了什么的情况下带着带有偏见的变形眼镜,创造出了一个不属于海洋的怪物:

---

① 《每日新闻》,1847年8月26日。
② 《晨间纪事报》,1848年3月11日。这两条参考文献都要感谢苏珊·西蒙斯。

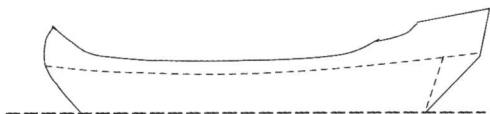

简图7：相同比例下空载船的吃水线剖面

夏士德对于《"耆英号"详解》中其余细节提出的质疑是对的，尽管 [213] 他从中得出了一个错误的结论，即它所描述的船只非常不正常。仔细阅读一下，这个描述的作者好像知道自己在写什么。从字面上看，他所描述的船舶似乎特别反常。但是，如果你意识到文中采用的都是西方术语，而作者是在把从"耆英号"上看到的东西硬塞进自己掌握的由技术词汇构成的概念框架中，一幅截然不同的画面就会呈现出来。

一个明显的例子是他在描写"耆英号"的建造方式时，将其与西方"先造骨架"的方法进行了对比。作者究竟是怎么知道的？这艘船船龄很大了，作者也极有可能从未到过中国造船厂。更糟糕的是，作者似乎对于西式造船了解甚微。例如，人们几乎不可能搞清楚下面这种让人听上去印象深刻但理解起来没有把握的句子到底是什么意思："下一步是将上下甲板折叠、固定"，"然后，在下面排好两条巨大的横梁绳索，即船头和船尾，用以固定横梁"，还有"甲板框架是拱形的，上面建有一个平台，保护它不受日晒，也免遭其他伤害"。[①]这些都是什么意思？

在阅读的时候要想到作者实际上对他所看到的东西知之甚少，这

---

① 摘自《"耆英号"详解》。很明显，这本宣传册出自一个兼职作者之手，凯利特船长将详细情况告诉了他，但是他不见得能够理解。同样地，凯利特实际上不大可能是一位造船师或船舶修理工（他可能仅仅掌握了一名优秀海员需要了解的船舶基本结构），对传统中式船舶建造的技术和做法也顶多是略知皮毛（而且带着深深的偏见）。凯利特船长是一位优秀的海员，却不是一位海洋民族志学者。

样一来,其描述所提供的细节就开始显得不能令人信服了。事实上,那些描述是如此空洞,以至于从尝试重建这艘船的角度来讲,唯一可用的数据就是桅杆和帆桁的尺寸,船身的总尺寸,各种关于船锚、船帆和船舵等部件重量的评论,以及对船只装饰和性能的一些描述。

即使这样,其中也存在一些歪曲的信息和无知的轻信。据记载,主帆重达9吨(虽然人们很好奇是谁称重的怎么称的,为什么要称),需要全部40名船员协力才能升起;主帆面积达1100平方英尺,有"18个缩帆部",每个2~4英尺深。①作者大概想表达竹子编织的船帆材料有18块嵌板,也就是说,18个独立的嵌板用板条连接在一起——尽管像大多数其他细节一样,这个细节并不存在。

214

事实上,这是一个很有用的数字,可以用来根据"唐船之图"评估关于"耆英号"的图像。在这些图片和纪念章上,"耆英号"的主帆最多有16块嵌板,最少有7块。而日本卷轴中帆船的嵌板数量都介于13块和10块之间。这就说明要么"耆英号"的船帆特别巨大,要么所谓的嵌板数量被夸大了。假如真有18块嵌板,每一块都用板条隔开,那么报道中极端的整帆重量就能够解释了。

建造材料也存在类似问题。例如,"铁木"一词的使用就非常混乱。我们得知船舵就部分采用了铁木,这几乎肯定是真实的,因为是传统做法;桅杆也是铁木做的,这就几乎可以肯定是假的了。②同样,这里的问题是技术上的无知——或者说冷漠——回避了对细节的关

---

① 《"耆英号"详解》,第10页。
② 需要注意的是,中国铁木与它在英语中的称谓不总是一致的。李约瑟就这样指出(《中国科学技术史》第4卷第646页脚注b):"有好几种热带树木被认为是铁木,例如:木麻黄(Casuarina equisetfolia)、巨型灰莉(Fagraea gigantean)、印茄(Intsia bakeri)、Maba buxifolia和铁力木(Mensua ferrea)。"他又补充道(出处同上,第416页脚注g),Tsuga sinensis也被当作铁木。网络上有一份资料列出了被称为铁木的21个不同树种(见http://encyclopedia.thefreedictionary.com/ironwood)。当你意识到广州造船工人有时把马来西亚樟树(Neobalanocarpus heimii)既称作铁木又称作柚木时,自然会更加困惑了。

注。桅杆可能是由福建松木或柚木做的。用作船板的木材也可能与用作局部框架、腰部外板和关键横舱隔壁的木材不同——不按这种方式建造的人一定是个非常蹩脚的造船匠。考虑到无论是凯利特船长还是其他任何人，都不可能通过实验分析得知这艘船的年龄，那么我们对《"耆英号"详解》中记载的凯利特说它"完全用铁木建造"就应该姑且听之，不可全信，就像对待用铁木造船的问题一样。①

　　注意到这些缺点完全不是在贬低《"耆英号"详解》。这本宣传册的写作目的不是技术分析，批评它在这方面的失误是错误的。一旦我们承认必须带着批判性的目光仔细阅读，那么它所提供的一些细节毫无疑问是有帮助的。更有用的是《"耆英号"详解》中的版画提供了"耆英号"甲板的样子。就像"耆英号"的大多数画像一样，这幅画也由于画家不完全清楚自己看到的是什么而有所失真。一个典型的例子就是，从后面看去，主帆桁杆及其附件被描画得非常古怪。②不过，明白了自己所看到的内容是被用于"宣传"的再去仔细研究，就会发现所有物品的尺寸都被严重夸大了，因为人物形象被大大缩小了，这样确实可以帮助我们了解这艘船被"错看"的地方。

　　例如，从描绘得更为仔细的艉梁角度看过去，并且与刚刚提到过的、高度写意的后视角进行对比，就能以最佳方式理解船尾构造。从艉梁的角度看，就像我们预料的那样，两侧的窄过道沿着舷弧线通向艉横，尽管这部分船体在水面上的高度被夸大了。船尾的突出部分展现得非常清晰，那是经过了装饰的船舵起重滑车的保护罩，船舵就藏在那里面。不过，再往后看，这位艺术家显然把另外一种景象——即高高的艉楼——强加到了"耆英号"身上，我们怀疑这种描绘可能源自

²¹⁵

---

①《"耆英号"详解》，第8页。
②《"耆英号"详解》，第14页。

16世纪欧洲的大型三桅帆船。望向船尾的视图与舯梁的视图不一致。船两侧的过道缓缓延伸到舯梁,而从舯梁的角度看,它们更接近大概是舷弧线的位置。最后,在具有误导性的望向船尾的视图中,船尾顶部合在一起形成了某种舱室,没有留下明显的空间来放置船舵和舵柄,更没有为升降滑车留下位置,而在舯梁的视图中,它被隐藏在船尾的正常构造中。

　　总而言之,我们掌握的有关"耆英号"的叙述性证据和图像证据都严重缺乏精确度和细节。我们不仅无法确定"耆英号"的船龄,而且也无法确认其结构。所有艺术家的作品都受到无知和偏见的极大影响,而且没有精确的测量尺寸和图纸,因此我们在评估现有尺寸时需要谨慎。

第十章　"耆英号"的尺寸与形状

　　我们从《"耆英号"详解》里收集到的尺寸或多或少与其他资料中的尺寸相吻合，不过，这些数据可能都来自凯利特船长，因此他犯下的错误很可能被重复引用。例如，我们从《"耆英号"详解》中得知，在纽约曾经有人试图测量"耆英号"的尺寸，结果引起了大大的麻烦，有此打算的人深感失望，只好放弃。[1]尽管如此，有关"耆英号"大小的数据仍然非常混乱。下面表4列出了不同来源的尺寸数据，从中可以看出，即使对于基本的尺寸，我们也没有把握。

　　《"耆英号"详解》里提供的唯一一条额外信息就是，"耆英号"是一艘二级（或者说B级）帆船。我们没有办法确定这到底是什么意思，因为B级帆船的范围太过宽泛，很难用实际尺寸来界定。范岱克的佳作《广州贸易》[2]中提供了一个计算普通B级帆船的粗略方法，即其宽度介于15～20尺（measurement covids），长度介于70～80尺。米尔本在

---

① 《"耆英号"详解》，第12页。

② 范岱克，《广州贸易：中国沿海的生活与事业（1700—1845）》（Hong Kong: Hong Kong University Press，2005），第24-30页。

表4:从所有已知渠道获得的"耆英号"尺寸

尺寸	《"耆英"号详解》	其他渠道
总长度	165英尺	160英尺(纪念章);165英尺(夏士德、维基百科)
船宽	25英尺6英寸	33英尺(夏士德);35英尺(维基百科);35英尺4英寸(哈达德)
舱深	12英尺	16英尺(夏士德);19英尺(维基百科、纪念章)
主桅杆	95英尺	90英尺(夏士德);自甲板85英尺(纪念章)
前桅杆	75英尺	75英尺
后桅杆	约50英尺	50英尺
主帆面积	9900平方英尺(1100平方码)	11000平方英尺(夏士德)
吨位	400(测量值) 700(最大载货量近似值)	700、750或800(夏士德、纪念章) 800吨(维基百科) 800中式度量值(纪念章)

《东方贸易》(*Oriental Commerce*3)①中给出的B级帆船的范围是长度介于71～74尺,宽度介于22～23尺。一尺的具体长度不确定。布朗特在1837年出版的《船长助手和商业文摘》(*The Shipmaster's Assistant and Commercial Digest*)中说,一尺是14.625英寸。②与

① William Milburn, *Oriental Commerce of the East India Trader's Complete Guide* (London: Kingsbury, Parbury & Allen, 1825), p.468。又见 J. Chalmers, "The Chinese Ch'ih Measure", *China Review* 13 (1884): pp.332–336。其中给出了广州地区一"腕尺"的数值是14.1英尺。卫三畏给出的范围是12.1～14.81英尺,其中14英尺1英寸为关税尺(《中国通商指南》第4版,广州:《中国丛报》,1856年,第300页)。

② 约瑟夫·布朗特(Joseph Blunt)所著 *The Shipmaster's Assistant and Commercial Digest* (New York: E. & G. W. Blunt, 1837; reprinted London: Macdonald and Jane's, 1974)一书第426页。

此相对应的是,尽管米尔本整理的关于中国的广泛词条中没有给出"尺"的具体数值,但他在其他地方的词条中指出"尺"(或者说"中式腕尺")的值介于16~19英寸。①采用这些不同数值所指的范围来衡量,一艘B级帆船的宽度应该介于24.4~36.4英尺,实测长度介于85.3~127英尺。夏士德还注意到,根据行业和目的的不同,中国的长度单位也各不相同。②

这个数值显然比我们预期的"耆英号"的尺寸小得多,但是也不奇怪,其原因有两个。首先,由于"尺"(或腕尺)是一种财政计量单位,而且确实存在变化(尽管变多少、在哪种情况下变化以及在何年何月改变则是高深莫测),将一套粗略的数值范围变成可用数据无疑相当困难。其次,"甲板长度"的值被定义为从前桅后端到后桅前端的距离(或者按照威廉·亨特的方法,是从舵杆头的前立面③),因此必定与总长度不同。

以柯里尔的版画为粗略参考,"耆英号"的前桅大致相当于从前突出的"翼"后端算起的船体总长度的五分之一,后桅大致等于从艉梁前端算起的总长度的五分之一。不过,尽管实测长度必须因此做出相当大的调整,但是船宽不会有太大改变。把船板的厚度和主腰部外板的突出部分考虑进去,不算两侧通道,这艘船包括外船板的实际宽度可能比B级船的实测宽度多了大约2~6英尺。根据上面提到的B级船的尺寸范围,意味着船宽介于26.4~42.4英尺。这个数值涵盖了表4

① 米尔本,《东方贸易》,第415、445、527页。各种各样的西方文献都存在一种令人奇怪的犹豫,不愿为广州使用的长度度量规定任何数值,例如,J. H. Tuckey, Maritime Geography and Statistics, vol. 3 (London: Black, Parry & Co., 1815), p. 547。
② 夏士德,《中国的帆船和橹船》(London: HMSO, 1966),第11页:"《中国通商指南》中提供了'尺'在实际应用中的100种不同数值"。
③ 威廉·C.亨特(William C. Hunter),《美国人在广州(1825—1844):〈广州番鬼录〉和〈旧中国杂记〉再版》(Hong Kong: Derwent, 1994),第60页。

219 中所有的船宽尺寸。至于实测长度与总长度之间的差异,根据柯里尔版画中显示的比例,上述实测长度应该介于102.4～152.4英尺。这个数值与表4中的数值差异明显,这艘船显得似乎太短了。

这可能只是关于"耆英号"的描述中出现的一个错误。也许它是一艘A级帆船,因此测量长度超过了74尺。同样,它或许是某种约定俗成的测量体系中的异类。因为有关这艘船的描述存在缺陷,我们再一次受阻了。柯里尔描绘的比例可能对我们并没有帮助。

想要把"耆英号"的尺寸范围进一步缩小,剩下的唯一办法就是采用吨位计量法,在表4列出的所有资料中,它经常被提及,尽管数值各不相同,我们假设它采用的是当时的英制。

从1720年到1849年,在英国占统治地位的吨位计算方法是"旧吨位计量法"(BOM)公式,用甲板长度减去船宽的分数来估算龙骨长度,[①]船宽是建成船体的最大宽度(不计外部附属物),见简图8。

$$吨位 = \frac{\left(甲板长度 - \left[船宽 \times 3/5\right]\right) \times 船宽 \times 1/2船宽}{94}$$

简图8:"旧吨位量法"公式

1773年的这个公式是对先前"吨和吨位"公式的改进,老公式只是简单地将龙骨和横梁的长度与货舱深度相乘,得到一个内部容积,其目的是不必将船放到干船坞上就能够推算出龙骨的长度。这种方

---

① 这是一种常用的参考方法。例如 John B. Hattendorf 编的《牛津海洋历史百科全书》(*The Oxford Encyclopaedia of Maritime History*)第4卷(Oxford: Oxford University Press, 2007),第143页中将甲板长度作为"L"的值。实际上 D. R. MacGregor 在 *Fast Sailing Ships: Their Design and Construction, 1775–1875* 一书的第2版(London: Conway Maritime Press, 1988)第271页中引用的1773年法案就相当明确:"测量长度时应沿龙骨槽口从主桅的后部到船首斜桅下主桅前部的垂线处取一条直线;用它减去3/5的船宽,其余部分就应该是用以计算吨位的龙骨的合理长度……"

法的优点是仅从甲板上的测量数据就可以评估吨位。它假设龙骨的长度只有甲板长度的60%，舱深是船宽的50%。倘若这些假设大体准确，那么一切都没问题。

　　这里有一种可能，能够解释表4中的一处差异，那就是吨位船宽（25英尺6英寸）是船体宽度，最大船宽（33英尺、35英尺或35英尺4英寸）是包括两侧通道的宽度。这有助于解释表4中《"耆英号"详解》和其他来源所提供数据的差异，否则两者的差异就太大了，令人无法忽略。这种假设也与广东造船实践中的经验法则相当吻合（见表5），由于龙骨长度约140英尺，考虑到船尾和船头的外展，25英尺6英寸的船宽就等于5.5的宽长比。 [220]

　　想要确定这些有疑问的规则的范围很简单，因为它们像许多航海传统中类似的规则一样，是建立在单一的基础单位之上的。

　　麦克格雷尔（McGrail）引用了来自大西洋和地中海的例子，并根据中世纪欧洲的实践推导出了印度的情况。[①]我们从现存最早的关于这个问题的欧洲文献（1436年，罗兹岛的麦克的手稿）中得知，关键的尺寸是龙骨的长度，其他所有尺寸都出自它。[②]在另一篇遗存下来关于船舶建造的专著是费尔南多·奥利维拉（Fernando Oliveira）作于1550年前后的《我们造就的金发美人》（*Liura da fabrica das naos*），我们从中读到作者对于从所罗门王时代

　　直至自己身处年代的造船思想做出的历史性总结："明智的做法是要知道在每一艘船上，不论其大小或形状如何，它的某一部分通常被用来作为测量同一艘船所有其他部分的基础。"例如，奥利维拉指出，对于货船来说，关键部分是龙骨的长度，"因为一旦知道了龙骨的 [221]

① 肖恩·麦克格雷尔，《从石器时代到中世纪的世界船舶》（Oxford: Oxford University Press, 2001），第145、164、276、381页。
② 见 http://brunelleschi.imss.fi.it/michaelofrhodes/ships_design.html，查询日期2010年8月2日。

表5：传统广东造船工人的经验法则

尺寸	B级船的各种基本单位
吃水线处的船宽＝B	1
总长度＝L	3.5-4（近海船舶） 5.5-6（远洋船舶）
型深	0.5
船首高度	1
船尾高度	1.5
横梁宽度	1.1
船底宽度	0.6
主桅杆高度	3-3.3
前桅杆高度	2.4-2.6
下风板长度	1
下风板宽度	0.05L
舵柱长度	1
船舵面积	(0.5B)
再加上：	
紧固长度 ＋ FL	2×船板厚度
紧固间距	FL

长度，也就知道了建造船只的合适宽度以及高度（例如型深），还有船头和船尾需要外展多少，容积大致是多少。"他用图解总结了这种"经

验法则"，有趣的是，其中的一个测量单位是"手掌"。[①]

在广东的造船传统中，就像其他几个地方的传统一样，基本单位是吃水线处的船宽。所有其他尺寸都是从这个尺寸和两个通用比例推导出来的，如表5所示。[②]显然，很难说这些经验法则在200多年的时间里保持不变。然而，尽管如此，在一个特定造船传统保持了惊人的历史一致性的国家里（我认为这么评价明清期间的中国造船传统是很公平的），只要基本设计和设计极限没有改变，那么用于船舶建造的经验法则可能也会表现出类似的一致性。这并不是说不会产生变化，只是认为这些变化在本质上可能是渐进式的，总体影响很小。[③]

具体到"耆英号"，在计算吨位时，前后延伸的锚链绞盘平台和船舵升降舱不应计算在内，所以其甲板的测量长度可能不会超过140英尺。如果我们假设从舵柱到船首板后部的距离大约是130英尺，那么就能得出容积吨为396.7总注册吨位（GRT）。请注意，这是依据《"耆英号"详解》（其说法可能源自凯利特）区分了容积吨和实际可能装载的吨数的。想要容积吨达到700～800吨，我们必须假设船宽为35英尺——各种版本中提到的最大值。根据过去（以及现在）计算容积吨的知识，还有在波士顿通过查尔斯河大桥时遇到的问题是由35英尺4英寸的最大外部宽度（包括两侧通道）所造成的这一证据，这样的吨位

---

① 费尔南多·奥利维拉，《我们造就的金发美人》（*Academia de Marinha/Museu Marítimo de Macao*，1995），第165-166页（这是一本制作精美的三种语言对照版本）。还有一个研究极好地概括了现存文本中欧洲的这种做法，见得克萨斯 A&M 大学（Texas A&M University）的大纲，网址 http://nautarch.tamu.edu/shiplab/index_03treatises.htm，查询日期2010年8月2日。

② 麦克格雷尔在《从石器时代到中世纪的世界船舶》的第381页翻译了《世界帆船史国际学术讨论会论文集》（S. Zhang 编，中国造船工程学会出版，1991，上海）中 L. Liu 和 C. Li 的论文《广东木船的特点》（"Characteristics of Guangdong Wooden Junks"），并且勾勒出了大致轮廓。

③ 最后一批采用经验法则建造的华南沿海商船的例子，见 Stephen Davies，*Coasting Past: The Last South China Coastal Trading Junks Photographed by William Heering*（Hong Kong: Hong Kong Maritime Museum，2013）。

似乎不太可能。实际上,对于这种混乱情况,最有可能的答案是,那些铸造纪念章的人和后来所有的评论家都没能抓住《"耆英号"详解》中的细微细节,即:"根据所能做出的最精确计算,估计它的重量约为400吨,载重量为700吨。"①

最后需要考虑的数值是"船深"。我们已经注意到,它并不是"吃水深度"(吃水线和龙骨底部之间的水深)的意思。然而,我们掌握的数值范围——《"耆英号"详解》中的12英尺和其他资料的最大19英尺(来自一枚纪念章)——令人困惑。原因可能有两个。要么是较大的数值代表了从舷墙顶部到龙骨的测量值,要么是有人错误地把吃水深度(6~12英尺)加到了型深上。我们无法最终确定,但是考虑到广东造船工匠的经验法则,《"耆英号"详解》中的数值是最可信的,因为它符合该规则规定的船宽和型深1∶2的比例。

让我们再回到容积吨的大小问题上,还有最后一种测量方法值得我们稍作考虑,因为它可以让我们对"耆英号"的尺寸和一致性这一整体问题获得更清晰的认识。有一枚纪念章上的数字是"中式度量值800吨"。这句话出现在1848年的哈利迪纪念章上,或许能够证实《"耆英号"详解》给出的尺寸——取决于我们如何对其进行解读。

这个中式计量单位到底指的是什么?是怎么产生的?我们现在还不是很清楚。它指的可能是"料",一种衡量船舶大小的常用单位——关于它的讨论很多,尽管很少达成共识。②"耆英号"有可能是

---

① 出处同前。人们完全搞不清楚排水量(基本相当于总重量)和测量吨位(内部测量体积)之间的区别,这在有关海洋的文章中很是常见。

② 例见:A. W. Sleeswyk, "The *Liao* and the Displacement of Ships in the Ming Navy", *The Mariner's Mirror* 82 (1996): 3–13; Richard Barker, "The *Liao* and the Displacement of Ships in the Ming Navy: Defoe's View of Chinese Claims, c.1700", *The Mariner's Mirror* 82 (1996): 484; John F. Coates and David K. Brown, "The *Liao* and the Displacement of Ships in the Ming Navy", *The Mariner's Mirror* 82(1996): 484。

800"料"，不过，如果是这样的话，也不存在公认的转换系数，事实上，也没有公认的"料"的准确测量值，尽管它可能是一种容量单位，[1]就像西方的容积吨一样。[2]

表6：用英尺表示的特定"料"的船只的长度、宽度和型深

船只大小(料)	甲板长度(英尺)	船宽(英尺)	型深(英尺)
100	50.2	8.3	3.8
200	62.0	12.9	4.6
400	91.3	16.8	6.1
600	130.0	20.0	8.0
800	180.0	23.0	10.5

根据1716年的《康熙字典》，"料"字除了其他意思，还指"量"。"量"在英文中可以代表"一种体积单位"，就像在"一份标准量"或"一份朗姆酒"中的意思——指的是类似英国酒吧里法定的1/4吉耳的量。[3]因此，很明显，在这种情况下，只有当我们找到定义当时测量数值的规定（或约定俗成的规则）后，上文中的数字才能表达一个确切的

① 对于《龙江船厂志》中的内容还有另外一种解读。即令人疑惑的"料"与船只的整体尺寸无关（无论是运载容量还是总容量），相反，它衡量的是建造一艘船需要的全部木料的体积，也可能是主龙骨、腰部外板框架和船板木料的体积。

② 正如前面的注释所指出的，能够清楚地区分作为质量（或者通常所说的"重量"）单位的"1吨"——用航海术语说是"排水量"——和作为运载容量的"1载重吨或测量吨"是极为重要的。如今的一个载重吨是假设100立方英尺的体积名义上能够容纳平均1吨的货物。测量吨和排水量之间没有严格的关系；从一个不能推导出另一个。

③ 1吉耳（或者142.0653125毫升）等于英制单位的1/4品脱。一个标准酒吧计量的1/4吉耳等于今天的35毫升。

数量。目前还没有任何学者明确查询到"料"的具体所指。[1]

223 通过对《龙江船厂志》中的数据进行简要分析,可以澄清一些情况。书中记载了四艘船及其尺寸,分别是甲板长度、船宽、型深和"料"。例如,一艘400"料"的战舰总长度为91.3英尺;一艘100"料"的船总高度为50.2英尺。在接下来的内容中,尽管给出的假设明显偏大,但我们可以借用这些数字看看它们对我们了解"耆英号"有什么启发。

这四艘船的甲板长度与"料"的数值(100,150,200,400)之间不是线性关系,不过就像简图9(只给出了200～800料之间的变量)所示,它们似乎是一个轻微的指数关系。

224 随着船舶"料"值的增加,其长度的增加幅度也会更大一些。与此同时,船宽的变化似乎多多少少是线性的,至于型深(就像西方的吨位数值一样,出于各种实际原因不太可能进入公式)则是轻微的指数关系。这个非常简略的曲线图及其相关表格根据《龙江船厂志》中的数

---

① 唐志拔、辛元欧、郑明在《二千料郑和木制宝船的初步考证与复原研究》(载《郑和航海研究》2005年第2期第32-48页)中参考陈希育所著的《中国帆船与海外贸易》(厦门大学出版社,1991年),给出了一个计算"料"的公式:(龙骨长度×船宽×型深)×10,其中的计量单位是"丈"。对照《龙江船厂志》中的数据,这个公式错了一个数量级,即使经过了更正,其准确度也会随着船舶尺寸的增加变得越来越低,如表7所示。

表7:更正后的唐/辛/郑计算"料"的公式

船舶大小(料)	龙骨长度	船宽	型深	从公式得	更正后唐/辛/郑的
《龙江船厂志》	(尺)	(尺)	(尺)	出的料	公式得出的料
100	34.2	8.1	3.7	1025.0	102.5
200	42.5	12.6	4.5	2409.8	241.0
400	60.5	16.5	6.0	5989.5	598.9
600	86.7	19.6	7.8	13328.2	1332.8
800	120.0	22.5	10.3	27854.7	2785.5

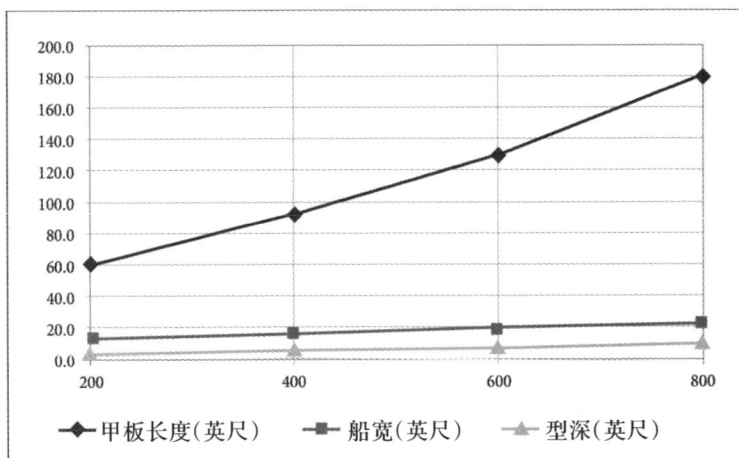

简图9：每"料"的船长、船宽和型深（英尺）

据以不太严谨的方式推断出了"料"值为800，它表明（要记住，它讨论的船只是战舰）[1]800"料"的船只长度应该介于160～180英尺，宽度为25英尺，型深大约是10～12英尺。

这些数值与《"耆英号"详解》中给出的一致，因此我们相信，在合理的误差范围内，这些尺寸是可信的。

这就是说，如果有可能推导出两者之间关系的话，中国度量800吨（假定这与"料"有所关联）与西方测量吨位之间的关系也应该能够进一步检验《"耆英号"详解》所记载尺寸的可信程度。这显然是一个非常粗略的方式，因为我们没有可靠的依据来假设从《龙江船厂志》中得到的数据在涉及船舶类型、地点或年代时代表的一定是"料"值。就像上文提到的，与中世纪欧洲的度量衡一样，许多传统的中式度量衡似乎因用途（例如在不同行业里）、管辖权（在不同城市和省份）和朝代

---

[1] 虽然大多数情况下中国战舰和商船的设计并没有太大不同。

不同而不同。①不过,《龙江船厂志》中相关的尺寸表的确给出了龙骨长度的数值,还有船宽和型深的数值,因此至少可以让我们依据西式计量系统计算出吨位。即使《龙江船厂志》中的测量值不一定与一位英国海洋测量员的测量结果完全一致,它们也会足够接近。②因此,假设这一单位经历了明清的朝代更迭而在造船领域保持了相当的稳定性,那么只要我们知道每一艘船是多少"料",就能够推导出一个不太精确的载重吨位。我们应该以谨慎的态度看待简图10及其相关表格。

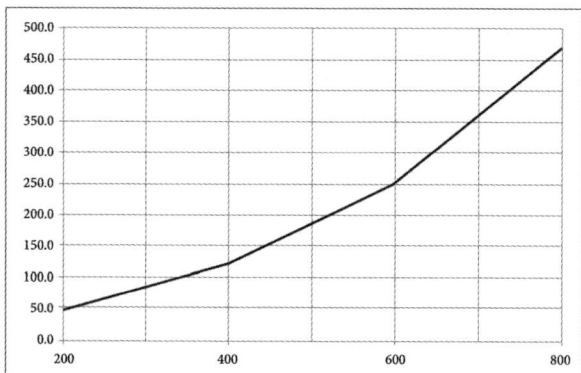

简图10　"料"(x轴)和载重吨(y轴)之间的估算关系

---

① 魏根深在《中国历史研究手册》修订增补版(Cambridge, MA: Harvard University Asia Center, 2000),第234-240页中对这个问题进行了很好的综合讨论。夏士德在《中国的帆船和橹船》第11页中提到,当他在19世纪30年代收集信息时,"《中国通商指南》(给出了)'尺'在实际应用中的100种不同数值"。

② 造成这种差异的一个原因可能是中国和欧洲在传统上有着各自的甲板长度与龙骨长度比例。《龙江船厂志》中记载了21种船的龙骨长度和甲板长度,大部分的比例都在1:0.65和1:0.75之间,平均为1:0.69,只有两种驳船的比例接近1:1,这毫不奇怪。将它们与R. Gardiner(编辑)的 *The Heyday of Sail: The Merchant Sailing Ship 1650–1830*(London: Conway Maritime Press, 1995),第33和第54页中列出的典型欧洲船舶进行快速对比,采用W. Hutchinson 在 *A Treatise on Naval Architecture* 第4版(Liverpool: T. Billinge, 1794; reprinted London: Conway Maritime Press, 1969),第35-36页中给出的公式,即龙骨比例=3×船宽,便可看出欧洲船舶的比例偏好介于1:0.8到1:0.9。

表8:选定数值下"料"与载重吨的等价关系

船舶大小(料)	载重吨
200	47.4
400	122.3
600	2511
800	467.7

　　我们在这里看到,假设从400"料"的曲线继续推导出的数据或多或少具有参考性,那么一艘800"料"的船舶大概就是468载重吨。虽然这个吨位比我们掌握的"耆英号"的吨位稍大一些,但它本身就是一个估算值,纽约的税收员曾经绝望地放弃了对其估算的想法。①表8在很小的甲板长度范围内给出了对应的BOM吨位值,假设"耆英号"的船宽等于那两个数值,那么它的吨位可能就处于这个范围之内。

　　有意思的是,英制的吨位公式是随船宽变化的。按照欧洲的标准(BOM公式便产生于此),与典型的东印度商船1:3.1或者双桅工作船1:4的比例比起来,"耆英号"是一艘窄船,船宽与甲板长度之比只有大约1:5.1到1:5.3。就像表10显示的那样,如果"耆英号"的线条更像传统的欧洲船只,船宽与船长之比介于1:3到1:4之间,那么它的载重吨位就会超过1000吨。

　　实际情况是,它的吨位大致符合我们的预期。简而言之,我们依旧有条件地认为《"耆英号"详解》所提供的数值是可信的。

　　考虑到表10与简图9、简图10和表7中数据的关系,似乎可以合理地得出结论,即无论用哪个公式推导出"料"的数值(当然了,假设这个数值是船的尺寸派生出来的),相对而言似乎都是随船宽而变化的,

①《"耆英号"详解》,第12页。

表9：两种船宽情况下"耆英号"的BOM吨位

甲板长度 (英尺)	船宽 (英尺)	BOM 吨位	甲板长度 (英尺)	船宽 (英尺)	BOM 吨位
130	25.5	396.7217	130	35	710.2394
135	25.5	414.0156	135	35	742.8191
140	25.5	431.3094	140	35	775.3989

表10：BOM规则显示出随船宽变化的特征

甲板长度 (英尺)	宽长比			BOM 吨位		
	1:3	1:4	1:6			
100	33.33	25.00	16.67	472.81	282.58	132.98
125	41.67	31.25	20.83	923.46	551.91	259.72
150	50.00	37.50	25.00	1595.74	953.71	448.80
175	58.33	43.75	29.17	2533.98	1514.45	712.68

或许也随船的长度变化。例如，简图10似乎就显示"料"值的稳定增加与载重吨位的增加具有轻微的指数关系。因此，用另一种方法进行比较，看看"料"值是如何随着载重吨位的稳定增加而变化的，一定会很有意思。

简图11和简图12显示了这种比较关系，这种关系是用图解法从原来相当少的数据中延伸出一条光滑的曲线，然后从中提取粗略的数值，并将其扩展到2500载重吨。

在简图11中，随着"料"的增加，载重吨增加的速度更快；而在简图12中，随着载重吨的增加，"料"增加的速度稳步下降。由此可以合理推断，无论"料"的度量依据是什么，它都没有反映出BOM公式中吨

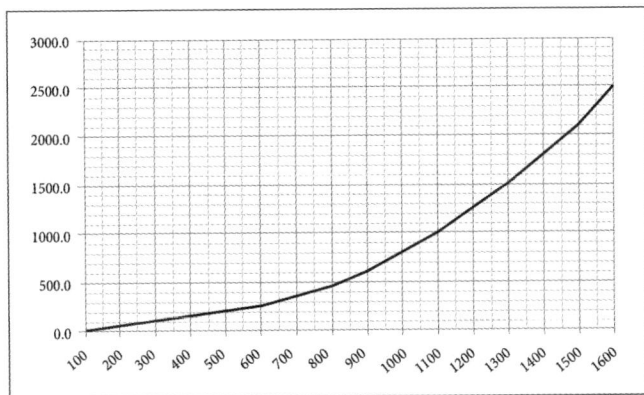

简图 11："料"(x轴)和载重吨(y轴)之间的估算关系

位随船宽变化的特征。事实上，假设这些简图反映了严格的数学关系，那么这种差异的一个后果就是，当测量值大约是 1400 载重吨/"料"时，这两种对比的测量方法产生了交叉。此后，"料"值的增量不断减小，而 BOM 趋向于渐近线。

　　这就说明，若仍然假设"料"的取值基于一个公式，那么这两个公式只有在相对有限的尺寸范围内有效，对于 BOM 而言大概是 10～1200 载重吨，对于中国的度量体系则可能从 100"料"到 2000"料"。如果超出了这些范围，这两种度量体系都可能产生越来越古怪的结果。

　　也许，这两种体系也都只能在相当有限的设计极限框架内成功运行。无论出于什么原因，只要船只的宽长比在那个起作用的狭窄范围内发生了显著改变，该体系测量出的船舶内部容积(也是测量的最根本目的)就会变得越来越不准(我们知道对于 BOM 公式而言，这种情况是真实的,因此才在 1854 年引入了莫尔索姆船舶吨位丈量法[①]),以至于会对公共财政或船东的利益造成损害。

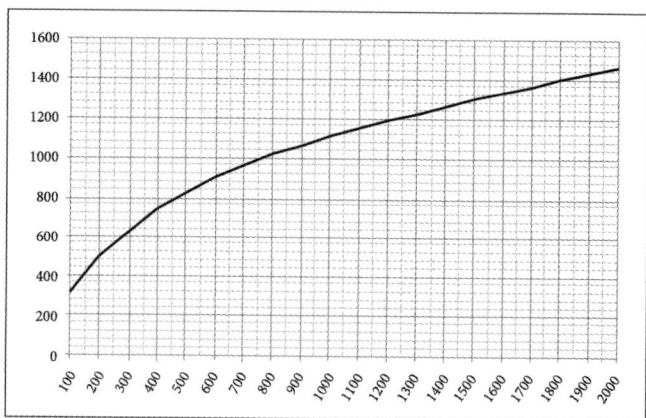

简图12:载重吨(x轴)和"料"(y轴)之间的估算关系

对于"耆英号"的尺寸,就像它的船体形状、附属物和帆装索具一样,我们必须根据所掌握的来自所有渠道的信息做出最明智的猜测。我们的结论能够与一些数据达到"最佳拟合",而这些数据显示,《"耆英号"详解》为我们提供的一组数值已经是尽其所能地精确了。除此之外,根据这艘船画像中的夸张情况,我们可以有把握地认为:船首船尾高出吃水线的数值是从外展的"翼"的尖端和船尾栏杆的顶端算起的。只有在将船体割裂之前把船上的线条摘取下来,并且精确绘制包

[①] 道理很简单,通过一些利用漏洞的设计,所有规则都可以加以规避。正因为BOM法则对船宽不利,但是为了计算方便,将型深视为船宽的一半(这个比例在18世纪早期之前一直适用于大多数欧洲船只),导致了设计师们越来越追求更窄更深的船舶设计。结果就是根据1849年"莫逊委员会"(由乔治·莫逊上将担任秘书长)的提议,吨位计量方法在1854年得到了改变。莫逊委员会设计的吨位计量公式应用于整个蒸汽船时代,直到1969年被内容上变化不大的《国际吨位丈量公约》所取代(该公约在1982年至1994年间实施)。

括轮廓、甲板和帆装索具在内的正面图，才有可能得到一组更加精确
的尺寸，并依据这些尺寸制作这艘船的模型或复制品。然而，与我们
现有的图像相比，其他西方资料所提供的测量数据与其说有用，不如
说具有误导性。

　　总而言之，"耆英号"看起来明显像是一艘依据18世纪末19世纪
初中国南洋及沿海贸易中的常见船型建造的帆船。其确切的设计来
源不是很清楚，但是这艘船体现出了众多的"福船"所具有的轮廓特
征，尽管它还兼具了"广船"的一些特征——这可能是一开始就有的，
但更有可能是建成之后改造或维修造成的结果。

229

第十一章 它能开多快？

　　假如在各种描述中提到的船帆面积是准确的,那么"耆英号"在船帆的装配上就是相当慷慨的。与飞剪船出现之前同时代的西方同类船舶相比,它的体形相对纤细,就长度而言,其宽度较小。从理论上讲,它应该能航行得很快。然而,若与其他标准测量值结合起来考虑,我们会看到,"耆英号"在大多数方面是一艘相当典型的工作船而不是快速船,它的船帆配备适应了其预期的工作角色。简而言之,这是一艘完美的海上作业船,载重能力很强。

　　评估"耆英号"性能极限的最佳方法是尽可能多地从记录中计算出有关它的数据,并将其制成表格。表11就是这么做的[1],其结果可

---

[1] 吃水线的长度是一个最佳估算值,其来历结合了《伦敦新闻画报》上的一幅插图和安那波利斯市(Annapolis)美国海军学院尼米兹图书馆收藏的一张照片,照片上是一艘来自汕头的帆船,看起来很像"耆英号",这张照片是由摩西·林德利·伍德(Moses Lindley Wood)上尉1884—1885年在中国拍摄的。照片中的船在尺寸上很合理,因此不会产生误导,也经受住了其他资料上数据的检验。龙骨长度与龙骨板的长度大致相当。为了进行交叉核对,排水量经过了重新计算,依据的是http://boatdesign.net/forums/showthread.php? t=930上的一个简化公式,根据该公式,浸水面积=(L × [B + T]) × 0.75,加上作者自己用粗略公式算得的吃水线以上面积=(2xLxF)+(bB × bF)+(tB × tF)(其中L=总长度,B=船宽,T=吃水,F=干舷,bB=船首截面平均宽度,bF=船首平均干舷长度,tB=艉梁截面宽度,tF=艉梁平均干舷长度)。这再加上内部舱壁([0.87 × L] × D),(7 × B × D)(其中D= 型深,"耆英号"有15个横向舱壁)和甲板LxB。假设船板厚度为8英寸(可能低估了),用上述数值乘以0.7,得出船上内木材的总体积。然后将木材的立方英尺数乘以43磅(每立方英尺柚木的重量)再除以2240算出长吨数值。算出的排水量与实际排水量的误差可能在±10%~15%之间。最佳平均速度的依据是"耆英号"横渡大西洋(从波士顿到英吉利海峡)用了26天。船帆面积与排水量的比率是以排水量中值计算的,鉴于"耆英号"是压舱行驶的,其潜在的性能可能会更好。

以与表12进行对比,后者显示的是一艘飞剪船——著名的"赛姆皮雷号"(Thermopylae)。

这种比较可能有失公平。但事实并非如此,原因有二。首先,飞剪船代表了一种性能极限,假如查尔斯·凯利特曾经在运鸦片的飞剪船上

表11:"耆英号"的尺寸和性能

船体由柚木或福建松木建造	
总长度	160英尺(48.8米)
吃水线长度(LWL)	130英尺(39.62米)
龙骨长度	<120英尺(<36.6米)
船宽	25英尺6英寸(7.8米)
型深	12~16英尺(3.65~4.9米)
吃水深度	12英尺(3.5米)
船帆面积	10980平方英尺(1020平方米)
吃水线以上桅杆最大高度	90~95英尺(27.5~29米)
排水量(估)	683~700长吨(694~711吨)
BOM(载重吨)	<812吨
总吨位	495吨
最大理论速度	15.3节
最快速度记录	<8~9节
最佳平均速度	5~6节
平均航行速度	3.5节
长宽比	4.8:1
排水量与船长之比	626~935
棱形系数	0.72~0.75
船帆面积与排水量之比	13.05

工作过——我们猜测事实如此,那么他可能对其比较熟悉。其次,正如让·萨顿(Jean Sutton)指出的,①普通的飞剪船不同于破纪录的极速飞剪船,它们从中国到欧洲的实际平均航行时间与那些被认为速度较慢的东印度商船114天的航程并无显著区别。有许多记录显示,飞剪船的航程超过了120天。最后,被一代又一代船员用作航行计划标准参考书的《世界大洋航路》指出,从香港到英吉利海峡的平均航程介于110天至120天之间。②因此,用"赛姆皮雷号"进行比较并非全是误导。

230   在进行船与船的比较时,惯常的做法是采用衡量船舶的流线性或宽大性指标作为标准尺度,也就是船体在水中行驶的容易程度。这是通过方形系数和它的变体棱形系数来衡量的。

通俗地讲,你可以想象一个与船体中部吻合的简单矩形截面的面积(方形系数),或是船体中部的截面(菱形系数)。现在,把任一横截面向前、向后延伸到船的末端。结果就得到了一个和船一样长、一样宽、一样深的矩形盒子(方形),或者一个方块加半个圆柱体,相当于船体中部截面的形状(菱形)。

菱形系数由船体的实际容积比上箱体容积计算得出。基本而言,231 任何一个系数越接近1,你就越像是试图在水中推动一个非流线型的盒子或半圆柱体。从表11中可以看出(尽管这只是一个粗略的估计),"耆英号"的菱形系数不仅不像流线型的海洋快船(大约是0.5~0.6),而且比油轮(0.7~0.8)还要大。③与"赛姆皮雷号"这样的飞剪船相比(像大多数飞剪船一样,它是一艘相当小的船,菱形系数只有0.58左右,而且长度只相当于"耆英号"的1/4左右),"耆英号"是个笨拙的

① Jean Sutton, *Lords of the East* (London: Conway Maritime, 1981), p.94.
②《世界大洋航路》,第4版(Taunton: Hydrographer to the Navy, 1987),第182页。
③ 见 Klaas van Dokkum, *Ship Knowledge, Ship Design, Construction and Operation*, 5thed. (Enkhuizen: DOKMAR, 2008), pp. 34-36。

表 12:"赛姆皮雷号"的尺寸和性能

船体由铁和木材混合建造	
总长度	212 英尺(64.6 米)
吃水线长度(LWL)	207 英尺(63.1 米)
龙骨长度	<197 英尺(<60 米)
船宽	36 英尺(10.97 米)
型深	20 英尺 11 英寸(6.4 米)
吃水深度	18 英尺 6 英寸(5.64 米)
船帆面积	17520 平方英尺(1628 平方米)
吃水线以上桅杆最大高度	161 英尺(49.1 米)
排水量	1979 长吨(2011 吨)
BOM(载重吨)	1,264 吨
总吨位	947 吨
最大理论速度	20.1 节
最快速度记录	17 节
最佳平均速度	14.5 节
平均航行速度	6.9 节
长宽比	5.5:1
排水量与船长之比	223
棱形系数	0.58~0.60
船帆面积与排水量之比	11

家伙。简单地说,想要在水中推动它的船体,需要的动力(即船帆面积)比推动一艘系数更小的流线型船要大。

帆船前进的能力可以用船舶建造中与功率重量比等效的一个术语来表示,即船帆面积与排水量的比率,或 SDR。这个比率通常用于

²³² 游艇等小型船只;对于较大的船只,它并不总是很好用。不过,它确实为同类船舶之间的比较提供了一个合理的基础。简单说就是,比值越高,船就越快,也越容易被驱动,因为它每单位排水量或重量对应的船帆面积——即动力——更大。

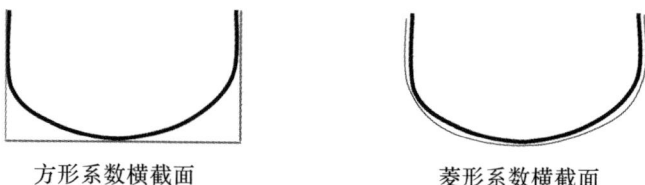

方形系数横截面　　　　　菱形系数横截面

简图13:方形系数与菱形系数对比

几乎没有一艘大型帆船的SDR可以达到现代竞速快艇的水平——超过20。简单地说就是它们无法承载与上述数值对应的船帆所产生的压力,因为能够制作桅杆、支索、活动索具和船帆的材料不可能承受这样的压力。例如像运输茶叶的飞剪船这样的极速飞剪船,其SDR大约是11～12,造型优美、行驶迅捷的"赛姆皮雷号"的SDR是11。^①

飞剪船的SDR相对较低的第二个原因在于西方"脊柱、肋骨和皮肤"式的设计非常坚固,因此每单位长度的船体相当重。相比之下,帆船的"箱形框架"结构是一个出色的相对较轻的结构体系。例如,"赛姆皮雷号"每单位长度的排水量为9.4吨。与它比起来,"耆英号"每单位长度的排水量只有4.4吨。考虑到"赛姆皮雷号"的"正常帆"面积只比排水量是其2.8倍的船舶大60%,因此,帆船的SDR值更高也就能

① MacGregor, *Fast Sailing Ships: Their Design and Construction, 1775-1875*, 2nd ed. (London: Conway Martime Press, 1988),p.247.

够解释了。

我们可以看到,"耆英号"——并由它推及大多数传统帆船——具有充足的动力。然而,我们知道"赛姆皮雷号"和它的同类船只可以达到17～18节的最高速度,"耆英号"的航行记录中却似乎从来没有超过12节的速度。我们可以通过另一种方式看看这意味着什么,即采用下面的公式,比较指定吃水线长度(LWL)的船体具有的最大理论速度与实际最佳速度。

$$最大理论速度=\sqrt{LWL} \times 1.34$$

表13显示了比较结果。

表13:"耆英号"与"赛姆皮雷号"的实际最佳速度与最大理论速度对比

船只	LWL	A($\sqrt{LWL} \times 1.34$)	B(最佳速度)	B/A%
"赛姆皮雷号"	207	19.28	17	88
"耆英号"	130	15.28	12	78.5

有了高耸的桅杆,"赛姆皮雷号"航行起来能够非常接近其最大理论速度,尽管与"耆英号"的船帆面积和排水量比较起来,它的船帆面积与大得多的排水量似乎根本不相称。一些极速飞剪船的实际速度更加接近最大理论速度。它们还可以一连几个小时保持这样的速度,飞剪船在24小时内的平均速度为11节或12节。在1866年著名的从福州到伦敦运输茶叶的竞赛中,"火十字号"(Fiery Cross)的最好成绩是一天航行了328英里,平均速度为13.7节。"赛姆皮雷号"在1869年的处女航中,曾经一天航行了348英里,或者说平均速度是14.5节。相比之下"耆英号"更矮,主桅杆的高度只有"赛姆皮雷号"的一半左右,即使在强风天气它表现最好时,也只达到了其最大理论速度的78.5%,而且只有一次,是在其船底被清洁的情况下横渡大西洋的时

候。另一次的最佳表现是9节左右,或者说不到理论速度的60%。同样,在微风条件下,飞剪船能以4节或5节的速度静悄悄地航行,而"耆英号"显然在水中静止不动了。结果就是,在从中国到伦敦的航程中,"耆英号"的平均速度只有飞剪船的一半。

当然,这又把我们带回到了系数问题上。飞剪船似乎与现代战舰(如护卫舰)拥有类似的菱形系数,大约是0.6。①例如,据霍华德·夏贝尔(Howard Chapelle)计算,以速度著称的飞剪船"闪电号"(Lighting)的菱形系数是0.61;麦格雷戈(MacGregor)估计"赛姆皮雷号"的菱形系数与此非常接近——我们注意到,这个系数的替代品甲板下吨位系数,是0.58。②因此,就像引擎的马力能够夜以继日地推动一艘体形更流畅的邮轮在水中前进得更快一样,船帆的动力对不同形状的船体也起到同样的作用。

我们由此可以回顾"耆英号"的航程并得出结论,它在众多方面体现了一艘建造和运行起来都很经济的典型工作帆船的特征。最基本的结论就是,正如"耆英号"显示的那样,帆船的设计极限和性能极限都非常局限于特定水域的季节性航行需求。

典型的中国商船在设计上是不能适应恶劣天气的,它在这方面的表现一点儿也不好。在其他航行条件完美的情况下,"耆英号"的表现不比正横风行驶要好,而同一时代的西式横帆船在东北信风带则能够保持足够的逆风航行能力,能够抵达西侧的风带却又不过分偏西,不会越过北大西洋的中线,即西经38°~40°。我们记得,当时"耆英号"无法保持迎风,它位于同一纬度,却是在西经63°,即下风向约1000英里的地方。不过,这是我们应该预料到的,因为帆船的设计初衷不是

①范·多库姆,《船舶知识:船舶的设计、建造和操作》,第135页。

② MacGregor, *Fast Sailing Ships*, p. 20, citing Howard Chapelle's *The Search for Speed under Sail, 1700–1855* (New York: W. W. Norton, 1967), pp. 43–45 and 404–407.

为了在恶劣天气中顶着季风航行。没有任何运营或商业上的理由让它们这样做。

帆船的设计也不是为了快速或竭尽全力地航行,船上的组织和管理并不是为了达到上述目的。尽管如此,它们的表现也绝对稳定,也许平均速度只比西方同类船舶慢了1节。"耆英号"的船员配备不如人意。它远远偏离了为它设计的水域。它没有像通常那样装载货物。然而,在将近300天的航行中,在各种各样的条件下——从风平浪静到北大西洋的冬季暴风雨,它都稳定地以平均3节的速度航行,使船员安然无恙,这证明了它是一艘出色的海船。

鉴于像"耆英号"这类船舶在设计和操作上都是针对近海航行的,其最长的航段很少超过1500英里,通常只有一半的距离,因此,与稍微快一些的19世纪西方同类帆船比起来,它们略慢的平均速度不会造成航行时间上的重大差异——就最长的航程而言也许只差五天。最后,中式帆船的设计可以让它们比同类西方帆船携带更多的货物,因为它们相同体积的排水量更低,虽然这只是一艘西式帆船与一艘中式帆船在一个方面的对比,没有在"耆英号"史诗般迷人的航程上检验过。

第三部分

历史的废料场

第十二章　航程终结

　　这仍然是一桩怪事,当时大英帝国正处于鼎盛的维多利亚时代,其科学家、造船师、艺术家和崭露头角的民族志学者曾经有机会准确地描绘、精确地测量中式船舶的一个实例,为它绘制型线图,制作型值表,但是他们却不加理睬。同样,新兴海洋艺术领域的主要从业者本可以精确地描摹一艘中式船舶,但他们也将其忽视——斯蒂芬·斯基莱特或许是个例外。

　　更让人吃惊的是,"耆英号"在伦敦时正值万国博览会(其完整叫法是"伟大的万国工业制品博览会")召开期间。在博览会上,"耆英号"的一名船员、自称为清朝官员的希生,成功地使人们接受了他中国政府代表的身份;而英国最具创新精神的造船工程师之一约翰·斯考特·拉塞尔则是博览会组委会的成员。就中国的船舶工业制品而言,还能从哪里去找比真正送上门来的"耆英号"更好的例子呢?

　　然而,正如目录提醒我们的,展览中与中国有关的展品都是由西方官员和商人提供的。到1851年,西方世界已经将这些西方人默认为中国的代表,因为中国承认世界由主权平等的国家构成还是几十年后的事情;中国政府并没有正式参与。这些在中国的西方居民不太可能对中国的航海领域做出很高的评价。即使像卫三畏一样研究中国的学者,他也没有给予中国航运领域足够重视(尽管那对中国经济体

系非常重要),其在对中国人的生活进行长篇描述时仅仅用几页纸来
描述它。

238　　因此,展览目录中只有两处提到了中国建造的船舶就不足为奇了,
它们是两艘船模型:一艘货船和一艘官船(税收)。它们是由位于伦敦
毕晓普盖特(Bishopgate)街的巴林兄弟公司捐赠的16件物品中的第
9件和第10件——该公司在上海和伦敦都开展业务。①剩下的数百件
展品的确是中国工业制品,但主要是零售手工艺品和初级原料制品。②

　　这真是令人费解,因为无论人们如何看待当时西方充满了帝国式
傲慢和偏见的文化优越感(这种态度在"耆英号"的故事中占据了主导
地位),它们在当时与通过准确描绘、测量和分类来获取详细经验知识
的强烈兴趣并不冲突。正是在那个时代,在伦敦建造伟大的博物馆的
想法正在萌芽,意在探索和发现的帝国远征正在进行。那么,除了受
到屈尊俯就式的诋毁,"耆英号"为什么完全被忽视了?

　　让我们考虑一下当时的海事背景。"小猎犬号"著名的航行在
1837年结束,这将激励一大批继任者和搭乘它们的科学家们。由爱
德华·贝尔彻爵士(Sir Edward Belcher)③指挥的皇家海军"硫黄号"
(Sulphur,1836—1842)的航行被第一次鸦片战争打断后,他紧接着
乘皇家海军"三宝垄号"(Samarang,1843—1846)起航,同一时间还

---

① 这是一家著名的英国银行,为在中国的众多知名西方贸易公司提供服务,包括旗昌洋行、
　 琼记洋行(Augustine Heard & Co.)和珀金斯洋行(Nye Parkin & Co.)等等。
② 见《万国博览会官方目录》修订版(London: Spicer Bros., 1851),第216页。
③ 1839年,"硫黄号"和它的后勤舰"椋鸟号"正在南美洲进行考察时,收到命令,要求它们放
　 下一切事务,火速赶往珠三角,在那里,它们组成了一支令人难忘的皇家海军先锋队,集中
　 了一批水道测量员,英国后来发动的战争证明这些测量员的工作极其重要。

有贝尔彻昔日的副手、亨利·凯利特①指挥的皇家海军"先驱号"（Herald，1845—1851）的远航。皇家海军"响尾蛇号"的远航从1846年持续到1850年——托马斯·亨利·赫胥黎（Thomas Henry Huxley）就是这艘船上的科学家。"耆英号"在航行途中以及停驻英国之时，后两艘船都在航行之中。

　　北极热盛行一时，一次又一次的探险开始了，却都没能找到西北航道，只有最优秀的英国探险家才能带着无与伦比的自信发现它。许多探险得到了约翰·巴罗爵士（Sir John Barrow）的支持。巴罗爵士刚刚在1795年随同运气欠佳的马戛尔尼使团访华，担任马戛尔尼的审计官，初步了解了中国。作为海军部的秘书，巴罗爵士也是第一个提议派遣阿美士德（Amherst）使团访华的人，1816年的这次访华同样以失败告终。直到1845年，他派出的最后一次，也是最著名的一次由约翰·富兰克林爵士（Sir John Franklin）领导的北极探险失败之后，巴罗才退出公众生活。约翰·富兰克林爵士连同皇家海军"幽冥号"（Erebus）和"惊恐号"（Terror）的失踪引发了人们一系列的搜寻努力，人们试图查出到底发生了什么，并且搜寻活动一直持续到19世纪90年代。就像评论中常说的那样，这么做损失的船只和人员比原

239

---

① 人们经常猜测亨利与查尔斯·凯利特是亲戚，这是错误的，除非他是私生子。他们似乎没有亲缘关系。来自普利茅斯和阿尔弗斯顿普普通通的凯利特家族与来自爱尔兰科克郡费萨德（Fethard）的科罗纳科迪（Clonacody）更为知名的爱尔兰凯利特家族之间找不到联系，后者于18世纪早期定居在爱尔兰。查尔斯·凯利特的后人做了很多工作，都没有找出有关他童年或出身的背景信息。关于亨利·凯利特，见 http://fethard.com/index.php？topic=115.0 和 http://www.clonacodyhouse.com/History.html。

本参与的还要多。①第一艘搜索船就是在"耆英号"抵达伦敦的那一年出发的——由社会关系优越的西方人参与的北极探险充满了戏剧性,一波三折,毫无疑问会比一艘由国籍不同、社会背景普通的船员驾驶的一艘中式帆船成功完成的航行更能引起人们浓厚的科学兴趣。

同样,一些机构正在大规模建设中,它们会以这样或那样的方式来记录这些探索的成果和数据以及令这些探索得以实现的科学技术,并且营造一种文化环境,促使人们的思想产生转变,认为这种得自经验观察的探索是通向知识、技术甚至道德进步的正确道路。更能说明问题的是,在拨款建造这些机构的过程中,发挥最大作用的委员会的负责人不是别人,正是约翰·斯考特·拉塞尔。

维多利亚和阿尔伯特博物馆成立于1852年,建造目的是展示装饰艺术和工业制造品。它直接受到了万国博览会的启发,构成其核心收藏品的几件展品就是从博览会上购买的。这发生在"耆英号"解体前三年;如果博物馆的第一任馆长亨利·科尔(Henry Cole)是个有心人,为了子孙后代的利益着想,那么他应该将"耆英号"的部分或全部展品收藏起来。②亨利·科尔的成就之一是发明了一把获奖茶壶(化名为菲利克斯·萨莫里),对于一艘既不是装饰艺术品,也明显不是工业品,尤其不是由西方设计的帆船,他显然不感兴趣。科尔的两卷本回

---

① "耆英号"停泊在布莱克沃尔八个月之后,约翰爵士去世了。1850年,英美两国人经过共同努力,发现富兰克林的探险队的船可能已经沉没。1854年,苏格兰医生兼探险家约翰·雷博士发现了富兰克林的真实遭遇。但是,由于其发现同富兰克林夫人树立的英雄形象背道而驰,更为严重的是,这些完美的英雄竟然选择吃人求生,雷的观点遭到了忽视和排斥。维多利亚时代的英国不愿意接受关于自身的异端思想,对于中国的造船业如此,对于失败的北极探险也是如此。有趣的是,与富兰克林有瓜葛的三名英国海军军官很可能都与我们的故事发生了交集。爱德华·贝尔彻爵士、亨利·凯利特和理查德·柯林森都参与了第一次鸦片战争,并在后来成了19世纪的精英人士。
② 关于茶壶,见维多利亚和阿尔伯特博物馆的藏品C.262:1,2-1993,http://collections.vam.ac.uk/item/O8088/henry-cole-tea-service-oxford-teapot-cole-henrysir/. 该博物馆的藏品说明解释了为什么中国茶壶对科尔没有产生影响——他的设计灵感来自古典希腊。

忆录体现了他对"耆英号"的关注程度,在评论希生出席万国博览会开幕式的情形时,他是这样写的,"坎特伯雷大主教进行了简短得体的祈祷,然后是'哈利路亚大合唱',演唱期间那位中国官员上前敬礼"。他还随意用含混不清的脚注写道:"他是一个船长,将他的帆船开到泰晤士河参加展览,赚了一大笔钱。"①

　　科学博物馆成立于1857年,也就是"耆英号"被拆除的两年之后。博物馆的网站声称,与维多利亚和阿尔伯特博物馆一样,它收藏了"万国博览会上在水晶宫里展出的物品"。②事实上,直到1938年,该博物馆才从梅乐和爵士(Sir Frederick Maze)那里获得了第一批与中国造船行业有关的藏品。当时,作为中国政府公务员担任中国海关(CMCS)总税务司的梅乐和爵士命令海关的中国雇员在夏士德指导下制作了一批中式帆船模型,他本应将其交给一家中国博物馆的。这真是落井下石。

　　在这种对知识的渴求和分类中,"耆英号"被遗漏了——也许有人会补充说,直到20世纪的第二个十年,整个中式帆船领域一直被彻底忽视——这实在令人吃惊,不过,这也许揭示了维多利亚时代的英国人在某种程度上完全把中国视作"异邦"。与此同时(实际上,几乎是一种精神分裂式的做法),中国被视为既落后又原始,更准确地说,中国被视为人类已知持续时间最长的先进文明的故乡。中式帆船显然属于前一个类别。

　　万国博览会声称着眼于世界各国工业,从它的角度来讲,若是仔

---

① Henry Cole, *Fifty Years of Public Work of Sir Henry Cole, K.C.B.*, *Accounted for in His Deeds*, *Speeches and Writings*, 2 vols. (London: George Bell & Sons, 1884), vol. 1, p. 279.

② 见 http://www.sciencemuseum.org.uk/about_us.aspx; accessed on 24 April 2010。

细观察中国的造船工业并且公正评价其显著的成就和推动作用,[③]就不能将其作为造船业的原始先驱归入第8类,在伦敦西区陈列馆和西南陈列馆作为造船工程的第1—197号展品。[④]也许这就是为什么万国博览会并没有仔细审视像"耆英号"这样的制品,或者忽视中国在天文观测、地理测量和精密机械方面的悠久传统和成就,将它们全部归类为异国外来制品的一部分,从而在定义上将它们与科学技术的进步和成功割裂开来。就这样,不值得仔细研究的"耆英号"仍然停泊在泰晤士河上进行"表演"。这就更能解释为什么我们对这艘迷人而奇特的帆船以及它的非凡成就知之甚少。这就是为什么它的船员除了少数人残存下一些踪迹,其他人都销声匿迹了。种族和文化(包括阶级)偏见总是要付出代价的。

这种偏见的后果之一就是,想要建造这艘船的任何模型或复制品都缺乏相关数据,而一个可靠的、达到博物馆要求水平的模型只能建立在这些数据之上。例如,香港历史博物馆和香港海事博物馆的模型都不够准确。他们犯的错误虽然彼此不同,但都典型地体现为未能解决前文中详细讨论过的问题。例如,香港海事博物馆的模型展现的船身没有从底部伸出的龙骨木材,船首板以下部分不见了"福船"典型的纤细,船首板的梯形形状也可能比实际情况更加外展。香港历史博物馆在没有太多证据的情况下认定它是一艘典型的18世纪晚期的"广船",尽管其模型在船舶建造方面的可信度要高得多,但似乎完全无视现有的图像和文字证据。鉴于"耆英号"的准确形状显然无法确定,如

241

---

③ 这一有趣的做法,在约165年后由造船工程师迈克尔·特里明(Michael Trimming)主持实现。参见 Michael S. K. Trimming,,'The Pechili Trader: A Hull Lines Plan", *The Mariner's Mirror 97*, no. 3(2011)。例如,特里明发现,贸易商的货舱设计与散装货船的现代自动修整设计非常吻合,胡椒贸易商的典型货物都是散装的。

④《万国博览会官方目录》,第50–54页。

果我们一方面想看看我们熟悉的各种不同描述是什么样子,另一方面又想看看那个时代的商船实际上是什么样子,那么这两件不同形状的模型可能就是我们能找到的最好例子了。

因此,真正的错误在于对中国古代工艺的认真分析太少,并且犯了麦克格雷尔所指出的涉及中国古代船舶的错误,对于"耆英号"而言更是如此:[3]

> 历史学家非常倾向完全地、几乎不加批判地把理论建立在书面和具象证据之上,他们忘记了,关于航海的早期记录并不像20世纪航海手册所描述的那样精确,而且早期的绘画和模型也不是工匠们用来造船的图纸或按比例制作的模型。

本书谨记麦克格雷尔的忠告,在前文已经尝试着从历史记录的缝隙中复原这次令人着迷的航行,并将它与它所发生的环境联系起来。本书意在解释为什么如此有趣的一个事件却在那么长的时间里被忽视到这般程度,事件的主角们为什么会是那个样子,并且试图在现有记录容许的范围内更好地理解这艘船是如何让这一切成为可能的,尽可能恢复它的外观、大小、形状和性能。

当然,我们希望随着这次航行重获它应得的关注,以及(即使不能彻底复原)至少把"耆英号"的轮廓更严格地限制在虽然宽泛但是广为人知的一套设计类型之中,这艘船也能够激发人们的兴趣,就像它激励我们开始探索一样。因为对于鲜为人知但尚未完全遭人遗忘的中国航海历史及其积累的经验而言,"耆英号"和它的远航应该获得的关

---

③ 肖恩·麦克格雷尔(Sean McGrail),《从石器时代到中世纪的世界船舶》(*Boats of the World from the Stone Age to Medieval Times*),牛津:牛津大学出版社,2001年,第349页。

注丝毫不亚于过去五十多年里得到复原与再现的众多历史遗物中的任何一件。

　　没有什么比追溯1846—1848年这次史诗般的航行更能清楚地表明中国已迅速重拾其海上主导地位(它上次享有这个地位还是在明朝),以及香港在这一成就中发挥的作用。也没有什么比一艘由中西混搭船员驾驶的中国帆船自东方向西方的航行能更加有效地让如今的西方世界更好地理解中国对人类进步的贡献,以及当今的中国相比于清朝更加接受一个更广泛更多元的世界——只不过,也许这一次是由一位中国船长率领着中国船员和"番鬼"船员,他们在纽约会过得更好!

附 录

『耆英号』的画像

目前记录在案的"耆英号"的画像有13幅。其中不包括7枚白合 ²⁴³
金和黄铜纪念章上的四幅装饰性图案,它们似乎在很大程度上抄袭了
流行杂志上的版画,只略微做了调整。也不包括《"耆英号"详解》或是
在《伦敦新闻画报》、《时代画刊》(The Pictorial Times)和《图形》
(Graphic)这样的流行杂志上出现的船的内部和细节图。

按照绘制的时间顺序,这13幅图如下:

◎《中国帆船"耆英号"》,纳撒尼尔·柯里尔,纽约,1847年;

◎《雄伟的中国帆船在前往英国途中》,爱德蒙·埃文斯,《时
代画刊》,1847年;

◎ 两幅描绘"耆英号"的水粉画,佚名中国画家,约1847年;

◎《中国帆船"耆英号"》,洛克公司,伦敦,约1848年;

◎《中国帆船"耆英号"与凯利特船长》,洛克兄弟&佩恩公司,
伦敦,1848年;

◎《中国帆船"耆英号"》,伯基特·福斯特(B. Foster),《伦敦新
闻画报》,1848年;

◎《"耆英号"详解》中的《"耆英号"》,佚名画家,J.萨奇(J.
Such),伦敦,1848年;

◎《抵达英国的"耆英号"帆船》,佚名画家,(可能作于伦敦),约 1848 年;

◎《"耆英号"》,佚名画家,维克斯(Vickers),伦敦,约 1848 年;

◎《狂风中的中国帆船"耆英号"》,斯蒂芬·戴德·斯基莱特,伦敦,1848 年或 1849 年;

◎ 全景画《意大利》中的《纽约港的"耆英号"帆船》,塞缪尔·沃,纽约,1853 年;

◎《中式帆船》,约翰·格林纳威(J. Greenaway),《老伦敦与新伦敦》第 3 卷,伦敦,1878 年。

²⁴⁴ 这些画中有十幅绘制于"耆英号"在伦敦停留期间,一幅绘制于它停靠纽约和抵达伦敦之间,另外两幅绘制于它在纽约停留期间。后两幅中的一幅由纳撒尼尔·柯里尔(1813—1888)绘制,是可以确定日期的最早的图像,也是表现出与其他图像最为缺乏相互借鉴关系的一幅。正是由于这个原因(假如没有其他原因),柯里尔的图像才是我们研究有关"耆英号"描述的一致性的最好指南。

1835 年,纳撒尼尔·柯里尔在纽约创办了自己的出版公司,很快就开始出版在当时具有创新精神、反映时事的平版印刷品。虽然柯里尔最初亲自为他发表的图像作画,并且似乎绘制了"耆英号"的图像,但在后来几年,该公司使用了美国同时期许多著名艺术家的作品。①

---

① 柯里尔是美国平版印刷的先驱,他在波士顿从威廉和约翰·彭德尔顿(William and John Pendleton)那里学到了制版技术,是他们将平版印刷技术引进了美国,柯里尔曾经做过他们的学徒。在"耆英号"到访的时候,他已经久负盛名了。随着詹姆斯·梅里特·艾夫斯(James Merrit Ives,1824—1895)在 1857 年参与经营并且在 1857 年与柯里尔合伙成立"柯里尔&艾夫斯"公司,这家公司逐渐成为美国最受欢迎的图片出版商,从 1834 年到 1907 年清算停业,这家公司共出版了大约 7500 张图片。关于纳撒尼尔·柯里尔的信息主要来自柯里尔&艾夫斯基金会(http://www.currierandives.com/history.html),以及 Morton Cronin, Currier and Ives: A Content Analysis), American Quarterly, Vol. 4, No. 4(Winter 1952): pp.317-330。

　　纳撒尼尔·柯里尔除了自己用双眼去观察,似乎没有别的方法。这幅关于"耆英号"的画像,就是他观察的结果。它所描绘的船型似乎与最早的一些帆船照片中的形状最为相符,而"耆英号"极有可能就属于那种类型。也许,同样能说明问题的是柯里尔在表现"耆英号"不规则的主桅(《"耆英号"详解》中对此做了特别说明)时的细腻手法。柯里尔是唯一这样做的艺术家。

　　"耆英号"在纽约的第二幅画像作于大约六年之后,由美国画家塞缪尔·沃在1853年前后绘制。它看起来完全像是临摹品。有趣的是,经过比较表明,这件作品临摹的不是柯里尔的画作,但几乎可以肯定是伦敦画像中的一幅——也许是传播最为广泛的那一幅。这幅画刊登在1848年4月1日的《伦敦新闻画报》上。我们后文还会再谈到塞缪尔·沃。

　　一张"耆英号"在纽约时的画像——尽管实际上是在伦敦绘制的,而且比沃的作品早得多——是我们所谓"有依据的幻想"的最佳例证,即借用了已知的中式船舶的画像和相关语言描述,但是与现实中的这艘船找不到任何联系。这张图像看似采用了在纽约发行的一份英国著名周刊《时代画刊》上的一篇报道。①

　　这幅在创作顺序上位列第二的图像是第一幅出自英国艺术家之手的画作,它能很好地说明我们要考虑的问题。这幅画显然是以当时西方图画中已有的帆船形象为基础。它可能采用了一些来自美国的素材(请注意作为礼仪旗飘扬在前桅的美国国旗),虽然这个素材不可能是柯里尔的画作,不然的话,这幅图像就只能是出自艺术家的想象而已。我们不知道谁绘制了这张图,不过我们却知道雕刻工作是由相当年轻的埃德蒙·埃文斯完成的,他当时即将结束为伟大的埃比尼泽·

245

---

①《时代画刊》,卷10,第231期,1847年4月14日星期六,第100页。

兰德斯(Ebenezer Landells)充当学徒的生涯。至于埃比尼泽·兰德斯,我们后面还会谈到他。船帆实际上是欧洲样式的,因为它们被描绘成了斜桁帆,通过索箍(即绳索扣)连接到船首弯曲部(或者说船首)的桅杆上。错上加错的是,每片船帆都表现为受单独的缭绳控制,就像西方的纵向船帆一样。由于当时中国以外的地方不知道有全板条式的船帆,结果就导致了虚构。船身也是如此——船首是从威廉·亚历山大(1767—1816)或威廉·丹尼尔(1769—1837)那里抄袭来的。船尾也被歪曲了,西方的艉梁和中国的船舵被混在一起。船板看起来就像是西方的蹩脚货,或是瓦叠式外壳的小舢板。主桅后的甲板室则是直接从一艘漂亮的跨大西洋邮轮上嫁接来的。最后,每根桅杆都有一个前撑——就像西方船只一样——主桅旁边有三根侧支索支撑。结果整个画面就显得非常荒谬。从左侧那艘西式船可以看出,这位画家不太习惯描绘船舶。就像图中所示,那艘船的桅杆向右舷倾斜得很厉害,与船体的垂直度相去甚远。

在来历不明的图像中,那两幅中国画家的作品最令人费解。①我们只能说存在两种可能。要么这两幅画是已知的关于"耆英号"的最早画像,由香港沿海艺术家创作并被带到了伦敦;要么它们是在"耆英号"上完成的,可能创作于香港或航行途中,也可能创作于纽约或伦敦,很可能是船上艺术家三成现存的唯一作品。两幅画都使用了牛皮纸,因此不太可能是在广东或香港绘制的,因为在这些地方,中国的白纸更为常见。②所以,很可能是"耆英号"在英国时这位中国艺术家(或者说三成,假如他是的话)创作了这两幅作品。

---

① 仔细审视这两幅画,可以发现它们是被同一个人创作出来的。我非常感谢马丁·格雷戈里画廊(Martyn Gregory Gallery)的帕特里克·康纳(Patrick Conner)提供了第二幅图的副本。
② 这一点我要归功于安东尼·哈迪(Anthony Hardy),他向我介绍了中国外销学派的艺术和艺术家,我从他那里学到了很多相关知识。

　　这位中国艺术家的作品最有趣的就是对帆船索具和甲板细节的描绘。这两幅画有着明显的不同,可以看出绘制时间的先后,因为其中一幅比另一幅详细得多,简直就像有一双批判的眼睛在看过了第一幅图后,确保画家在绘制第二幅时不再犯错——我们在正文中已经讨论过了,这位画家可能不是海员。当然了,也可能在技巧和细节上更胜一筹的那幅画是原作,而第二幅则是偷懒的复制品。

　　从航海的角度来看,尽管表现方式略有不同,但同样突出的是,这两幅画都显示帆船上有侧支索支撑着桅杆。细节较少的那幅图上只有主桅和后桅的左舷有侧支索。更详细的那幅图则显示主桅、前桅以及后桅左舷都有侧支索,前桅顶端和主桅之间还有一个桅间索。这些引人入胜的细节暗示了这样一种可能:鉴于要在海上进行漫长的航行,凯利特船长和西方高级船员可能对这艘船没有桅间索的传统桅杆不满意,坚持安装了支桅索和桅间索。毫无疑问,在这幅更为详细的图画中,将侧支索固定在船身两侧的是非常不具中国特色的带环螺栓——而在缺乏细节的画中,这里只是做了做样子。

　　另外一个不同之处在于两幅图对甲板的描绘,包括它的布局(这又是一个比较具有技术性的细节问题),也包括对船员的刻画。甲板上技术方面的差异不会给我们造成长久困扰,因为它们充其量是比例的问题,是可以调和的。重要的是要注意两幅画的一个共同特点,即只有这两幅画显示了"耆英号"拥有典型的甲板层上的前桅和主桅支撑柱。

　　唯一的例外是船上的救生艇。在那幅缺乏细节的图画中,猛一看,画的似乎是一艘短粗的带有横座板的西式轻便快艇。但仔细一看,小船的这个"顶"部却是叠加在一个舢板的船体上的。它似乎是在大西洋那场风暴中被冲走的"耆英号"携带的舢板与随便买来代替它的小划艇合并而成的古怪形象。与之相比,在那幅更为详细的图中,这艘小艇显然是一个双头的、"豆荚型"的小船。

在这两幅画中,甲板上都有西方船员和中国船员,但在较详细的那幅画中,甲板上的5个人变成了17个人。较简略的那幅画中只有前甲板上有1名水手,舵柄滑轮处有2名舵手和艉甲板上有2名交谈的欧洲人。在较详细的那幅画中,2名欧洲人正在船头钓鱼;4名欧洲人正在前甲板上做一些修理工作;1名中国船员正在清洗或用石灰清洗右舷栏杆的水桶;在他的左侧,1名欧洲人正提着一只箱子朝前走,1名中国船员正倚在绞车滚桶上;主桅后面左舷的厨房里有1名厨子;后甲板上,1名中国船员正纵向地锯着一根木材,1名头戴鸭舌帽、双手握着舵柄滑轮的西方高级船员在监督他;在船尾甲板上,1名高级船员正用六分仪观察情况,另1名欧洲人则拿着航海经线仪或是笔记本;1名戴着白色礼帽的欧洲人则懒洋洋地躺在右舷的椅子上。

我将这两幅中国绘画放在排序中的这个位置,是因为以下事情。位于伦敦沃尔布鲁克(Walbrook)11号的文具店兼印刷出版商"洛克公司"(也以"洛克兄弟&佩恩"公司的身份经营)①出版了两幅画。其中最著名的一幅是《中国帆船"耆英号"与凯利特船长》,是一幅彩色石

---

① 该公司由威廉·弗雷德里克·洛克(William Frederick Rock,1802—1890)创立。他于19世纪20年代在伦敦接受教育,后与纸牌制造商托马斯·德拉罗(Thomas De La Rue)成为合伙人。1833年他和弟弟亨利一起在皇后街8号开了一家高档文具店。大约在那一年,他们加入了弟弟理查德的公司,并将经营地址搬到了沃尔布鲁克(Walbrook)11号,一直维持到1895年。这家公司1833—1838年叫做"威廉和亨利·洛克公司",1838—1895年叫做"洛克有限公司"。1845年,约翰·佩恩(John Payne)成为合伙人,公司改名为"洛克兄弟和佩恩"。作为高档文具商,他们的业务包括带有钢线雕花绘图的信纸。参见:Ralph Hyde, "A year for celebrating W. F. Rock", *Print Quarterly* 19 (2002): 341-52; http://www.devon.gov.uk/print/index/cultureheritage/libraries/localstudies/lsdatabase.htm?url=etched/etched/100127/1.html.

版画,是从右舷以广角观察这艘帆船。①不过,还有一幅相对不太知名的由"洛克公司"出版的图片,创作时间很可能更早。

做出这种假设的理由很简单。这幅画显然采用了中国艺术家的视角,船身离观众更远,所以能更多地看到船的侧面,而看到的甲板更少。但是在"洛克公司"出版的这两幅画中,船上几乎所有其他的细节,包括船上的船员都如此惊人地相似,很显然信息来源是一致的。所有的静索都一样,前桅和主桅之间的桅间索也一样。还有,像中国画家的作品里一样,这两幅画中显示的旗帜也只有欧洲风格的燕尾桅顶三角旗。

两者主要的区别在船首,艺术家显然没有理解中国画家在宽厚的船首板上画的是什么;相反,他将船首板画成了水平对接木板形成的简单梯形。简而言之,第一幅由英国人绘制的"耆英号"图画或许脱胎于已有的一幅中国绘画。

因此,我们经过观察认为,第二幅更为知名的图像似乎是从第一幅衍生出来的。不过,由于它是从船尾,而不是从船首的角度描绘的,这位佚名艺术家更有机会(有可能,我们无法确定)从纳撒尼尔·柯里尔的作品中获取灵感——这幅画此时显然能够远远早于"耆英号"跨越大西洋了。当然了,"耆英号"的船板构造更多地是像柯里尔描绘的那样,在船身中部增加了一对像防擦列板一样的纵向腰部外板。

在"洛克公司"出版的第二幅画中,"耆英号"相对于船宽而言船体更长,两端向上弯曲得也更为夸张。船帆有两种变化,但变化不大:主帆上多了一块嵌板,主桅上的第二层小帆不见了。更有意思的是,桅

248

---

① 这幅图片显然有两个版本,后一个版本的说明取代了前一个,提供了这次航行的详细信息。它是这样写的:"中国皇家帆船'耆英号':史上第一艘到达欧洲的中国造帆船,现正在伦敦斯特兰德埃塞克斯街的圣殿酒吧码头展出,由中国船员驾驶、广州的希生大人指挥,他也是著名的中国皇家帆船茶'希生混合茶'的调制者"。

间索也消失了,左右支索被简化成三根桅杆在上风面各有一根后支索——就像复滑车一样。

这幅图另有一处有趣的特点,就是我们在第二章中讨论过的标题中有蹩脚的中文。我们发现,对于一位受过教育的读者而言,这六个汉字简直不知所云,似乎只是被拿来代表它们在广东话中的发音。例如,前两个字听起来像"耆英",但是"耆英"的名字却不是这么写的。

这幅更为成熟,也明显更为流行的图像似乎为那两幅最为知名的图像提供了素材——虽然有些细节来自柯里尔的作品,例如收拢而不是展开的船帆。在大多数情况下,流传最广的那些图片看上去几乎都是彼此的翻版。

这两幅图片就是刊登在《伦敦新闻画报》上由埃比尼泽·兰德斯①雕刻的伯基特·福斯特②的作品,以及《"耆英号"详解》中某位佚名艺术家创作的主插图,这两者都是在"耆英号"停泊在布莱克沃尔不久后创作的。可能是福斯特从这位佚名艺术家那里获得了灵感,也可能相反;孰先孰后,不太清楚。《"耆英号"详解》中的另一幅插图——《"耆英号"上的交谊厅》——也是埃比尼泽·兰德斯雕刻的,因此两者明显具有关联。画面的整体构成非常相似,尤其是卷起的船帆的角度、活动索具、夸张的曲率和船上的救生艇船(也有点像豆荚)。不过,两幅画

---

① 埃比尼泽·兰德斯(1808—1860)是著名版画家托马斯·比威克(Thomas Bewick, 1753—1858)的弟子。他于1829年搬到伦敦,创办了自己的雕刻工坊,并在1841年成为幽默讽刺杂志《笨拙》的创始人之一,尽管经济窘迫意味着他的参与非常短暂。1842年《伦敦新闻画报》创刊,兰德斯成为该杂志的第一位艺术家记者,并一直为该杂志工作到去世。他是维多利亚时代最重要的插画家之一。

② 迈尔斯·伯基特·福斯特(Myles Birket Foster, 1825—1899)曾在著名的木刻师埃比尼泽·兰德斯(Ebenezer Landells)当学徒,后者当时正在为《笨拙》(Punch)杂志和《伦敦新闻画报》(The Illustrated London News)绘制插画。后来他不再为兰德斯工作,但继续为《伦敦新闻画报》和《伦敦年鉴画报》(The Illustrated London Almanack)工作,并成为一个颇受欢迎的插画家、水彩画家和雕刻师。

中的船首明显不同,船体中部的干舷也不一样——《"耆英号"详解》插
图中的船体在舷墙以下直至水面处都涂有"朱南"。还有一处差异在
后来几乎所有的图画中成了惯例,那就是这两幅画中所有的静索都不
见了,就像柯里尔的作品一样。

　　这两幅画的一个重要特点在于前桅上悬挂的礼仪旗,尽管其不同
之处令人感到奇怪。正如我们在第一章中详细讨论过的,礼仪旗的选
择是由船舶的归属国决定的。[①]在这两幅画中,作为礼仪旗悬挂的都
是英国的旗帜,这说明"耆英号"的船主并没有将其视为英国船只。令
人奇怪的是《伦敦新闻画报》的插图中前桅悬挂的是英联邦旗,而《"耆
英号"详解》的插图中挂的却是英国商船旗(或者是从"洛克兄弟＆佩
恩公司"出版的彩色图画中借鉴的旗帜)。这种差异究竟是由于"耆英
号"上的船员选择了不同的旗帜所造成的,还是由艺术家的混淆造成
的,我们不得而知。

　　这个细节是一个强有力的证据,证明"耆英号"是以中国船而不是
英国船的身份出现的。从纳撒尼尔·柯里尔雕刻的"耆英号"在美国的
版画可以看出,这是一个非常合理的结论,因为画中作为礼仪旗的是
一面美国国旗。刊登在《时代画刊》上由爱德蒙·埃文斯绘制的图画里
正确呈现的星条旗是同样确凿的证据,否则它就显得不同寻常了,因
为这幅画的标题是"雄伟的中国帆船在前往英国途中",说明画的是这
艘船还在美国水域时的情景。

　　事实上,看看所有这些图画就会发现,西方艺术家都很注意这些
细节。在描绘"耆英号"扬帆驶抵伦敦的情景时("洛克公司"出版的第

① 在 *Shipbuilding & Shipping Record: A Journal of Shipbuilding, Marine Engineering, Dock, Harbours & Shipping* (1951年10月)一书中,皇家海军指挥官希拉里·波兰德·米德(Hilary Poland Mead)指出,国籍旗与商船旗之间有区别,但是对于什么是礼仪旗、什么不是,则没有规定。没有规定,只有惯例。

一幅图画和佚名艺术家的水彩画),画中就没有出现礼仪旗。这讲得通,因为悬挂礼仪旗应当在"耆英号"驶入西方水域的当天,但是这一天的日期无法确定,于是就形成了惯例,当船只抵达另一个国家的第一停靠港时会悬挂礼仪旗。因此,这些图片都显示"耆英号"悬挂了礼仪旗——它无疑抵达了某个港口。

两幅中国绘画中没有礼仪旗,这能否作为类似证据以证明"耆英号"中国船只的身份,还不确定。由于我们不知道它们是什么时候画的、为什么画的,也不知道混入了什么西方元素,所以它们描绘的船旗就没有那么明确的参考价值。我们能注意到的就是,虽然这两幅画中的桅顶旗与西方艺术家画的"耆英号"在海上的情形相符,但与它进港或在港内停泊时的图画中的船旗不符,这两幅中国画的船尾栏杆上悬挂的都是"通商口岸"旗。因此,虽然中国水粉画中没有礼仪旗,但它们清楚地表明了"耆英号"不是一艘英国船。画中的证据让人感到奇怪:船尾栏杆上挂着"五倍"的船旗——按惯例那是悬挂国籍旗的位置。

250　　　　总而言之,所有的艺术家都持否定态度,不认为他们描绘的是一艘英国船。尽管我们可以认为,西方艺术家们进一步做了发挥,利用发展中的航海旗帜礼仪实践向他们的观众展示了一艘"母港"为任何一个或全部新建通商口岸的中国船只。

最后一点需要注意的是,"洛克兄弟&佩恩"出版的版画,还有《伦敦新闻画报》和《"耆英号"详解》上的插图,它们合起来为所有制作纪念章的画师提供了"耆英号"的形象。但有一位画师例外,这位画师的灵感来自霍利维尔(Holywell)街的"维克斯"出版的图画,我将在下文进一步探讨这幅图。

至于"耆英号"的另外两幅画像,其中一幅的创作年代可以限定到1848年末或1849年初,另外一幅则创作时间不确定。遗憾的是,我们找不到第一幅图片,只是通过报道才知道斯蒂芬·戴德·斯基莱特绘制了《狂风中的"耆英号"》。①因为它很可能是应某位高级船员或船东的要求而作,所以才有可能得以幸存。不过,在公开记录中却找不到它。另一幅是位于格林威治的英国国家海事博物馆收藏的一幅水彩画,出自一位佚名艺术家之手,它描绘的似乎是"耆英号"在前往向泰晤士河口时经过北福尔兰角(North Foreland)的情景。

这幅画虽然色彩迷人,平衡感很好,但却表现出作者对中式航海的无知——虽然对一般意义上的航海而言,并不会如此表现。画家将海浪表现得很生动。他或她笔下的西方船只也展现得很好,其在有风时的航行状态也是正确的。同样,"耆英号"的动索在这里刻画得比大多数其他图画都要好,特别是从桅杆底部到帆桁前端的分隔短索。但是,从主桅上的三角旗可以看出来,"耆英号"正顺着来自右舷后部的风航行,船帆几乎都已调整为按艏艉向,仿佛船正顶着来自前方的风航行。很难解释这种怪异的现象,出现这种情况只有两种可能:要么是纯粹出于习惯,艺术家急于表现船帆的整体结构,以便让观众理解其本质;要么是他根本没能理解全板条式船帆与其他任何船帆一样,也是按照相同的空气动力学原理工作的。

从这幅图中船体的一致性来看,它的创作时间似乎比上面谈到的作品要晚一些,但不会晚太多。帆装索具所有的迹象都显示这幅画与中国画家的两幅作品、"洛克兄弟&佩恩"公司出版的彩色版画以及《伦敦新闻画报》和《"耆英号"详解》中的插图存在关联。因此,上文给出的粗略年代是1848年或1849年初。

251

受"洛克兄弟"出版的两幅图、兰德斯/福斯特创作的图画和《"耆英号"详解》中图片的影响,异国外来事物的这种奇形怪状便成了"耆

---

① 见马丁·格雷戈里,《中国沿海绘画》(*Paintings of the China Coast*),1990年。

英号"广为流传的经久不衰的形象。除了在水彩画里,所有的船体曲线都夸张得荒唐可笑。船板的方向被理解错了。对索具的观察也不够仔细。

没有什么比英国国家海事博物馆收藏的由伦敦霍利韦尔街的"维克斯"印制的版画更能清晰地展现这种大致的发展(或者应该说倒退)趋势的了。[①]这幅画中"耆英号"的颜色(红色的船体与黑黄相间的舷墙)与其他画中的颜色完全不一样。再有,船体的曲率甚至比《伦敦新闻画报》和《"耆英号"详解》中的插图还要夸张,尽管它明显是借鉴了那两幅插图。更为奇特的是,画面中的船帆(尤其是帆脚索的布局)就好像它们是荷兰船(botter)的短斜桁帆,尽管这几乎肯定是在模仿上一年《时代画刊》中的图片。或许最明显的证据就是三个桅杆上都绘有前支索。因为在这幅图中也存在着一种整体倾向,将"耆英号"的索具变形为带有侧支索和支索的西式索具,只是更为夸张。很明显,在这幅版画中,我们已经完全看不到对真实生活的描绘了。在后两个例子中,画家只是在依赖现有的图片来描绘"耆英号"。

第一个例子是塞缪尔·沃在1853年前后创作的"耆英号"在炮台附近的情景,画面中的"耆英号"处于漂浮状态。这幅画明显直接取材于《伦敦新闻画报》,唯一的区别是风从船尾吹来。这是一种奇怪的幻想,因为画面中这艘船的船首和船尾都没有系泊,因此应该是船首迎风停泊。在其他方面,这两幅画都没有区别。沃并不是在专门描绘"耆英号",而是在展现炮台附近城堡花园的移民站外的场景,这里代表了他意大利之旅的结束,是他巨大的透视画作品《意大利》的最后一

---

① 东京东洋文库(Toyo Bunko)档案馆收藏的莫理循作品集中也有一份副本,目录编号 E-3-10,见 http://61.197.194.13/gazou/Honkon_dohanga-e.html。

幕。①显然,他很晚才开始做这件事,为了更准确地描述海外旅行的最后时刻,但又缺乏真正的船只可供描绘,他决定将一个流行形象加以改造利用。这似乎也没什么奇怪的。

到了最后一幅图画,幻想终于得以摆脱任何束缚,同时又与二十年前刊登在英国《伦敦新闻画报》上的最早的同样"罔顾现实"的图片互相呼应。这张图是被爱德华·沃尔福德(Edward Walford)作为插图放到沃尔特·桑伯里(Walter Thornbury)所著《老伦敦与新伦敦》②的第3卷里的。约翰·格林纳威创作的这幅作品相当具有梦幻气质,"耆英号"高高地浮在水面上。其中仍然有些元素与1848年的主流图片相呼应——画面右侧的一座高塔和明显抄袭来的船尾。但是船头变成了巨大、笨重、四四方方、毫无意义的东西,这可能取材自约翰·戴维斯的纪念章。更奇怪的是,前桅帆是颠倒的,像是被用作起重架一样倾斜着。这两处都反常到了极点。有了这幅画,异域的怪诞形象就完整了,人们所期待的原始、荒诞不经就得到了满足。

我们在这里看到的不仅仅是艺术家拒绝观察自己眼前的事物,也不只有普通业余艺术家不熟悉船只和大海,我们看到的是创造出这些图像的现实世界导致的结果。这个世界由通俗杂志构成,这些杂志迎

252

---

① 见 Kevin J. Avery 和 Tom Hardiman 合著的 *The Grand Moving Panorama of "Pilgrim's Progress"*(Montclair, NJ: Montclair Art Museum, 1999)一书中由 Kevin J. Avery 撰写的文章《Movies for Manifest Destiny: The Moving Panorama Phenomenon in America》。这幅画不是沃最初在1849年创作的那幅2.4米(8英尺)高、50幅图构成的旅游全景画《意大利之镜》的一部分,而是在全景图被扩展到800英尺,成为后来更长的《意大利》时再创作的。

② 爱德华·沃尔福(Edward Walford),《老伦敦与新伦敦:讲述她的历史、人物和地点——附海量版画,均出自威斯敏斯特和西郊最真实的史料》(*Old and New London: A Narrative of Its History, Its People, and Its Places. Illustrated with numerous engravings from the most authentic sources: Westminster and the Western Suburbs*)第3卷,London: Cassell Petter & Galpin, 1878,第37章,第289页。

合了刚刚兴起的大众读者。[①]这些杂志既要向大众提供信息,又要娱乐大众,既要提升大众的品位,又要迎合大众的偏见,这些目标日益纠缠在一起。在大众文化的世界里,公众想读什么比那些自以为有了不起思想的人认为公众应该读什么更重要。假如广大公众认为月亮是绿色奶酪做的,那么指出他们都是无知的傻瓜的通俗读物出版商就是一个冒失鬼。

就像许多杂志的命运(及其所有者和撰稿人的命运)所显示的那样,在维多利亚时代的伦敦,通俗周刊是一个竞争异常激烈的行业。一个很能说明问题的例子发生在1855年,也就是"耆英号"从历史记录中消失的那一年,并与好几家刊登了"耆英号"图片的杂志有关。当时埃比尼泽·兰德斯、托马斯·罗伯茨、约翰·麦克斯韦尔和赫伯特·英格拉姆(Herbert Ingram)的名字都被列入了《女士报》(Lady's Newspaper)和《时代画刊》的破产名单。《女士报》是一份由兰德斯创办的联合出版物,于1847年开始发行。亨利·维泽特利(Henry Vizetelly,1820—1894)等人于1843年创办的《时代画刊》在1847年倒闭后,被《伦敦新闻画报》的创始人赫伯特·英格拉姆(1811—1860)收购,并且与兰德斯成功运营但资金不足的杂志合并。1855年,这家刊物被宣告破产,不过它在八年后东山再起,再次合并成为《女王、女士报和宫廷纪事报》(The Queen, the Lady's Newspaper and Court Chronicle)——如今仍以《女王报》的名义出版发行。[②]因此,

---

① Richard D Altick, *The English Common Reader: A Social History of the Mass Reading Public*, 2nd ed., Columbus: Ohio State University Press, 1998; Kay Boardman, ' "Charting the Golden Stream": Recent Work on Victorian Periodicals ', *Victorian Studies* 48 (2006): pp. 505 – 517; Matthew Rubery, 'Journalism' in *The Cambridge Companion to Victorian Culture*, ed. Francis O'Gorman, Cambridge, UK: Cambridge University Press, 2010, pp. 177–194.

② 见《伦敦公报》(The London Gazette),无偿债能力债务人救济法庭,1855,第3346页,相关网址 http://www.london-gazette.co.uk/issues/21775/pages/3346/page.pdf,查询日期2013年4月11日。

某种程度的信息传播混乱和由市场驱动的新闻处理方式并不令人
意外。

此外,世界之小也导致很少有艺术家在这个领域独立工作。埃德
蒙·埃文斯是埃比尼泽·兰德斯的学生,也是伯基特·福斯特和约翰·格
林纳威的好朋友。因此,素材的循环利用可能是友好合作的结果,也
是市场竞争压力的结果,这些压力导致了所有作品都趋向一个易为公
众接受和符合公众预期的共同的形象。

"耆英号"被遗忘差不多20年的时候,为了防止读者在读到沃尔
福德对伦敦的描述时无法理解"耆英号"的怪异形象,作者在这里又复
述了二十多年前查尔斯·狄更斯的嘲讽:

> 哎呀,要说这世上还有哪一样东西与这条怪船一点儿都不
> 像,那就是任何种类的船只。它那么窄,那么长,那么怪诞,中间
> 那么低,两头那么高,就像一个瓷质笔盘;它没有索具,也挂不到
> 高处;编织的草垫当船帆,扭曲的雪茄做桅杆,从船首到船尾都
> 是戏耍的龙与海怪,船尾还有一只神气活现的巨型公鸡,摆出藐
> 视一切的样子(于它而言是理所当然)以彰显自身的尊贵,不过比
> 起浮在水面,它踞于公共建筑顶上或山顶,栖身行道树上或矿井
> 底下,更能让人接受。

作为测量机构和水文部门杰出的领导者,伟大的弗朗西斯·蒲福
爵士(Sir Francis Beaufort)有一次抱怨缺乏预算,曾向英国皇家学
会的知名人士说:"人们都倾向低估他们不懂的事物。"[1]

[1] L. S. Dawson 著 *Memoirs of Hydrography, including brief biographies of the Principal Officers who have served in H.M. Naval Surveying Service between the years 1750 and 1885*,第二部分: 1830–1885(Eastbourne: Henry W. Keay [The Imperial Library],, 1885),第3页。

索引^①

---

① 为英文原版索引,所列页码为英文原版页码,即本书的页边码。——译者注

D

图书在版编目（CIP）数据

东帆西扬："耆英号"之航程：1846—1855 /
（英）戴伟思著；高丹译 . —杭州：浙江大学出版社，
2021.5

书名原文：East Sails West：The Voyage of the
Keying，1846-1855

ISBN 978-7-308-21275-5

Ⅰ . ①东… Ⅱ . ①戴… ②高… Ⅲ . ①水路运输—交
通运输史—中国、西方国家—1846—1855 Ⅳ . ①F551

中国版本图书馆 CIP 数据核字（2021）第070864号

The simplified Chinese translation rights arranged through Rightol Media（本书中
文简体版权经由锐拓传媒取得 Email:copyright@rightol.com）

浙江省版权局著作权合同登记图字：11-2020-274号

东帆西扬——"耆英号"之航程（1846—1855）

［英］戴伟思（Stephen Davies）著
高　丹 译

责任编辑	罗人智
责任校对	张　睿　闻晓虹
封面设计	卿　松
出版发行	浙江大学出版社
	（杭州市天目山路148号　邮政编码310007）
	（网址：http://www.zjupress.com）
排　　版	杭州朝曦图文设计有限公司
印　　刷	杭州钱江彩色印务有限公司
开　　本	880mm×1230mm　1/32
印　　张	12.375　　插页　8
字　　数	298千
版 印 次	2021年5月第1版　2021年5月第1次印刷
书　　号	ISBN 978-7-308-21275-5
定　　价	78.00元

审图号　GS（2020）6699号